シリーズ韓国現代史一九五三―一九六五

日韓基本条約

内藤陽介

えにし書房

朝鮮半島略図

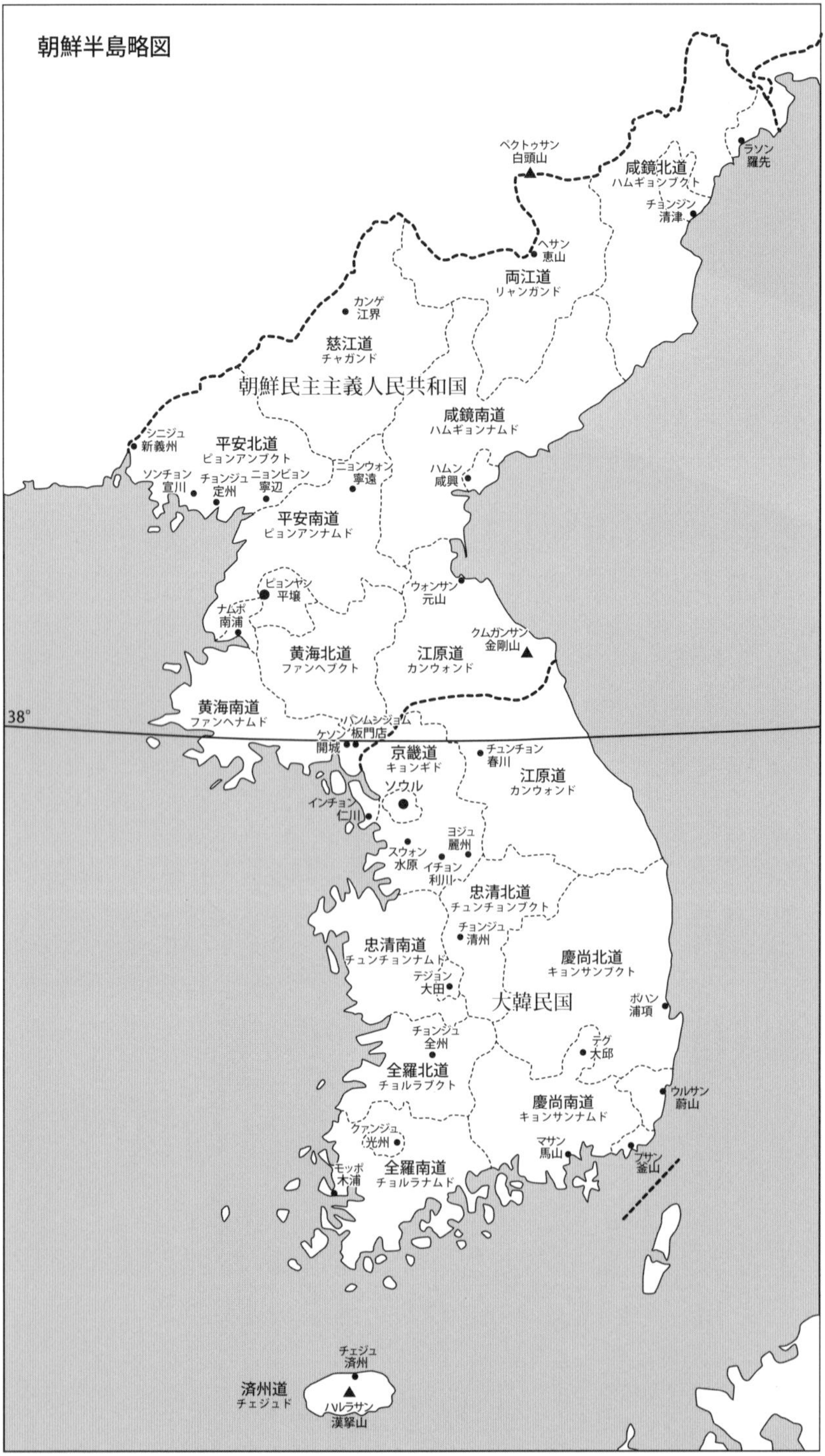
白頭山《ペクトゥサン》
羅先《ラソン》
咸鏡北道
ハムギョンブクト
清津《チョンジン》
恵山《ヘサン》
両江道
リャンガンド
江界《カンゲ》
慈江道
チャガンド
朝鮮民主主義人民共和国
咸鏡南道
ハムギョンナムド
新義州《シニジュ》
平安北道
ピョンアンブクト
宣川《ソンチョン》
定州《チョンジュ》
寧辺《ニョンビョン》
寧遠《ニョンウォン》
咸興《ハムン》
平安南道
ピョンアンナムド
平壌《ピョンヤン》
元山《ウォンサン》
南浦《ナムポ》
金剛山《クムガンサン》
黄海北道
ファンヘブクト
江原道
カンウォンド
黄海南道
ファンヘナムド
38°
板門店《パンムンジョム》
開城《ケソン》
京畿道
キョンギド
春川《チュンチョン》
江原道
カンウォンド
ソウル
仁川《インチョン》
麗州《ヨジュ》
水原《スウォン》
利川《イチョン》
忠清北道
チュンチョンブクト
清州《チョンジュ》
忠清南道
チュンチョンナムド
慶尚北道
キョンサンブクト
大田《テジョン》
大韓民国
浦項《ポハン》
全州《チョンジュ》
大邱《テグ》
全羅北道
チョルラブクト
蔚山《ウルサン》
慶尚南道
キョンサンナムド
光州《クァンジュ》
馬山《マサン》
釜山《プサン》
木浦《モッポ》
全羅南道
チョルラナムド
済州《チェジュ》
済州道
チェジュド
ハルラサン
漢拏山

まえがき

二〇一八年十月三十日、韓国人の原告四人が第二次世界大戦中の〝強制労働〟を理由に損害賠償を求めた裁判の差し戻し上告審で、韓国大法院（日本の最高裁にほぼ相当）は被告の日本企業、新日本製鉄（現日本製鉄）に対して、一人あたり一億ウォン（約一千万円）の損害賠償を命じる判決を下した。

大法院の判事十三人のうち、二人が少数意見として「日本企業ではなく韓国政府が強制徴用被害者に正当な補償をすべきだ」として請求棄却を主張したものの、判決は、「一九六五年に締結された日韓基本条約や日韓請求権協定で解決済み」としてきた日韓関係（についての日本側の理解）の前提を根本から覆すものであり、日本は日韓請求権協定に基づく仲裁委員会の設置を求めたが、韓国はこれを無視している。

追い打ちをかけるように、二〇一八年十二月二十日、能登半島沖の日本海において韓国海軍の駆逐艦「広開土大王」が、海上自衛隊のＰ－１哨戒機に対して火器管制レーダーを照射し、日本政府が抗議する事件が発生したほか、二〇一九年二月には韓国国会議長の文喜相が天皇陛下（現在の上皇陛下）に対していわゆる慰安婦問題での〝謝罪〟を要求したことで、韓国という国家に対する日本社会の信用は大きく損なわれた。

こうした状況の下で、二〇一九年七月、韓国向けに輸出される軍事転用可能な一部の半導体関連物品について、韓国側が北朝鮮（国連による経済制裁の対象国）向けに無許可で物資支援を行ったり、第三国に不正に横流しをしたりしているのではないかという疑惑が明らかになったとして、日本の経済産業省が韓国に対する優遇措置（ホワイト国認定）を取り消し、輸出管理措置（禁輸措置ではなく、正規の手続きを経れば従来通り、日本からの輸出は可能で、他のアジア諸国と同等の扱いである）を発動したことで、日韓の対立は経済問題にまで発展。日本側の対応に反発した韓国側は、八月、日韓秘密軍事情報保護協定（ＧＳＯＭＩＡ）の破棄を発表し、両国の対立は安全保障面にまで拡大された。

ＧＳＯＭＩＡ問題は、有効期限切れ直前の十一月二十二日、韓国側が条件付きで破棄を延長すると発表したものの、二〇一九年末の時点では、両国関係が改善される見通しは全く立っていない。

この間、新たな動きがあるたびに、メディアは「日韓関係は戦後最悪に」と報じるのが半ば習慣化しているが、もはや、この表現さえ陳腐化したかの感がある。

こうした現状を見るに、現在の日韓関係の基礎となってきた一九六五年の日韓基本条約とそれによる日韓国交正常化について、あらためて、原点にさかのぼって、同条約が結ばれた当時の歴史的・社会的背景について多角的に見直してみることは有意義なことではないかと思われる。

本書はそうした視点に立って、一九五三年七月の朝鮮戦争休戦以降、一九六五年に日韓基本条約が締結・発効するまでの韓国現代史を、切手や郵便物を資料として読み解く〝郵便学〟の手法で再構成しようとしたものである。

〝メディア〟という語は、現代の日本語では主に〝報道（機関）〟の意味で用いられることが多いが、本来の意味は〝（情報伝達などの）媒体〟である。その意味では、郵便はきわめて興味深いメディアといえよう。

そもそも、通信手段としての郵便は、それ自体がメディアだが、郵便に使用される切手や消印なども、本来の郵政業務とは別の次元においてメディアとして機能するからである。

日本の郵便事業は株式会社化（現時点ではその全株式は政府が保有しているが、一般には〝民営化〟といわれることが多い）されているが、歴史的に見ると（現在でも多くの国では）切手は国家の名において発行されてきた。政府というものは、ありとあらゆるチャンネルを使って自分たちの主義主張や政策、イデオロギーなどを宣伝しようとするのが本来の姿であるから、政府が切手を通じて、自己の政治的正当性や政策、イデオロギーなどを表現しようとするのは極めて自然なことである。

たとえば、多くの国は、戦時には国民に対して戦争への協力を求め、戦意を昂揚させるための切手を発行するし、領土紛争を抱えている国であれば、切手に取り上げられる地図は自国の主張に沿ったものとなるのが当然である。もちろん、オリンピックなどの国家的行事に際しては記念切手が発行される。日本では明治の元勲・伊藤博文を暗殺した犯罪者として認識されている安重根が韓国では〝義士〟として切手に取り上げられているように、歴史上の事件や人物が切手に取り上げられる場合、そこには発行国の歴史観が投影される。

また、特段に政治プロパガンダ臭の感じられない切手であっても、その国を代表する風景や文化遺産、動植物を描く切手は盛んに発行されており、そうした切手が郵便物に貼られて全世界を流通することによって、全世界の人々はその国の片鱗に触れることができる。

一方、郵便料金前納の証紙として郵便に使用されるという面にも着目すれば、消印の地名から切手の使用地域を特定し、発行国の実際の勢力範囲を特定することが可能となる。郵便局という〝役所〟を設置し、官営事業としての郵便サービスを独占的に提供するということは、そのまま、権力の行使にほかならないからである。

『新約聖書』の「マタイ福音書」二十二章には、ナゼレのイエスがローマ皇帝の肖像が刻まれたコインを手に「カエサルのものはカエサルに、神のものは神に」と応えたという一節がある。これは、通貨（貨幣・紙幣）の発行と流通が国家権力の行使と密接に結び付いてきたことを示す言葉として知られているが、通貨の場合には、一部の特殊な例外を除き、いつ・どこで使用されたかという、その痕跡が残ることはまずない。

これに対して、切手の場合には、原則として再使用を防ぐために消印が押されるから、（地名・日時などの情報が明瞭に判別できる状態であれば、という条件はあるものの）資料として搭載している情報量は、通貨に比べて飛躍的に拡大すると考えてよい。

また、外国郵便では、相手国の切手の有効性は相手国そのものの正統性を承認することと密接に絡んでおり、非合法とみなされた政府の切手の貼られた郵便物は、受取を拒絶されたり、料金未納の扱いをされたりする。さらに、郵便物の運ばれたルートやその所要日数、検閲の有無などからは、当時の状況についてのより深い知識を得ることもできる。このような場合、郵便活動の痕跡そのものが、その地域における支配の正統性を誇示するためのメディアとして機能していると考えてよい。

切手・郵便物の読み解き方は他にもある。

すなわち、印刷物としての切手の品質は発行国の技術的・経済的水準をはかる指標となるし、郵便料金の推移は物価の変遷と密接にリンクしている。そして、こうした切手上に現れた経済状況や技術水準についての情報もまた、その国の実情を、切手の発行国が望むと望まざるとに関わらず我々に伝えるメディアとなっている。

このように、切手を中心とする郵便資料は、さまざまな情報を、具体的な手触りを伴ってわれわれに提供してくれる。しかも、切手を用いる郵便制度は、十九世紀半ば以降、世界中のほぼすべての地域で行われているから、各時代の各国・各地域の切手や郵便物を横断的に比較すれば、各国の国力や政治姿勢などを相対化して理解することができる。したがって、資（史）料としての切手や郵便物は、歴史学・社会学・政治学・国際関係論・経済史・メディア研究など、あらゆる分野の関心に応え得るものであり、そうした郵便資料を活用することで、複合的かつ多面的なメディアとしての〝郵便〟、すなわち、ポスタル・メディアという視点から国家や社会、時代や地域のあり方を再構成する試みが、筆者の考える〝郵便学〟である。

本書では、そうした郵便学の手法を用いて、一九五三年七月の朝鮮戦争休戦から一九六五年末に日韓基本条約が発効し、両国の国交が〝正常化〟されるまでの韓国現代史について

①朝鮮戦争の休戦から李承晩政権の崩壊まで
②第二共和国時代
③五・一六革命に始まる軍事政権時代
④民政移管から日韓基本条約の発効により両国の国交が〝正常化〟されるまで

の四期に分けて、再構成しようとしたものである。また、補論として、李承晩（政権）とキリスト教の歴史的な関係についても概観した。

朝鮮半島の現代史は、東西冷戦の最前線の出来事の集積であるがゆえに、南北双方の発行する切手には、それぞれの立場やイデオロギーが明確に反映されている。

また、韓国と北朝鮮は、ともに、朝鮮民族の国家として近代以前の歴史的背景や文化的伝統を共有しているため、同じ題材を取り上げた切手もしばしば発行されており、そうした切手を比較することによって、両者の異同がより明確に感知できるのも興味深い。

さらに、一九五〇－六〇年代の韓国社会には、依然として、一九四五年以前の日本統治時代の痕跡が色濃く残っているが、それらは当時の切手からも明瞭に観察できる。そうした要素が、日本との〝国交正常化〟の進展とどのようにかかわってきたかを見ていくことは〝日帝強占期（韓国での日本統治時代の呼称）〟と〝解放後〟の連続性から目を背けがちな、朝鮮半島現代史のイメージに対するカウンターとなるのではないかと思われる。

最後になるが、本書を通じて、郵便に使う以外は、ともすると社会一般からは〝子供の遊び〟か〝好事家《オタク》の趣味の対象〟と見られがちな〝切手（と郵便物）〟が、いかに、大人の知的好奇心を満たす素材であるか、その一端だけでも感じ取っていただければ、筆者としては望外の幸である。

日韓基本条約　◎目次◎

第1章　休戦後の李承晩政権　一九五三―一九六〇

韓米相互防衛条約

一九五三年七月二十七日、板門店で、国連軍首席代表のウィリアム・ハリソン・Jrと朝鮮人民軍（北朝鮮）代表の南日との間で朝鮮戦争の休戦協定が調印された。

休戦協定の調印を受けて翌二十八日、北朝鮮はさっそく、金日成の肖像をかたどったメダルの下に、朝鮮人民軍三軍の兵士と花束を抱える女性を描く〝英雄的朝鮮人民の勝利万歳！〟の記念切手（図1）を発行した。

北朝鮮当局は、現在に至るまで、「敬愛する金日成主席（休戦時の肩書は首相または元帥）の卓越した領導により朝鮮人民軍と朝鮮人民は祖国解放戦争（朝鮮戦争の北朝鮮での呼称）に勝利した」と主張し、七月二十七日の休戦協定調印日を〝祖国解放戦争勝利記念日〟としているが、切手のデザインは、そうした彼らのプロパガンダを忠実に再現したものだと言ってよい。

図1　北朝鮮が発行した「戦勝記念」の切手

本来であれば、金日成の発動した戦争は、北朝鮮にとって〝祖国統一〟という所期の目的を達することができなかったという点で失敗に終わった、と評価すべきものであるが、金日成は、戦時体制の構築を通じて自らの権力基盤を一層強化するとともに、失敗の責任を他に押し付けて粛清の契機としている。

すなわち、開戦と同時に、金日成は軍事委員会委員長に就任して国内の権力の集中をはかっていたが、休戦間近の一九五三年二月には元帥の称号を得て、朝鮮人民軍における権力基盤を盤石なものとしている。

その一方で、たとえば、副首相兼外相を務めていた旧南朝鮮労働党系の朴憲永に関して、「朴は朝鮮人民軍が南進すれば南の人民がこれに呼応して蜂起すると言っていたのに、実際には武装蜂起は起こらず、国家に多大な損害が生じた。これは、朴が米帝のスパイとして祖国を無謀な戦争に引きずり込んだためだ」などと断罪し、自らの開戦責任については棚上げにしたまま、朴と彼に連なる旧南朝鮮労働党系の有力者を相次いで処刑。このほかにも、さまざまな名目で、統一失敗の責任を国内の有力者に押し付けて彼らを粛清した。

そうした意味では、戦勝記念の切手に取り上げられた金日成は朝鮮戦争の〝勝者〟だったとみなすことも可能かもしれない。

一方、韓国側は朝鮮戦争の休戦に際して、関連する記念切手を一切発行しなかった。

そもそも韓国側にしてみれば、朝鮮戦争は北朝鮮の南侵によって始まったものであり、侵略者に対して徹底的な勝利を収めない限り、何の罪もないまま、多大な犠牲を強いられた国民は納得できない。さらに、朝鮮戦争の休戦交渉は、基本的には、国連軍という名の米軍と、共産軍との間で進められており、当事者であるはずの韓国はほとんど蚊帳の外に置かれているのも同然で、そのことについての国民の不満も根強かった。

また、一九四八年八月の大韓民国成立以来、李承晩政権は、国内の政治的・社会的・経済的混乱をなんら収束させることができず、開戦直前の一九五〇年五月三十日に行われた総選挙では与党が惨敗。一九五二年八月の任期満了まで、李承晩は政権をとても維持できまいというのが大方の見方であった。

ところが、一九五〇年六月二十五日、北朝鮮の南侵によって朝鮮戦争が勃発したことで、国民は否応なく大統領の下に団結せざるを得なくなり、結果的に、李承晩政権は維持された。とはいえ、〝非常時〟ゆえに、李承晩への表立った批判は影をひそめたものの、政権に対する韓国国民の不満は、その後も、戦争の期間を通じてくすぶり続けた。

そもそも、政府は北朝鮮の奇襲を自力で撃退することができなかった。また、ソウルが陥落する前、国民に対しては首都の死守を訴えていながら、政府首脳はひそかに大田に逃れ、しかも、漢江の橋梁を爆破して市民の避難路を絶ち、無辜の国民が多数犠牲になった。このことは、休戦から六十年以上が過ぎた二〇一四年の旅客船セウォル号沈没事故に際して、船長が乗客を見捨てて船から脱出して救助された際にも、アナロジーとして持ち出されたほどで、韓国の国民にとって現在なお大きなトラウマとなっていることを見逃してはならない。

さらに、人海戦術で攻勢をかける中国人民志願軍に対抗するために徴集された国民防衛隊では、劣悪な待遇により多くの兵士が餓死・凍死・病死する一方、幹部たちによる公金横領や汚職が蔓延。韓国国内に潜入した共産ゲリラを討伐するという名目で、無関係の一般住民を軍が虐殺するという事件も発生した。

これらはいずれも、李承晩政権に対する国民の信頼を著しく損ねるものだったが、李承晩は、一九五二年一月、突如竹島を不法占拠して、領土問題で日本（当時は講和条約の発効以前で、実力で韓国軍を排除することが不可能であった）に強硬姿勢を取ることで国民の反日感情を扇動。さらに、一九五二年五月には、〝共産分子が治安を撹乱するのを防ぐため〟という名目で戒厳令を発令し、野党議員を憲兵隊に連行させたうえで、同年七月、大統領選挙を国民による直接投票とする憲法の改正案（それまでは国会議員による間接選挙）を可決。八月五日、この新憲法に基づく大統領選挙の投票が実施されると、李承晩派は露骨な選挙干渉を行い、再選を果たす。

当然のことながら、米国は、こうした李承晩の強引なやり方を苦々しく見ており、一時は大統領の監禁と軍政の施

図２　“滅共統一”の文字が加刷された葉書（部分）

行も検討されたといわれている。しかし、戦時下という状況を考慮して、この計画は沙汰止みとなった。ここでもまた、李承晩は戦争の恩恵を被ったことになる。

こうした事情もあって、李承晩は朝鮮戦争の休戦には一貫して反対し、北朝鮮を壊滅させて朝鮮半島を統一（＝滅共統一。図2）することを主張し続け、一定以上の国民の支持を得ていた。

実際、一九五三年六月六日、休戦交渉の最大の難関とされていた捕虜送還の問題が妥結し、国連軍と共産側の合意がいよいよ秒読みの段階に到達すると、六月十七日、李承晩は最後の抵抗として、韓国警備隊が管理していた捕虜収

容所から、中国・北朝鮮への送還が決まっていた〝反共捕虜（中国・北朝鮮への帰還を望まない捕虜）〟を釈放してしまう。当然のことながら、共産側は李承晩を非難し、休戦はまたもや流産するかのように思われた。

　こうした休戦への動きと並行して、一九五三年五月末、休戦後の韓国の安全保障の枠組を規定した韓米相互防衛条約の交渉が開始され、休戦後の十月一日、ワシントンで調印された。なお、条約がそれぞれの国内での手続き等を経て正式に発効したのは、翌一九五四年十一月十七日のことである。

図3　韓米相互防衛条約発効の記念切手

　図3は、一九五四年十二月二十五日、条約の発効を受けて韓国で発行された記念切手で、太極旗と星条旗を背景に、李承晩とアイゼンハワーが握手を交わす姿を大きく取り上げることで、両国の友好関係が強調されている。もっとも、この写真は条約の調印時に撮影されたものではなく（調印に際して、李承晩は渡米していない）、おそらく、朝鮮戦争中の一九五二年、アイゼンハワーが次期大統領予定者として訪韓した際に撮影したものではないかと考えられる。

　また、二人の前には鉄条網が描かれており、東西冷戦の最前線として北朝鮮と対峙する韓国側の状況が象徴的に表現されている。

　韓米相互防衛条約は、基本的には、休戦体制を補完する色彩の濃いものだが、一九五一年に締結された日米安保条約とともに、その後の米国の太平洋戦略の根幹をなすものとなる。

　韓国側からすれば、条約によって韓国内に駐留する米軍は、いわば〝人質〟としてきた北朝鮮に対する抑止力として機能することが期待された。特に、休戦ラインから二〇キロの地点にある京畿道東豆川の米陸軍第二師団は、北朝鮮の攻撃で最初に被害を受ける場所であることから、〝北朝鮮の南侵＝米軍自動介入〟の象徴として韓国で受け止められてきた。

　その一方で、米国からすると、休戦協定に強硬に反対してきた李承晩政権が、今度は北進して北朝鮮と再び戦火を交えることになるのではないかとの危惧を捨てきれずにいたことも事実である。

　すなわち、同条約の第一条は、「締約国は、それぞれが関係することのある国際紛争を平和的手段によって、国際の平和及び安全並びに正義を危うくしないように解決し、並びにそれぞれの国際関係において、武力による威嚇または武力の行使を、国際連合の目的または締約国が国際連合に対して負っている義務と両立しないいかなる方法によるものも慎むことを約束する」として、韓国に対して休戦協定の遵守をまず義務付けている。

さて、条約が結ばれた当初は北朝鮮による南侵の記憶が生々しかったこともあり、米軍部隊は約二十万人の常勤体制が採られていた。しかし、一九五八年、中国人民志願軍が北朝鮮から撤退し、米国も韓国に戦術核兵器を導入したことで、駐留兵力は一九六〇年までに約六万人へと大幅に削減された。ちなみに、二〇一九年現在の在韓米軍の駐留兵力は、約二万八千五百人で、その内訳は、陸軍が約一万八千五百人、空軍が約八千五百人、残りは海軍と海兵隊の順である。

ちなみに、一九五四年の条約発効当時、在韓米軍地位協定（SOFA）は締結されておらず、一九六七年に同協定が締結されるまで、米軍の犯罪に対して韓国側は何もできないという状態が続いた。

〝韓国郵政〟表示の新デザイン切手

一九五三年十月、韓米相互防衛条約が締結されると、米国による総額十億ドルの対韓経済支援も本格的に始まり、韓国社会にもようやく〝（休）戦後〟の空気が充満するようになってきた。

ところで、朝鮮戦争末期の一九五三年二月十五日、戦時インフレに対応すべく新通貨のファン（圜）が導入され、同年四月五日から新通貨に対応する新額面の切手の発行が始まっていたが、休戦後の一九五四年二月十五日以降、〝韓国郵票〟から〝韓国郵政〟に表示を変更した新デザインの普通切手の発行が開始される。やはり、朝鮮戦争の休戦という事態を踏まえて、切手も一新しようという意図があったのだろう（ただし、〝韓国郵政〟表示の切手としては、一九五三年十月二十五日に発行された〝大韓中央基督教青年会五十周年〟の記念切手が最初である。なお、この切手とその背景については補章で取り上げる）。

新普通切手のうち、最初に発行されたのは百、五百、千ファン切手の三種で、いずれも鹿が描かれている。ただし、百ファン切手と五百及び千ファン切手では鹿の姿勢が異なるのでデザインとしては二パターンになる（図4）。

朝鮮の文化的伝統では、鹿は十長生（日、水、松、鶴、亀、鹿及び不老草に、山、雲、月、石、竹のうちいずれか三つを加えた不老長生の象徴）の一つとして、古くは数千年生きられる霊獣として、鹿の出現は吉兆と考えられてきた。

図4　鹿を描く100ファン及び500ファン切手

また、鹿の角は木の枝の形をしており、春に生えて伸び、硬くなった後、翌年の春に抜けて生え変わる循環を繰り返すことから、鹿には大地の原理が備わっており、その角は永遠の生命力を備えたものとして再生の象徴ともされてきた。

したがって、休戦後の復興に向けた時期の切手にふさわしい題材といってよい。

次いで四月一日には、太極旗と蝶を描く十ファン切手とソウルのパゴダ公園を描く三十ファン切手が発行された。

蝶（図5）は、朝鮮では古くから喜びや幸福の象徴として、芸術絵画はもとより、日用品の装飾にも盛んに用いられてきた。また、朝、揚羽蝶を見るとその日は大いに運が開けるが、特に陰暦三月三日の朝起きて最初に見る蝶が、紋黄蝶や揚羽蝶の時にはその年の幸運が約束される、との俗説がある。十ファン切手が発行された一九五四年四月一日は、陰暦では二月二十八日に当たっていたから、新切手を手にして三月三日の俗信を連想した人も多かったに違いない。

図5　蝶を描く10ファン切手

また民話では、人間の魂が蝶に転生する話も多く伝えられており、そのことを踏まえて、現在でも、毎年六月六日の顕忠節に際しては、国家のために亡くなった人々を悼む式典で蝶が放たれることもある。

国旗を背景にした蝶というデザインには、朝鮮戦争で亡くなった人々を悼むとともに、休戦後の韓国社会に幸運が訪れるようにとの願いが込められていたとみることができよう。

一方、三十ファン切手（図6）に取り上げられたパゴタ公園またはタプコル（塔洞）公園は、三・一独立運動のデモ隊の出発点となった場所で、ソウル中心部、鐘路の仁寺洞入口にある。もともと、この場所には古い寺があったが、朝鮮王朝第七代国王の世祖は、一四六四年、自らの犯してきた殺生を悔いるため、廃寺の跡に円覚寺を建て、多

図６　パゴタ公園（タプコル公園）を取り上げた30ファン切手

くの堂宇や門、大蔵経殿、十層石塔を建立した。パゴタ公園ないしはタプコル（塔洞）公園という名は、この石塔に由来する。

切手では、画面の左側に描かれている石塔の高さは約一二メートル。〝亜〟字形の三層基段、平面の三層と角張った四層が積み上げられた形態で、各層には仏教にまつわる彫刻が施され、内部には仏舎利と円覚経が奉安されている。なお、石塔は一九六二年に韓国の国宝第二号に指定されたこともあって、現在は保護のためのガラスケースに覆われており、切手のように塔が剥き出しにはなっていない。

ソウルの円覚寺は十六世紀初頭、仏教の排斥に熱心だった第十代国王燕山君の時代に、王が管弦を楽しむための掌楽院に変えられ、その後、石塔を残して仏教建築はすべて撤去された。石塔の周囲が公園として整備されることになったのは、国号が大韓帝国とあらためられた一八九七年のことで、当時総税務司を務めていた英国人J・M・ブラウンが近代式庭園として整備した。なお、孫秉熙らが独立宣言を読み上げた八角亭は、その際に設けられた八角形の東屋で、大韓帝国時代には音楽の演奏が行われていたという。こうしたこともあって、公園の近くには、現在でも楽器の専門店街〝楽園商街〟が残っている。

当時の大韓民国憲法では、その前文冒頭において「悠久の歴史と伝統に輝く我ら大韓国民は己未三一運動により大韓民国を建立し世界に宣布した偉大な独立精神を継承し……」とうたっており、大韓民国こそが三・一独立運動の系譜を継承する朝鮮半島唯一の正統政府であることを明言している。

これに対して、当時の北朝鮮は三・一独立運動を〝失敗したブルジョア革命〟と位置付けており、北朝鮮国家は、金日成らの抗日闘争とソ連による朝鮮解放を経て、一九四八年四月、南朝鮮（当時）の代表も出席した南北連会議の結果として建国されたことをもって、自分たちこそが朝鮮半島唯一の正統政権であると主張していた。

したがって、当時の韓国にとって〝三・一運動以来の法統〟を主張することは、それ自体、北朝鮮の主張に対する重要な反証となっており、三・一運動の象徴としてのパゴタ公園は大韓民国の正統性を示すものとして切手にも取り上げられたのである。

戦後復興と財閥の発生

さて、韓国に対する朝鮮戦争後の復興支援に関しては、一九五〇年十月、韓国・国連軍が中朝国境に達し、国連加盟国の多くが、戦争はまもなく韓国・国連軍の勝利に終わるであろうと考えていたことを受けて（図7）、同年十二月、米国を中心に〝国際連合韓国復興支援機関（United Nations Korean Reconstruction Agency; UNKRA. なお韓国での訳語では国際連合韓国再建委員団となっていることが多い）〟が設立されたところから始まった。しかし、ＵＮＫＲＡの創設とほぼ時を同じくして、中国人民志願軍の参戦により戦争は長期化し、韓国・国連軍の勝利が遠のいたことで、その活動はかなり限定的なものとならざるを得なかった。それでも、一九五一年八月以降、韓国で発行された学校教科書は、ＵＮＫＲＡから用紙の提供を受けて制作されたため、〝ウンクラ教科書〟と呼ばれ、その奥付には、当時の文教部長官、白樂濬の署名入りで、以下のような感謝文が英語と韓国語で掲載されていた。

国際連合韓国再建委員団（ウンクラ）は、韓国の教育のために、四二八五年（＝一九五二年）度の国定教科書の印刷用紙一五四〇トンを文教部に寄贈した。こ

図7　1950 年 11 月 20 日、韓国が発行した“国土統一”の記念切手の 1 枚は、国連旗と太極旗の間に朝鮮半島のシルエットを置き、戦争が韓国・国連軍の勝利で終わったとの（この時点での）彼らの認識が示されている。

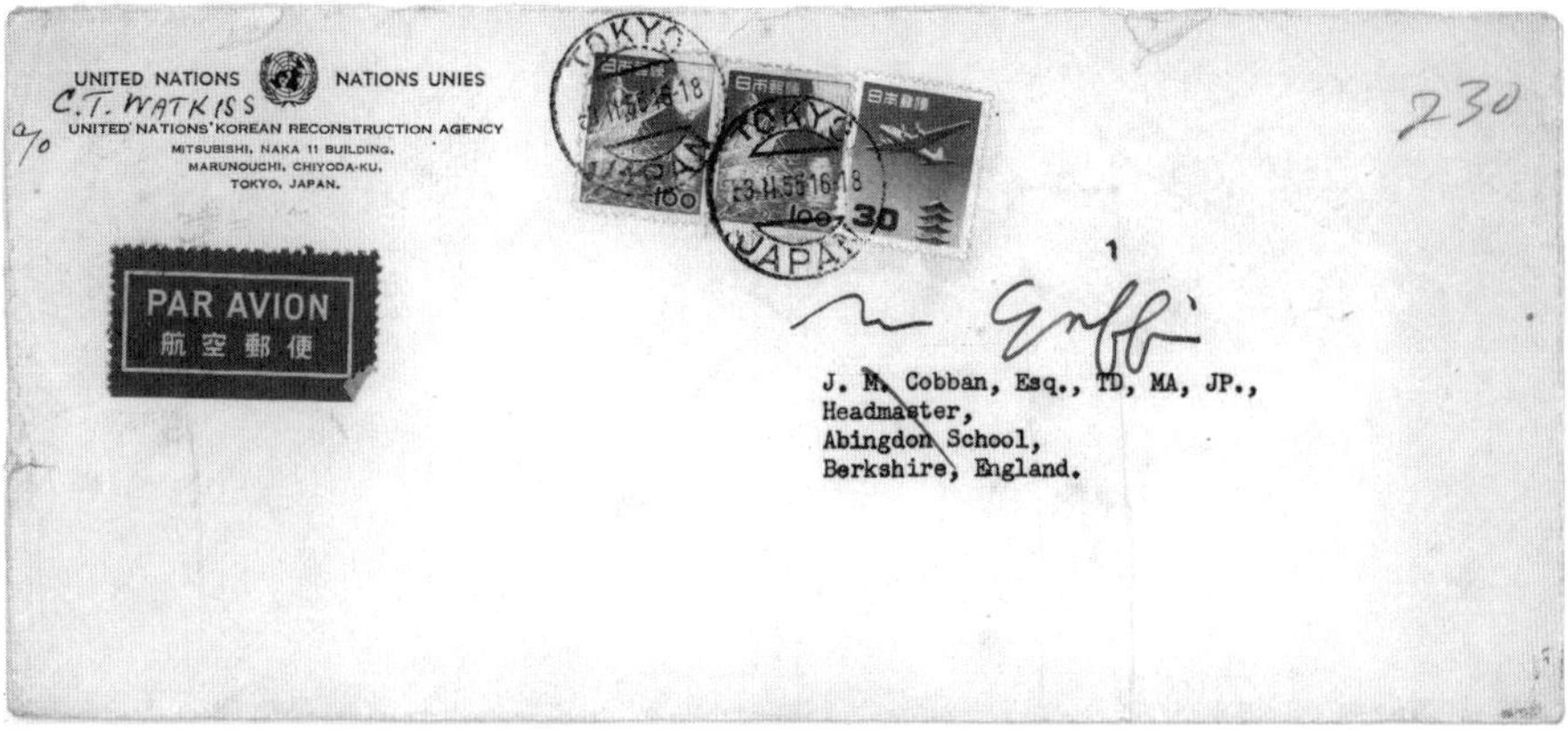

図８　UNKRA東京事務所から差し出された郵便物

図９「産業復興」をイメージした通常切手

の本は、その紙で印刷したものである。我々は、この有難い援助に感謝する心で、もっと頑張って勉強をし、韓国を再建するたくましい労働者になろう。

一九五三年の休戦後、ＵＮＫＲＡの活動は戦争で家を失った難民の支援が中心となり、一九五八年の活動終了までに、米国のみならず、メキシコなどからも拠出を得て、総額一億五千万ドルの支援を行っている（図8）。

休戦後の経済復興に関しては、北朝鮮が共産諸国からの援助を軍事に直結した重化学工業に投資したのに対して、韓国では、農業への投資も少なからず行われた。この分野における外貨の使い道としては、日本からの肥料の輸入が大きな比重を占めており、三井東圧製のツバメ印の肥料は韓国内では誰もが知っている商品として認知されるようになったという。

一九五五年一月一日からの料金改正に合わせて発行された普通切手（図9）は、〝産業復興〟をテーマに、若芽と工場、水力発電等をデザイン化したものだったが、このうち、若芽には農業の振興という意味合いも込められていたのかもしれない。また、背景にはさりげなく白頭山の天池が描かれており、〝滅共統一〟への意欲が込められた図案になっている。

　韓国の戦後復興は、米国からの巨額の援助を得て行われたため、当然のことながら、その援助の恩恵にあずかれる一部の特権的な企業の急成長をもたらし、三星（サムスン）をはじめ、その後の財閥の基盤が築かれた。

　三星財閥のルーツは、日本統治時代の一九三八年に李秉喆（図10）が興した三星商会である。

　李秉喆は、大韓帝国末期の一九一〇年二月十二日、慶尚南道宜寧郡正谷面でコメ一〇〇〇石の農地を所有する大地主、李纘雨の二男二女の末っ子として生まれた。

　一九二八年十月、十八歳で渡日し、翌一九二九年に早稲田大学専門部政経科に入学したものの、一九三一年九月、脚気を患って帰郷。その後、一九三四年十月、父親から事業資金として譲り受けた三〇〇石分の土地を元手に、一九三六年三月、鄭鉉庸、朴正源と三人で馬山に協同精米所を設立。事業費は、三人が一万円ずつ出資し、不足分は朝鮮殖産銀行馬山支店からの借り入れで賄ったという。

図10　李秉喆の肖像を取り上げた2015年の切手

　さらに、同年八月、李は日本人経営の日出自動車会社を買収し、新たに購入した十台のトラックと合わせて計二十台のトラックで運送業を開始。また、朝鮮殖産銀行馬山支店の融資で土地も買収している。

　ところが、翌一九三七年、いわゆる日中戦争（支那事変）が勃発し、軍需産業以外への銀行の一般貸出が中断されたことに加え、土地の価格も急落したことから、李は資金難に陥り、土地を売却するとともに、精米所と自動車会社を清算せざるを得なくなった。

　そこで李は再起を期して、一九三八年三月、資本金三万円で大邱に〝三星商会〟を設立。同商会は、日本の鉄道網を使って朝鮮の果物や乾魚を満洲と北京に輸出する貿易会社で、これが現在のサムスン・グループの原点とされている。

　三星商会が大きな利益を上げたことから、一九三九年、李は朝鮮醸造会社を買収し、醸造業にも進出。しかし、一九四一年末に大東亜戦争が勃発し、酒類は朝鮮総督府による統制の対象となったため、日本統治時代には朝鮮醸造が継続的に利益を上げることはなかった。

　解放後の一九四七年五月、李は家族とともにソウルに移り、翌一九四八年十一月、三星物産公司を設立。同社は、香港、シンガポールなど向けのイカ・寒天の輸出と綿糸の輸入から始めて取扱品目を拡大し、米国との貿易にも手を広げ、大きな利益を上げる。

その後、一九五〇年に朝鮮戦争が勃発すると、ソウルは戦場となり、三星物産公司は壊滅的な打撃を受けたが、李は大邱の朝鮮醸造に残されていた余剰資金を投じて、一九五一年一月、釜山に三星物産を設立。砂糖、肥料、紙、ウール、ナイロン、アルミ、医薬品を輸入し、日本と東南アジアに屑鉄、イカ、コメを輸出。そこから得られた資金を元に、一九五三年七月の休戦以降、商業資本から産業資本へと転換していく。

その先駆けとして、休戦直後の一九五三年八月、李は第一精糖工業を設立（砂糖の生産開始は同年十一月）し、一九五四年九月には第一毛織工業を設立して服地の生産を開始。さらに、一九五八年には第一製糖内に製粉部門を併設し、消費財の国産化で巨額の利益をあげている。これらは、米国からの援助物資を加工する〝三白工業（製糖業・綿工業・製粉業）〟と呼ばれた当時の花形産業で、韓国経済の戦後復興を牽引するとともに、サムスン財閥の基盤を固めていくことになった。

一方、一九四七年に鄭周永が設立した現代建設も、戦後復興の建設ブームの中で急成長を遂げ、その後の財閥としての基盤を固めている。

鄭周永は、日本統治時代の一九一五年、現在は北朝鮮領内になっている江原道通川郡松田面峨山里の貧しい農家に、六男二女の長男として生まれた。

一九三〇年、松田小学校を卒業後、家出を繰り返して建設労務者として働く日々を続けていたが、一九三四年、京城の米屋に就職し、一九三八年に京城の新堂洞で米穀商・京一商会を開業した。

翌一九三九年、コメが配給制になったため、米屋を廃業して自動車部品修理業を開業。この会社は後に日本人に買収されたが、解放後の一九四六年、ソウルで自動車修理を行う現代自動車工業社を設立。さらに、翌一九四七年、現代土建社を設立する。現代自動車工業社と現代土建社は、一九五〇年一月に合併して現代建設となるが、同年六月、朝鮮戦争が勃発すると、同社は米軍の建設工事を受注して急成長を遂げた。

休戦後は、復興事業に伴う公共建設を受注して順調に事業を拡大。この時期の代表的な施工例として、一九五八年に竣工した漢江人道橋復旧工事がある。

このほか、一九五〇年代までに財閥化した韓国の有力企業としては、ラッキー・金星（現ＬＧ）、三護、大韓電線、雙龍（双竜）などがある。

これらの企業の急成長は、いずれも、特恵的な銀行貸出（当時、物価の上昇率は年間三〇％前後だったが、貸出金利は一五％だった）によって支えられていたが、こうした資金の調達方法は、政権との癒着、すなわち、貸し出しを受ける代償として政界の有力者に相応の見返りを払うことなしには不可能なことであった。

そのため、李承晩の長期政権を支えた政治資金をめぐっては、さまざまなスキャンダルが発生することになるが、それらはいずれも政治的な圧力でもみ消されていた。

なお、一九六〇年に李承晩政権が崩壊すると、これらの財閥も不正蓄財などのかどで窮地に立たされるが、政治献金によって危機を脱し、朴政権下での開発独裁の時代を迎えることになる。

四捨五入改憲と李承晩個人崇拝

韓米相互防衛条約の調印後、戦後復興に向けて米国からの経済支援がもたらされるようになると、李承晩は終身大統領を目指して憲法改正に着手する。当時の韓国の憲法では、大統領の任期は二期までとされており、三選は禁止されていたからである。

憲法を改正するためには国会議員の三分の二以上の賛成票が必要だった。当時の国会の定員は二百三議席だから、単純に計算すれば、その三分の二は百三十五・三人ということになる。こういう場合、通常の感覚であれば、百三十六人をもって三分の二以上ということになるだろう。

このため、一九五四年秋の韓国国会では、百三十六票をめぐって与野党の激しい攻防が繰り広げられ、十一月二十九日の採決では、李承晩派の提出した憲法改正案は、賛成百三十五、反対六十となり、改正案はいったん否決された。

しかし、これに対して、李政権は、定員数二百三の三分の二は百三十五・三人であるから、四捨五入すれば百三十五票となると強弁。いったんは廃案宣言まで出された改憲案を、強引に可決されたと主張して公布してしまう。

これが悪名高い〝四捨五入改憲〟である。

こうした李の独善的な姿勢は、当然のことながら内外の強い批判を招いたが、李政権は強権を持って反対派を押さえ込み、一九五六年五月の大統領選挙での三選へ向けての活動を開始する。

その一環として、一九五五年三月二十六日、李承晩に対する個人崇拝を強調すべく、李の誕生日に合わせて、〝大統領八十回誕辰〟の記念切手（図11）が発行された。

切手は、上左・右角に〝奉祝〟を意味するハングルが、下左・右の角に〝壽〟の漢字が入っており、鳳凰の下、李の肖像が取り上げられている。

朝鮮王朝時代から、鳳凰は君主の象徴の一つとして用いられ、大韓民国の成立後も国家や大統領の象徴として使われてきた。一九六七年に正式に制定された現在の大統領標章も、韓国の国花・ムクゲを中心に向かい合った鳳凰を描くデザインとなっている。

鳳凰は鳳（オス）と凰（メス）に分けられ、雌雄一対で、陰陽の調和と共生の意味を持つものとされてきた。このため伝統的な文様では、鳳の尾に花などを飾り、凰より華麗に表現したりするなど、鳳と凰の形を変えるのが本来の在り方だが、この切手に描かれている二羽は同じ形のようだ。

また、切手の表題となっている〝誕辰〟は目上の者や貴人の〝誕生〟を意味する語である。

ちなみに、北朝鮮で金日成の誕生日が、国家的規模で祝われるようになったのは、中国派・ソ連派の粛清を通じて彼が独裁的権力を掌握した一九六〇年代以降のことで、彼の誕生日を祝う最初の記念切手は、一九六二年に発行された〝金日成元帥誕生五十周年記念〟（図12）である。なお、北朝鮮は、相手が金日成であっても、〝誕辰〟ではなく、一般人を対象にした場合と同じ〝誕生〟の語を使っている。

このように、一九五五年の時点では、金日成よりも李承晩のほうが、個人崇拝・独裁志向が強かったという点は注目しておいてよい。

ところで、一九五五年八月十五日には〝光復十周年〟の記念切手が発行されている（図13）が、この切手には太極

図11　大統領 80 回誕辰の記念切手

図12　北朝鮮が発行した“金日成元帥誕生 50 周年”の記念切手

図13　光復10周年の記念切手

旗の下に、独立門と引きちぎられた鎖が描かれている。

独立門は、日清戦争で敗れた清朝が朝鮮に対する宗主権を放棄して〝独立国〟となったことを記念し、開化派の団体、独立協会が中心となって民間の浄財を募って建設されたもので、朝鮮王朝が大韓帝国と国号をあらためた直後の一八九七年十一月二十日に完成した。したがって、十年前の日本からの解放とは全く無関係で、当然のことながら、当時の韓国国民もそのことは知っている。したがって、後代のように、独立門を日本からの解放の象徴と〝誤解〟させようとするのは、当時の状況では無理がある。

むしろ、この時点で独立門を切手に取り上げたのは、李承晩が独立協会の一員であったことをアピールする意図があったのではないかと思われる。

すなわち、朝鮮における立憲君主制の導入を目指していた独立協会は、一八八四年の甲申政変に参加した徐載弼が李完用とともに創設し、朝鮮に立憲君主制を導入することを目指していたが、一八九八年十二月、国内の保守派である皇国協会の「独立協会は皇帝を廃し、共和制を目指そうとしている」という讒言を受け、皇帝勅令によって解散させられ、翌一八九九年には李本人も逮捕された。その後も、李は拷問を受けながら一九〇四年まで獄につながれていたが、日露戦争が勃発すると、英語力を評価されて米国に派遣され、一九〇五年八月には大統領のセオドア・ルーズベルトにも面会している。

その後、李は米国に残り、ジョージ・ワシントン大学、ハーバード大学を経てプリンストン大学で朝鮮人として初めて博士号を取得した。当時のプリンストン大学総長、ウッドロウ・ウィルソンは李を個人的に気に入り、折りにふれて「将来の朝鮮独立の救世主」として彼を紹介。その後、一九一三―二一年以来ウィルソンが米国の大統領になったことで、李はハワイを含む米国における朝鮮の独立活動家としての地位を固めていくことになる。

このように、独立協会は、独立運動家としての李承晩のキャリアの原点というべきもので、一九四五年の解放まで海外を活動の拠点にしていたために、朝鮮内での活動実績がほとんどなかった李にとっては、独立協会のシンボルである独立門は、朝鮮における活動の実績を可視化できるほとんど唯一の手段であり、〝反日〟のシンボルは他に求められていたとみるのが妥当だろう。

対日経済断交

一方、国民統合の手段として、反日感情を煽るという視点から制作されたのが、一九五五年十一月十一日に発行された〝海軍創設十周年〟の記念切手（図14）である。

現在の韓国海軍は、一九四五年十一月十一日、鎮海にあった旧日本海軍の施設を継承して、元商船船員らが組織した〝朝鮮沿岸警備隊〟をその起源としており、切手はここから起算して十周年になるのを記念して発行されたもので、鎮海の李舜臣像と亀甲船が描かれている。

図14　海軍創建10周年の記念切手

かつての日本海軍は、東郷平八郎をはじめ、李舜臣を高く評価する者も少なくなかった。その背景には、純粋に軍事的な側面からの評価もさることながら、豊臣秀吉の朝鮮出兵が失敗に終わったのは、海上戦闘での敗戦が原因であり、そのため、海軍の予算・軍備を活用すべしという〝歴史的教訓〟を導き出そうという意図もあったという。また、実際に朝鮮を統治していく過程で、日本側が朝鮮の過去の英雄を称揚することは宣撫工作につながるという意識もあったようで、詩人の金素雲は、日本海軍の鎮海司令部では毎年、李舜臣をお祀りしていたと証言している。

解放後に権力を掌握した李承晩は、大東亜戦争の勃発後、米国で反日独立運動の旗手として活動し、その実績をもって米国を後ろ盾とすることに成功したという経緯もあり、国民統合の手段として〝反日〟を強調したが、そのシンボルとして李舜臣と亀甲船のイメージを活用していくことになる。

図14の切手に取り上げられた像は、その一環として、一九五二年に建立されたもので、現在、韓国各地に建立されている李舜臣像の中でも最初の一体とされている。

李舜臣に関しては、生前に描かれた肖像画が残されていないため、制作を担当した彫刻家の尹孝重は、子孫の骨相などをもとに模型をつくり、美術や歴史の専門家の批評をもとに何度も手直しのうえ、像を完成させた。造形的には、体の前で刀を両手で持ち、地面に立てたポーズになっているのが特色である。

この像が建立された一九五二年といえば、いまだ朝鮮戦争の激戦が続いている最中で、銅像を建立するための資材の調達には相当の困難があったことは想像に難くない。ちなみに、ソウル世宗路の李舜臣像は、〝漢江の奇跡〟の経済成長が始まった後の一九六八年に建立されたが、それでも、制作予算が限られていて品質の良い青銅を調達しきれなかったため、廃船のエンジンや使用後の薬莢などの金属を再利用し、青銅固有の色を出すために着色していたほどだった。

戦時下の困難を押してまで、一九五二年に李舜臣の像が建立されたのは、いわゆる李承晩ラインの設定と、それに伴う竹島問題の発生と無関係ではあるまい。

一九四五年の解放後、李承晩政権は韓国が〝戦勝国〟であると主張したが、終戦まで、朝鮮半島は大日本帝国が合法的に統治していたというのが国際社会の認識であったから、韓国の主張は一顧だにされず、一九五一年九月にサンフランシスコで開催された対日講和会議にも、韓国の参加は認められなかった。

講和条約調印後の一九五一年十月、あらためて日本と韓国との国交樹立に向けた予備会談がスタートしたが、日本を反共の防波堤として育成することを企図していた米国は、韓国側の対日賠償請求を押さえ込もうとした。このため、新たな交渉材料を作り出す必要に迫られた李承晩政権は、一九五二年二月に国交正常化交渉（第一次会談）が開始される直前の一月十八日、突如「大韓民国隣接海洋の主権に対する大統領の宣言」を発する。

講和条約の調印時、日本漁船の活動可能領域は、SCAPIN第一〇三三号「日本の漁業及び捕鯨業に認可された区域に関する覚書」によって、北緯二四度・東経一二三度、赤道の東経一三五度、赤道の東経一八〇度、北緯二四度・東経一八〇度を結ぶ線内（マッカーサー・ライン）の内側とされており、一九〇五年以来、日本の島根県隠岐島庁に編入されていた竹島もその中に含まれていた。

これに対して、李の宣言は、国防と漁業資源の保全を理由として、韓国沖合の部分について、マッカーサー・ラインよりも日本寄りに〝平和線〟（李承晩ライン）を設定。竹島を含む海域を韓国の領海として、水域内のすべての天然資源、水産物の利用権を主張したものである。

当然のことながら、日本側は李承晩ラインの設定に猛反発。米国も韓国政府を非難した。

こうした中で、一九五二年二月、日韓国交正常化交渉（第一次会談）が始まったが、会談では〝戦勝国〟として日本に対して賠償を要求する韓国と、民地支配は国際法上合法として、逆に、韓国内で接収された旧日本資産の補償を主張する日本との間で議論が平行線をたどり、同年四月には早くも無期延期となる。

鎮海の李舜臣像はこのタイミングで建立されたものであり、そのため李承晩政権としては、国民に対して自らの対日強硬姿勢を可視化するための手段として、この像を活用しようとしていたことは明らかである。

第一次会談の決裂後も、李承晩ラインを侵犯したとして韓国側に拿捕される日本漁船が続出。さらに、朝鮮戦争や済州島四・三事件の混乱を逃れて日本に密入国した韓国人の送還問題もあって、韓国との交渉再開は日本側にとって緊急の課題となっていた。

このため、一九五三年四月十五日、日韓交渉（第二次会談）が再開されたものの、同年七月、韓国側が朝鮮戦争の休戦成立に備える必要から中断。そして、休戦後の一九五三年十月六日に開始された第三次交渉では、韓国側が「日本の在韓財産は米国が接収したのであり、本来なら韓国は三十六年間の日本の支配下での愛国者の虐殺、韓国人の基本的人権の剥奪、食料の強制供出、労働力の搾取などへの賠償を請求する権利を持っている」と主張したのに対して、日本側首席代表で外務省参与の久保田貫一郎が「日本は植林し、鉄道を敷設し、水田を増やし、韓国人に多くの利益を与えたし、日本が進出しなければロシアか中国に占領されていただろう」、「米国による日本人資産の接収は国際法に違反していないと考えるし、違反していたとしても米国への請求権は放棄した」と反論。これに対して、「植民地支配は韓国に害だけを与えたと考えている」とする韓国側は激昂し、十月二十一日、会談は中断された。

交渉決裂を受けて、十月二十六日付で作成された「日韓会談決裂善後対策」（極秘公文書）で、久保田は韓国について「思い上がった雲の上から降りて来ない限り解決はあり得ない」とし、韓国人は「強き者には屈し、弱き者には横暴」であると分析。そのうえで、李承晩政権の打倒を開始すべきだとさえ提言している。

一方、日本及び韓国との同盟関係を極東戦略の基礎と考えていた米国のアイゼンハワー政権は、両国の対立を懸念し、韓国に対して李承晩ラインの撤回など日本への宥和を求めたが、これは逆効果となり（図15）、態度を硬化させた韓国側は米国との交渉をも決裂させ、一九五五年八月、対日経済断交措置を発動した。

〝海軍創建十周年〟の記念切手は、前述のような経緯で、

이 우표는 울능도 남방에 위치한 독도(獨島)를 도안으로 보통우표를 발행 한 것이다

단기4287년 9월 15일

대한민국 체신부

図15　対日宥和を求める米国に反発した李承晩政権は、1954年9月、あえて日本を挑発するかのように〝独島〟を図案とする普通切手を発行し、日本に対する妥協を拒否する姿勢をあらためて強調した。

日本との経済断交措置が取られていた時期に発行されたもので、〝海軍〟を名目に、李舜臣と亀甲船という〝反日〟の二大シンボルを取り上げることで、政権の対日強硬姿勢を示そうとしたと考えるのが妥当だろう。

ちなみに韓国の陸軍は、大韓民国成立以前の一九四六年一月十五日に創設された南朝鮮国防警備隊がその起源とされているが、それから十年後の一九五六年には陸軍の創建十周年を記念する切手が発行されていない。兵員数では海軍をはるかに凌駕する陸軍の記念切手が発行されていないのは、国軍内のバランスから考えて極めて不自然だが、このこともまた、〝海軍創建十周年〟の記念切手が、その名目とは別の意図を込めて発行されたものと解釈し得る傍証となっている。

在日韓国人が支えた韓国スポーツ

もっとも、どれほど政治イデオロギーとしての〝反日〟を呼号しようとも、現実の韓国国民の生活には日本統治時代の痕跡が抜きがたく染みついていただけでなく、日本、特に在日韓国人からの支援も不可欠だった。

そのことを示すのが、図16の切手である。

これは、日本との経済断交中の一九五五年十月二十三日に発行された第三十六回全国體典（全国体育大会）の記念切手で、聖火の下、ソウル運動場のトラックを走る選手が描かれている。

図16　第36回全国體典の記念切手

ソウル運動場の前身は日本統治時代に建てられた京城運動場である。

運動場は、光熙門と東大門（正式名称は興仁之門）の間の敷地二万二七〇〇坪、朝鮮王朝時代には治安を担当する下都監と訓錬都監が置かれていた土地に建造された。

運動場の建設は、一九二四年の皇太子裕仁親王（後の昭和天皇）ご成婚の記念事業の一つとして企画され、翌一九二五年五月二十四日、京城府の岩城土木課長の指揮により着工した。サッカーと陸上ができる多目的競技場で、総工費は十五万五千円。総収容人員二万五千八百人は当時としては東洋一の規模を誇っていた。一九二五年十月に開場式が行われ、翌一九二六年三月、こけら落としの試合が行われた。

京城運動場が完成した一九二五年は朝鮮神宮が造られた年でもあったので、同年以降、総合競技大会である朝鮮神宮競技大会（朝鮮神宮奉賛体育大会）が、毎年開かれることになった。当初、会場は競技ごとに異なっていたが、一九三四年以降は、京城運動場を主会場として固定し、野球・サッカー・テニス・陸上・バスケットボールの五種目からなる総合競技大会として「全朝鮮総合競技大会」が開催された。なお、同競技大会は、一九二〇年に開催された全朝鮮野球大会を第一回として回数を起算しているため、一九三四年の大会は第十五回となっており、一九

図 17　1948 年のロンドン五輪参加に際して、大韓民国発足以前の南朝鮮で発行された記念切手

四八年に大韓民国が発足した後は全国體典と改称され、現在に至っている。

解放後、京城運動場はソウル運動場と改称され、一九五〇年六月二十五日の朝鮮戦争勃発当日には、第二回学徒護国団体育大会の各種競技決勝戦が行われていた。南侵を知らなかった選手・観客は、正午頃、警察官のアナウンスで緊急事態の到来と競技の中止を知らされ、驚愕しつつ運動場を後にしたという。

朝鮮戦争のため、一九五〇年の全国體典は中止され、翌一九五一年の大会はソウルではなく光州で行われたが、韓国・国連軍がソウルを確保したことを受けて、一九五二年にはソウル運動場での大会が復活。その後、一九五六年の第三十七回大会まで全国体典は会場をソウル運動場に固定して行われたが、一九五七年以降は釜山や大田等の地方都市でも開催されている。それでも、一九五八―五九、六一、六七―七二、七四年にはソウル運動場が全国体典の会場となるなど、同運動場は韓国スポーツ史におい

て大きな役割を果たした。

ちなみに、ソウル五輪に先立ち、一九八六年に蚕室総合運動場が完成すると、ソウル運動場は東大門運動場と改称され、その後も、一九八六年のアジア競技大会、一九八八年のソウル五輪のサッカー会場などとして使用されていたが、老朽化のため、二〇〇七年十一月に完全閉鎖され、その跡地と周辺の再開発により、二〇一四年三月、複合文化施設「東大門デザインプラザ」となった。

ところで、南朝鮮＝韓国は、一九四八年七月に開幕したロンドン五輪に代表を派遣して以来（図17）、朝鮮戦争中の一九五二年冬季のオスロ大会こそ不参加だったものの、戦争がまだ継続していた同年夏のヘルシンキ大会にも選手団を派遣している。

その際、一九四九年に設置された駐日韓国代表部（国交正常化以前、事実上の大使館機能を担った期間）の金溶植を会長として在日韓国人ヘルシンキ五輪後援会が組織され、同会が集めた百二十万九千円の募金によって、選手団のユニフォーム、雨具、バッグ、競技に必要な用具など、大会参加に必要なすべての装備が賄われた。さらに選手団は、ヘルシンキに向かう前に、約二週間日本に滞在し、在日韓国人が手配した練習相手とともに、日本で練習をしている。その甲斐もあって、ボクシング男子バンタム級の姜俊鎬とウエイトリフティング男子ミドル級の金晟集が銅メダルを獲得している。

この時の経験をもとに、一九五三年二月、大韓体育会の理事で、日本統治時代に京城蹴球団及び咸興蹴球団の選手として明治神宮体育大会に出場した経験のある李裕瀅が来日し、日本に大韓体育会の支部を作るべく、根回しを開始した。その結果、同年五月五日、駐日韓国代表部参事官の柳泰夏を会長に、城西タクシー社長の辛熙を副会長として〝在日本大韓体育会（在日体育会）〟が発足する。

在日体育会は、七月の朝鮮戦争休戦を挟んで、同年十月十七日から始まる全国體典に、まずはサッカーの選手団二十五名のみを派遣し、大会終了後は辛熙ら在日体育会の幹部がソウルに残ってサッカー日韓戦の実現に向けて調整を重ねた。

実は、一九五四年のサッカーW杯スイス大会のアジア予選には、日本、韓国、中華民国（台湾）の三国がエントリーしていたが、台湾が辞退したため、アジアからの出場国（枠は一国）を決めるためには日韓戦を行う必要があった。ところが、大統領の李承晩は〝反日〟を理由に日韓戦の実施に強く反対していた。また、サッカーの韓国代表チームを管轄する大韓蹴球協会には、当時、一万四千ドルの借金があった。これは、一九五三年四月に行った東南アジア遠征

（当時は朝鮮戦争の休戦前で、韓国に来る外国チームは皆無であったため、国際試合を行うためには韓国チームが遠征するしかなかった）の費用として韓国政府から借りたもので、返済のめどは全く立っていなかった。

　そこで、在日体育会が大韓蹴球協会の負債一万四千ドルだけでなく、韓国代表の日本滞在費用その他の経費を負担したうえで、辛熙が「日本には百万の同胞がおります。日本と試合をすることで、百万の同胞の士気に与える政治的な影響は金銭には代えがたいものがあります」と李承晩を説得した。当時の在日社会では、朝鮮総連こそ組織されていなかったものの、北朝鮮を支持する左翼陣営が優勢であったため、韓国政府としても、巻き返しの機会をうかがっており、辛熙の言う〝政治的影響〟という言葉に李承晩も反応した。

　最終的に、李承晩は、日本人選手が韓国に上陸することは許さないが、韓国代表が日本で試合をすることは認めたうえで、代表チームの監督を務める李裕瀅に対して「行ってもいいが、責任は取れ。もし負けたら、玄界灘にそのまま身を投げろ」と命じて送り出している。

　こうして、一九五四年三月一日、韓国選手団が東京に到着。これに合わせて、在日体育会は後援会を立ち上げ、プロレスの力道山や、朝鮮戦争の特需景気で財を成した在日経済人（坂本紡績の徐甲虎、ロッテの辛格浩など）、裏社会の鄭建永（日本名：町井久之）らが中心となって費用を調達する。

　ちなみに、鄭は、一九二三年、東京生まれで、終戦直後の一九四五年、朝鮮建国青年同盟東京本部副委員長となり、それと前後して、事件屋（弁護士資格を持たないまま、他人の民事トラブルに介入し、〝手数料〟を得る職業）の〝中央商会〟や興行会社の〝中央興行社〟を設立する。当時、GHGが資金調達のために発行するPD（小切手のようなもの）に関しては、〝敗戦国民（＝日本人）〟は満期になるまで換金できなかったため、それらを現金化する〝第三黒人〟経営の交換窓口が東京・新橋周辺に数多く存在し、彼らを通じて巨額の闇ドルが市中に流れていた。当然のことながら、表沙汰にできない金銭トラブルも多かったため、それらを警察に頼ることなく解決する事件屋として有能だった鄭は、いつしか〝愚連隊・町井一家（関東町井一家）〟を組織。彼自身は、一九四八年の大韓民国建国後、韓国国籍を取得したが、そのま

図18　1954年のサッカーW杯スイス大会に際して、開催国のスイスが発行した記念切手。アジア枠では日本ではなく韓国が出場したが、背景の地図では、日本列島がはっきり見えるのに対して、朝鮮半島はほとんど見えない。

ま日本に住み続けて東京都内で隠然たる勢力を持っていた。韓国選手団が東京に到着した翌日（三月二日）には、代表監督の李裕瀅に対して「とにかく勝ってくれ」といって現金五十万円をポンと〝寄付〟したという。

三月七日と十四日に明治神宮外苑競技場で行われた試合では、韓国が一勝一分け（五―一、二―二）でW杯初出場を決めた。なお、スイスで行われた本大会（図18）では、韓国代表はハンガリーに〇―九、トルコに〇―七と完敗し、世界の壁の厚さを痛感させられている。

さて、在日選手団の全国體典への参加は、一九五五年まではサッカーのみだったが、一九五六年夏からは、日本の甲子園大会に出場できなかった在日高校球児を集めて〝在日僑胞学生球団〟が組織され、韓国での遠征試合が行われている。

当時韓国に派遣された在日選手団は、自分たちの競技で使う用具だけでなく、その他のスポーツ用品（テニスのラケットやホッケーのスティック、バレーボールのネットなど）、さらには下着や靴下なども余分に持ち込み、それらをすべて韓国側に寄贈して帰国した。それらが、当時の韓国スポーツ界にとって極めて貴重な資産となり、その後の韓国スポーツの発展に大きく寄与したことはいうまでもない。

このように、李承晩政権が日本との経済関係を断交し、李舜臣の切手を発行して対日強硬姿勢を誇示する一方で、日本統治時代からの伝統を受け継いだ體典を日本時代に建設された競技場で行い、在日韓国人の支援によって韓国代表が海外遠征を行っているというアンビバレンスは、政権がどれほど〝反日〟のイデオロギーを掲げようとも、現実の韓国社会が〝日本〟との関係抜きには存立し得ないことを象徴的に示しているといってよいだろう。

こうした状況であったから、対日経済断交措置も長続きはせず、年が明けた、一九五六年一月には有耶無耶のうちに解除されている。

李承晩三選

一九五六年になると、三選に向けた李承晩派の選挙活動はいっそう活発になったが、その一環として、前年同様、李承晩の誕生日にあたる三月二十六日には〝大統領八十一回誕辰〟の記念切手（図19）が発行された。

切手に取り上げられているのは、南漢山城に建てられた〝李承晩大統領頌壽塔〟である。

南漢山城は、京畿道の廣州市、河南市、城南市に広がる南漢山にある山城で、一六三六年の丙子の役で朝鮮王朝が清朝に攻められた際、仁祖と朝鮮軍はここに篭城したが、最終的に屈服して開城した。城周辺の景観を気に入っていた李承晩は、朝鮮戦争の休戦後間もない一九五四年五月十日、南漢山城を韓国最初の国立公園に指定した。

　大統領三選に向け、独裁傾向を強めていった李承晩の歓心を買おうとした京畿道知事の李益興（在任一九五三－五六）は、一九五五年六月十五日、李承晩の傘寿を寿ぐとして、南漢山城に〝李承晩大統領頌壽塔〟を建立した。

　頌壽塔には、李が傘寿を迎えたことにちなみ、高さ八メートルの八角形で、頂上には翼を広げた金属製の鳳凰が設置されている。また、塔の建立に合わせて、陸軍工兵隊を動員して南漢山城の南門に至る未舗装の道路が拡張され、幅四メートル、総延長五・五キロの舗装道路として整備されただけでなく、この新道は李の号にちなんで〝雩南路〟と命名された。

図19　大統領81回誕辰の記念切手

　前年の〝八十回誕辰〟に続き、大統領選挙の前に、自らを賛美するために建てられた頌壽塔を題材に〝八十一回誕辰〟の記念切手を発行するのは、国民に対する個人崇拝の露骨な強要にほかならず、こうした姿勢に対しては、国民の批判も少なくなかった。このため、一九五六年の大統領選挙で三選を果たした後、李の誕生日を記念する切手は発行されなくなる。もちろん、一九六〇年に李が退陣した後の歴代大統領も、誰一人として、自らの誕生日を記念するための切手は発行していない。

　実際、李が独裁的な傾向を強めれば強めるほど、韓国国民の間には政府の政策についての不満が鬱積していくことになった。

　すなわち、朝鮮戦争の記憶が生々しかった当時の韓国の国家予算においては、国防費が歳出の三割以上を占めており、国家財政にとって大きな負担となっていた。このため、韓国政府は、復興支援のために米国から得た援助物資（その中心は、米国の余剰農産物だった）を国民に対して割高に販売し、その売上を〝対充資金〟として積み立てることで国防費を充当していた。

この過程で、政府と結託したサムスンなどの政商が急成長を遂げた反面、米国からの農産物の流入により、在来の韓国農業は大きな打撃を被った。

このため、野党各派は、李承晩政権に不満を持つ国民の声を糾合して政権交代を実現すべく、大同団結して民主党を結成。大統領候補として、党首に申翼熙を擁立する。

申翼熙は、朝鮮王朝末期の一八九四年、京畿道廣州生まれ。一九〇八年に漢城官立外国語学校を卒業した後、早稲田大学に留学。日韓併合後の一九一三年に帰国した後は、京城中東学校や普成法律商業学校で教鞭を執っていた。

第一次世界大戦の終結前後から、北京・上海などを往来しながら、崔麟や宋鎮禹などとともに海外独立運動家らの連絡役として独立運動に関与し、一九一九年の三・一独立運動後は上海に亡命して大韓民国臨時政府を設立し、初代内務次長に就任した。その後も、臨時政府の役職を歴任し、大東亜戦争中の一九四二年には外交委員会副議長として、対外工作にかかわったほか、一九四四年十一月、ソウルで大韓民国臨時政府特派事務局を開設した。同事務局は、解放後、極右テロリズムを展開した白衣社の母体となる。

解放後の一九四五年十二月三日、重慶から帰国すると、臨時政府の〝大統領〟であった金九とは袂を分かち、李承晩と接近。米軍政下の南朝鮮過渡立法議院議長に就任し、翌一九四七年には国会議長に就任した。

一九四八年の第一回総選挙では国会議員に当選し、制憲国会の副議長に就任。議長の李承晩が大統領に選出されると議長に昇格。一九五〇年五月の第二回総選挙でも当選を果たし、再び国会議長に選出されたが、同年六月に朝鮮戦争が勃発すると、李承晩とともにいち早くソウルから脱出したため〝渡江派〟と批判されたこともある。

このように、申は李承晩に次ぐ右派の大物政治家だったが、一九五六年の大統領選挙に際しては、野党統一候補として、「もうだめだ。代えてみよう」をスローガンに現職の李承晩を猛追する。彼の演説会には、ピーク時には三十万人もの支持者が集まり、今度こそ李承晩の当選は難しいとみられていた。

ところが、投票日十日前の五月五日、申は脳溢血で急死してしまう。このため、急遽中道左派の曺奉岩が立候補した。

曺奉岩は申とは同い歳で、一八九四年京畿道江華郡（現仁川広域市）生まれ。農業補習学校を卒業し郡庁の職員として働いていたが、三・一独立運動に参加して投獄された。釈放後の一九二一年、日本へ留学し、中央大学で一年間政治学を学んだ後、朴烈らと在日朝鮮人による社会主義団体〝黒濤会〟を結成し、帰国後は朴憲永とともに朝鮮日報記者を勤めながら新興青年同盟・火曜会などで活動した。

また、一九二五年には朝鮮共産党の結成にも参加し、中国や朝鮮で独立運動に参加したほか、コミンテルンでの活動歴もある。

一九四五年の解放後も、当初は左翼活動家としての立場を維持していたが、一九四六年六月、米軍に拘束されたのを機に転向。一九四八年五月十日の第一回総選挙に立候補して当選し、一九四八年八月の大韓民国政府発足を前に李承晩政権の農林部長官に任命された。また、一九五〇年の第二回総選挙後は、申翼熙の下で国会副議長に選出されたが、朝鮮戦争が勃発すると李承晩とともにソウルを脱出したため、やはり〝渡江派〟と批判された。

朝鮮戦争中の一九五二年、李承晩の再選を阻止するために大統領選挙に立候補したが落選、このことが、大統領選挙経験者として、申翼熙急死後の野党候補として擁立される決め手となった。

さて、曺奉岩は、李の対北強硬路線に対して、南北協商と南北の平和的統一を唱えたが、喫緊の課題であった経済政策などは当時の保守政党との政策的な相違はほとんどなかった。

しかし、その政治的なキャリアのため、曺に嫌気がさした野党支持者の相当部分が李承晩へと流れ、投票の結果、曺の得票は二百十六万票に留まった。ただしこの票数は、準備期間がわずか十日しかなかったことと合わせて、当時の中道左派の政治的な実力からすると大健闘であったし、一九五二年の大統領選挙の際に曺が獲得した票数の約三倍であった。

ちなみに今回の選挙では、申翼熙への追悼票も百八十万票あった。したがって、申と曺を合わせた反李承晩票は四百万票弱となる。当選した李承晩の得票が五百万票だったから、申の急死というハプニングがなければ、政権交代も充分にあり得たであろう。

さらに、大統領選挙と同時に行われた副大統領の選挙（当時の韓国は、正副大統領を別々に選ぶことになっていた）では、与党・自由党候補の李起鵬が、接戦の末、二十万票差で民主党候補の張勉に敗れたことも注目された。

張勉は一八九九年、ソウル生まれ。税関に勤めていた父の仕事の関係から仁川で育ち、米国留学も経験した。

一九四五年の解放後は、カトリックを代表する知識人の一人として、カトリック系有力紙の「京郷新聞」グループの全面的な支援を受けて、一九四八年の第一回同選挙で当選を果たして政界入り。その後、その英語力などを買われて外交官に転身し、同年十二月にパリで開催された第三回国連総会に韓国代表団首席として参加した。また、一九四九年には初代駐米大使に任命され、一九五〇年に朝鮮戦争が勃発すると、国連軍派兵の実現などに尽力した。米国も張の能力を高く評価しており、当時の駐韓米国大使からも、一九五二年に李承晩の任期が満了した後の大統領候補として待望論があがったが、持病の肝炎が悪化したため米軍病院に入院。一九五五年まで政治の表舞台からは姿を消したが、一九五五年、反李承晩派が結成した民主党に参加し、一九五六年の大統領選挙では、大統領候補となった申翼熙の下、副大統領候補として韓国全土を行脚。野党候補ながら、見事当選を果たした。

こうして、辛くも三選を果たした李承晩は、一九五六年八月十五日、三期目の大統領に就任する（図20）。

図20　第３代大統領就任記念の切手

一方、副大統領となった張勉は親米保守のリアリストで、政策的には李と大きな隔たりがあるわけではなかった。とはいえ、八十一歳の高齢で三期目の任期に突入した李にとって、万一の場合に、自分の後継者となる副大統領が、対立する野党出身者であったことは、大きな足枷となっていたことは間違いない。

こうした状況の中で、李・張体制スタート直後の一九五六年九月二十八日、ソウルの国立劇場（明洞市公館）で開催された民主党第三回党大会に来賓として出席した張勉が演説を終えて退場しようとした直後、退役軍人によって狙撃された。幸いにも張勉は軽傷を負っただけで、狙撃犯もその場で逮捕され、その自白により、現職警察官ほか二名の共犯者が逮捕された。

事件後の国会での特別調査委員会では、治安局特殊情報課長、ソウル特別市警察局査察課長など多数の警察幹部が事件に関与していた疑いが強まったが、最終的に、裁判では共犯者二名と実行犯の死刑が確定しただけだった（しかも、彼らの刑の執行は四年以上も延期され、一九六一年以降の朴正熙政権下で全員が釈放されている）。

この事件に李承晩本人が関与していたか否かはともかく、大統領派が政権基盤を安定させるために、〝目の上のコブ〟となっていた張を物理的に排除しようとしたことは、誰の目にも明らかである。

こうした時代状況の下で、一九五六年十二月四日、朝鮮王朝第四代の世宗大王（以下、世宗）を描く額面二

図21　世宗を描く20ファン切手

十ファンの普通切手（図21）が登場する。ハングルを創製し、歴代の朝鮮王の中でも屈指の名君とされる世宗だが、切手に取り上げられたのはこれが最初である。

李承晩は、世宗の兄で、第三代王の太宗の長男、譲寧大君の十六代孫にあたり、そうした名家の出身であることが権威の源泉の一つになっていた。その一方で、大韓帝国最後の皇太子で、日本統治時代に日本の華族に列せられた李王家（子孫）の当主であった李垠については、サンフランシスコ講和条約の発効に伴い〝在日朝鮮人〟となった後も、李承晩は韓国への帰国を許さなかった。韓国社会において、現在なお重要な意味を持っている族譜の序列において、全州李氏（朝鮮王朝の王族）の分家の出身である李承晩よりも、嫡流の当主である李垠の方が明らかに上位にあるため、〝王族出身〟という李承晩の権威は大きく揺らぎかねないからである。さらに、李垠の帰国により、李承晩政権下で機能不全に陥っていた大韓民国を否定し、帝政復活の動きが出かねないとの懸念もあった。

こうしたことから、南朝鮮／韓国では、李承晩の意向もあって、朝鮮王朝時代の事績や人物を称揚することについては、李舜臣と亀甲船など、一部の例外を除いて極めて抑制的な姿勢を取っていた。たとえば、一九四六年、米軍政下で発行された〝ハングル五百年〟の記念切手（図22）でも、世宗が制定した文字としての〝訓民正音〟ではなく、〝ハングル〟の語が使われており、世宗についても一切触れられていないし、歴史的な文化遺産についても、朝鮮王朝時代のものではなく、新羅や高麗時代のものが優先的に取り上げられている。

ところが、李承晩が大統領三選を果たし、彼の個人崇拝が強調されていく過程で、李承晩が〝世宗の兄〟の子孫で

図22　ハングル500年の記念切手

あるという文脈で、世宗を顕彰する動きが出てくる。おそらく野党出身の（李承晩に比べれば）若き副大統領である張勉に対抗するためには、全州李氏の李承晩が仁同張氏（中国から渡来した高麗の将軍、張金用を始祖とする氏族）の張勉よりも、出自として権威ある存在であることを示すことが有益だと考えられたのであろう。

こうした背景の下、一九五六年十月九日、ソウルの京畿女子高等学校・同中学校で開催された〝ハングル頒布五百十周年記念式典〟において、学術・芸術界、教育界の指導者と二十八の文化団体の代表により、「世宗大王の聖徳と偉業を追慕してこれを永く保存宣揚して民族文化暢達に尽くそうと思う」との趣旨の下、〝世宗大王記念事業会〟の創立が発議され、崔奎南が初代会長に就任した。

崔は、一八九八年、慶州生まれの物理学者で、一九三三年、米国ミシガン大学で理学博士号を取得した。ちなみに、日本統治時代の朝鮮で、博士号を取得していた物理学者は、李を含めて二人しかいない。

一九四五年の解放後は韓国物理学界の指導的な研究・教育者となり、一九五一年九月、第五代ソウル大学校総長に就任。朝鮮戦争休戦後の一九五四年六月、李承晩政権の呼びかけにより〝アジア民族反共連盟〟が創設され、その事務局が韓国に置かれると、ソウル大学総長のまま、同連盟の事務総長に就任した。

一九五六年五月の大統領選挙で李承晩が三選を果たすと、翌六月、崔はソウル大学校総長から、李承晩政権の閣僚である文教部長官（日本の文部科学相に相当）に転身。その後、同年十月に世宗大王記念事業会が発足すると、その初代会長に就任した。

現職閣僚が会長を務める組織であるから、世宗大王記念事業会は、政治的には、李承晩政権支持の立場であることは明白である。したがって、〝世宗大王の成徳と偉業〟を保存宣揚することを設立趣旨とする同会には、〝世宗の兄〟の血を引く李承晩の権威を側面から補強する役割が期待されていたと考えられる。

ちなみに、世宗大王記念事業会は、一九五七年五月十四日、社団法人として正式に認可されるが、世宗の二十ファン切手が発行されたのは、それに先立つ一九五六年十二月四日のことであり、切手の発行も同会の設立とリンクしていたとみるのが自然だろう。

米国の核持ち込みと韓米友好通商航海条約

さて、米国は、こうした李承晩政権の独善的な性格を苦々しく思っていたが、韓国が東西冷戦の最前線に位置している以上、李承晩を支えていかざるを得ないのが現実だった。一九五〇年六月に朝鮮戦争が勃発する以前から、すでに一九四九年八月、ソ連はセミパラチンスクの核実験場で原爆実験に成功し、米国による原爆の独占は終わっていた。さらに、朝鮮戦争中の一九五二年十一月、米国が水爆実験に成功すると、朝鮮戦争の休戦後間もない一九五三年八月、ソ連も水爆実験に成功した。さらに、この間の一九五二年十月には英国も原爆実験に成功している。

一方、毛沢東は、一九四五年八月に広島への原爆投下の第一報に接した時から、核兵器に強い関心を示していたが、朝鮮戦争中、米国が中国への核兵器使用の可能性について言及したことを口実に、スターリンに対して原子爆弾の技術提供を要求。核物理学者の銭三強をモスクワへ派遣したが、ソ連は中国への原爆製造技術の提供には断固として応じなかった。

一九五三年三月にスターリンが亡くなり、同年七月の朝鮮戦争休戦を経て、九月七日にはフルシチョフが正式にソ連共産党中央委員会第一書記に就任し、スターリンの後継者としての地位を確立。七月二十一日には第一次インドシナ戦争の休戦協定としてジュネーブ協定が調印された。

しかし、こうしたアジアの緊張緩和は、米国との緊張状態を理由にソ連から原爆製造技術の提供を得ようと考えていた中国にとっては、かならずしも好ましいものではなかった。そうしたこともあって、一九五四年九月三日、中国は金門島の守備に当たっていた台湾軍に対して砲撃を開始し(九三砲戦)、十一月十四日には一江山島沖で人民解放軍の魚雷艇が台湾軍の護衛駆逐艦『太平』を撃沈して周辺の制海権を掌握。一九五五年一月十八日には人民解放軍華東軍区部隊が一江山島を占拠した。一江山島を失った台湾側は付近の大陳島の防衛は困難と判断し、二月八日から十一日にかけて米海軍との共同作戦により大陳島から撤退した(第一次台湾海峡危機)。

台湾海峡危機が米国との本格的な衝突に発展しかねないことを懸念したフルシチョフは、九三砲戦後の十月一日、急遽訪中し、毛沢東に対して十五企業の売却と五億二千万ルーブルの借款を約束。その際、毛沢東は原爆についても強く交渉し、渋るソ連を説得し、原子炉建設の援助を承諾させている。

さらに、一九五五年一月、広西省でウラン鉱床が確認されると、同十五日の中国共産党中央委員会会合で「我々は航空機や大砲だけでなく、原子力爆弾も必要としている。今日のこの世界では、他国からの虐げを回避する手段は、それ(=核)なくしてあり得ない」として中国独自の戦略兵器の開発を宣言した。

こうした経緯を経て、一九五五年四月、中ソ原子力協定が調印される。同協定により、ソ連はサイクロトロンと原子炉を中国のために建設することについてのみ同意した。

さらに、ソ連による中国への原子力支援に刺激を受けた金日成（もともと、彼は朝鮮戦争の経験から、ソ連の技術支援による原爆開発を望んでいた）は、一九五五年七月一日、「わが国でも原子力に対する研究を始める時が来たと思う」と語り、金日成総合大学に核物理研究所を設置し、核物理学の研究プロジェクトを進める一方で、核物理学の科学者を計画的に育成することを指示した。金日成の最終的な目標は、ソ連の技術支援を受けて原爆を保有することで〝南朝鮮革命〟を実現し、米軍を撤退させて朝鮮半島を統一することである。

当然のことながら、米国もこうした動きを察知し、米国極東海軍司令官で朝鮮戦争停戦協定の上級国連代表部あったC・ターナー・ジョイが北朝鮮や中国など共産主義国家による交渉手法を解説した「共産主義者の交渉手法」を出版する。

米国と直接刃を交えたばかりの中朝両国が〝自衛〟のために核武装を志向するのは、ある意味自然なことであるから、ソ連としては、東側陣営の盟主として陣営内での核の独占を維持すると同時に、原子力の〝平和利用〟についてはある程度の支援を行うことでガス抜きを図ろうとした。

そこで、一九五六年になると、スイス、西ドイツ、ベルギー、オランダ、デンマーク、ノルウェー、スウェーデン、フランス、イタリア、ギリシャ、英国の西欧十一ヵ国が〝欧州原子核研究機構〟を組織（一九五四年九月二十九日）したことへのカウンターという名目で、ソ連はモスクワ近郊のドゥブナに社会主義十一ヵ国の共同出資という形をとって〝合同原子核研究所（ＪＩＮＲ）〟を設立する。

このＪＩＮＲに原加盟国として参加していた北朝鮮は、一九五六年三月及び九月、ソ連との原子力開発に関する基本合意を行い、数人の科学者をＪＩＮＲに派遣。ソ連は北朝鮮に小規模の実験用原子炉であるＩＲＴ－二〇〇〇研究用原子炉を供与した。

すでに一九五六年二月、ソ連ではフルシチョフによるスターリン批判が始まり、その影響で八月にはハンガリーで一九五六年革命が発生し（図23）、ソ連軍がブダペストに軍事侵攻し、〝革命〟を力づくで鎮圧した。

これに対して、東側諸国の共産党指導者は、おおむねフルシチョフを支持したが、毛沢東は簡単には承諾せず、ソ連を支持する条件として、原爆製造技術の供与を要求。結局、ソ連側はこれに応じ、十月十五日、中国に原爆製造の模型提供を約束する協定に署名。さらに、フルシチョフは

図23　ハンガリー1956年革命50周年の記念切手シート

中国に技術者を派遣し、さらにR－2短距離地対地ミサイル（ドイツのV2ロケットを改良したもの）二基を提供している。

このように、核をめぐり、極東情勢が緊迫化する中で、米国としては、在韓米軍への核配備をにらんで、李承晩の支持を取り付けておくことが必要だった。

一方、一九五六年の李承晩三選前後の韓国経済は、物資不足が常態化する中で米の凶作が発生したことで、ＧＮＰ成長率が低下し、物価も急激に上昇するなど、危機的な状況にあった。

そこで、大統領選挙後の李承晩は、一九三二年に米コロンビア大学大学院で修士号を取得し、解放後に帰国して、企画部次長（一九五三年）、農林部次官及び財務部長官（一九五五年）などを歴任した実務派経済官僚の金顕哲を復興部長官・経済調整官に任命し、抜本的な改革に着手した。

これとほぼ時を同じくして、一九五六年六月、米国でも「毎年ＧＮＰ三％の成長を達成する支援計画は、そうしない場合に比べて総経費や期間が少なくて済む」との報告書が大統領を議長とする国家安全保障会議（ＮＳＣ）に提出され、対韓支援政策の再検討が進められることになった。

米国は、従来の対韓援助が十分な成果を上げなかった原因として、

①投資部門の減少とインフレ抑制のための消費財の多量導入

②韓国政府の財政及び信用政策の非合理性がある

と分析し、その解決のためには、韓国軍の縮小を前提に、投資計画だけでなく財政・金融、軍事援助などに関する総合計画を樹立することを建議する。

これを踏まえ、一九五二年に設立されたものの、一九五六年七月まではほとんど休眠状態にあった韓米合同経済委員会（Combined Economic Board: CEB）が毎週開催されるようになり、韓国の問題を米国側の参加者に理解させる場が作られた。

また、一九五六年十一月二十八日には米韓友好通商条約が調印される。

すでに、米国は一九四八年に台湾と、また一九五三年には日本とも、それぞれ相互に最恵国待遇の付与を定めた友好通商航海条約を締結していた。これに対して、李承晩に対しては不信感を払拭しきれずにいたことに加え、朝鮮戦争後の混乱もあり、韓国との友好通商航海条約は先延ばしにされていた。一方、国民に対しては、李承晩はこうした条約締結の遅れを逆手に取り、韓国政府が多大な困難を克服して友好通商航海条約を締結したとさかんに強調した。

そもそも、ありとあらゆる権謀術数をつくしたとはいえ、李が韓国政界において独裁的な権力を保持し得た背景には、李でなければ米国からの支援が得られないというイメージが国民の間に浸透していたという事情がある。それだけに、李承晩としては、米国との関係強化を国民に印象付け、米国からより多くの援助を引き出してくることは、政権維持のために不可欠なことであった。今回の条約調印もその一手段として活用されたといってよい。

その後、条約は米韓両国の国内手続きを経て、一九五七年十一月七日に発効。同日、両国の国旗と貿易船、商業の神であるマーキュリーを描く記念切手（図24）が発行された。

この間、ＣＥＢは、年間一億五千万ドル以上もの新規資金配分や、既定の資金配分及び導入予定分についても変更を決定し、火力発電所、ビル、橋梁、船舶、機関車ならびに貨車の導入を実現させた。その成果もあって、一九五六年に一・三％だった韓国の経済成長率は、一九五七年には七・一％、一九五八年には六・一％と順調に推移する。

図24　米韓友好通商条約調印の記念切手の初日カバー。封筒の余白には条約調印時の写真が印刷されている。

図25　ダレス

　また、ＣＥＢ財政委員会による韓国の財政安定化計画を受けて、一九五七年四月二十日、韓国政府は税率の効率的適用と増税、競争入札による援助物資販売代金の回収を通じて歳入を増加させることを目指して、株式公売、社債発行などによる国有財産と帰属財産の払下げを断行した。この方針は、一九五八年も維持され、一九五五年には八〇・九％だったインフレ率も、一九五六年には三二・七％に、さらに一九五七年には一六・二％。一九五八年には六・三％へと急速に収束していくことになった。

　こうした経済状況の好転と並行して、一九五七年五月十四日、ジョン・ダレス米国務長官（図25）は、一九五三年の休戦協定で禁止されている〝新型兵器〟の韓国への配備について言及し、韓国への核兵器配備を示唆する。これに対して、北朝鮮は五月三十日に声明を発表し、米国が朝鮮半島に核兵器を持ち込むことを批判。しかし、六月二十一日、国連軍側は核兵器を含む新兵器を朝鮮半島に導入することを禁じた停戦協定の条項は無効となったと宣言し、米国は韓国に核兵器を導入する。

北朝鮮の戦後復興と在日朝鮮人の帰還事業

一九五七年二月二十五日、日本では岸信介内閣が発足した。

岸内閣は、「アジア太平洋地域は日本外交の中心地」との立場から

①共産圏対策
②アジア・アフリカ諸国との友好関係
③アジア太平洋地域での通商促進

の三点を外交の基本原則として掲げ、一九五七年五月には、ビルマ、インド、パキスタン、セイロン（スリランカ）、タイ、台湾の六ヵ国を歴訪。次いで、六月には訪米してアイゼンハワー大統領と首脳会談を行い、安保改定の検討を約束させた。さらに、同年十二月には、オーストラリア、フィリピン、インドネシアを周り、反日感情の強いオーストラリアでは戦争について率直に謝罪し、戦争賠償問題に積極的に取り組むとしたうえで、日豪首脳会談で岸は「日豪両国は過去を忘れ、大きな筋において将来強い協力関係に入るべきだ」と訴えた。

一方、一九五七年の緊縮政策により韓国経済は好転したが、その成果を見た米国は、一九五七年十一月、対韓援助の減少を発表し、一九五八会計年度より援助規模を二〇％削減した。また、一九五七年夏に大規模な水害が発生し（図26）、農村に大きな被害が出ていたこともあり、韓国としても、一九五三年十月以来中断されていた日韓国交正常化交渉についても再開を模索するようになる。

図26　1957年の水害救援のための寄付金付き切手

その結果、一九五七年十二月三十一日、藤山愛一郎外相が駐日本韓国代表部（国交樹立以前の大使館に相当）の金裕沢大使と会談し、交渉決裂を誘発した一九五三年の久保田発言を撤回。これを受けて、一九五八年四月十五日、国交正常化に向けての第四次会談がスタートした。

会談再開翌日の四月十六日、日本側は東京国立博物館所蔵の文化財百六点を韓国に返還するなどの配慮を示したが、韓国側は資料的価値の高いものがないと不満を表明。これに対して、日本は韓国側の気持に同情的であるとしつつも、全文化財の引渡は不可能であると十月に返答している。

それでも、この時期の日韓関係は、以前と比べるとかなり良好だった。このことは、一九五八年八月十五日発行の〝政府樹立十周年〟の記念切手（図27）からもうかがえる。

図27　政府樹立10周年の記念切手

すなわち、政府樹立十周年の記念切手は、工場地帯を遠くから眺める少年少女を描く二十ファン切手と木槿の花でかたどられた〝10〟の字を取り上げたもので、日本のネガティヴな印象を想起させる要素は一切含まれていない。その背景には、再開されて間もない日本との国交正常化交渉を、ともかくも妨害しないでおこうという意図があったことは明らかだろう。また、一九五七年後半から五八年にかけて、製粉・製糖・紡績の軽工業が経済成長の牽引役となり、韓国も経済が安定し始めたことを、自らの実績として強調したいという政権側の意図が込められていたとみることも可能かもしれない。

ところが一九五八年秋頃から、在日朝鮮人の帰還事業（北送事業）が具体的に動き始めると、日韓関係は再び軋み始める。

ここで、朝鮮戦争休戦後の北朝鮮国内の状況についてまとめておこう。

一九五三年七月二十七日の朝鮮戦争休戦後、北朝鮮の戦後復興に際しては、ソ連四八・八％、中国三〇・九％、東欧二〇・三％の割合で、総額五億五千万ドルの直接無償援助（ただし、西側諸国の推計では、七億一千九百万ドルのローンを含む十億四千万ドル）が行われたとされている。また、これとは別に、中国人民志願軍の無償労働による鉄道復旧事業も行われた。

復興援助の開始にあたって、一九五三年九月、金日成はソ連を訪問し、ソ連から受けることになっていた十億ルーブルの経済援助の使途と、過去にソ連から受けていた借款の償還問題について話し合った。

その結果、ソ連からの経済援助のうち、かなりの部分が、戦争によって被害を受けた旧設備の復旧・拡張に加え、〝以前はわが国になかった新工場〟として消費財生産のための工場建設に充てられることになった。これは、国際分業路線を採用していた当時のソ連の意向に沿ったものであったが、重化学工業建設を優先したい金日成の意には沿わないものだった。とはいえ、戦後復興のために、ソ連からの援助が不可欠であった北朝鮮はソ連との対立を回避しなければならなかったから、〝戦後復興三ヵ年計画〟では、重工業を優先したうえで、同時に軽工業と農業を発展させるとの方針が採択された。そして、造船、製鉄、鉱業、電力、化学、建設などの分野に重点的な投資が行われ、（公式の統計数字によれば）石炭の生産は一九五三年の七〇万トンから一九五六年には三九〇万八〇〇〇トンに、鋼鉄の生産は同じく一二万二〇〇〇トンから三六万五〇〇〇トンに、発電能力も同じく一〇一万七〇〇〇キロワットから五一二万キロワットへと、飛躍的に向上した。これにより、北朝鮮は戦後復興を達成したとされるが、一般国民の生活水準は〝復興〟の名とはほど遠い低いままに留め置かれた。

一方、農業に関しては、休戦協定成立直後の一九五三年八月、朝鮮労働党中央委員会第六回総会で、工業生産が回復していない状態であっても、経営形態のうえで農業を社会主義化することは可能であるとして農業協同化の方針が決定され、一九五四年一月、農業協同化に関する党中央委員会指令が発令される。その目的は、資本不足に悩んだ北朝鮮当局が、重工業の育成に必要な資金を農民から徴収することにあったから、農業協同化の名目で農民の生活実態を無視した過酷な収奪や強制的な大規模移住が強行され、大量の餓死者が出るなど農村の荒廃は深刻なものとなった。

こうした状況を打開するため、金日成は在日朝鮮人の存在に目をつける。

第二次世界大戦が終結した一九四五年八月の時点で、日本本土には約二百万人の朝鮮人がいたが、一九四八年までに、そのうちの約百四十万人が朝鮮半島に帰国し、約六十万人が残留したといわれている。

こうした状況の中で、早くも一九四五年八月には在日朝鮮人のためのさまざまな団体が発足。同年九月十日の〝在日本朝鮮人連盟中央準備委員会結成〟を経て、同年十月十五日、〝在日本朝鮮人連盟（朝連）〟が結成された。当初、朝連は帰国斡旋や生活相談、朝鮮語講習などを行う民族的社会事業団体としてスタートし、必ずしも、政治色が強いわけではなかった。

しかし、朝連は、敗戦により出獄した日本共産党（日共）幹部の指導により、急速に左傾化。一九四五年十二月一－三日に代々木の日本共産党本部で開催された日本共産党第四回大会では、在日朝鮮人のうち、金天海が中央委員ならびに政治局員（定員七名）に選ばれたほか、金斗鎔、朴恩哲、李浩明（日本名・保坂浩明）、宋性澈の四人が中央委員候補（定員二十名）となったほか、党中央には、金天海を部長、金斗鎔を副部長とする朝鮮人部が設立された。ちなみに、当時の共産党員六千八百四十七人のうち、約一千人が在日朝鮮人だったという。

こうした動きに反発した朝連内部の民族派は建国促進青年同盟（建青）や新朝鮮建設同盟（建同）などを結成。その後、朝鮮半島における南北・左右の対立を反映して、一九四六年十月、建同を発展的に解消した〝在日本朝鮮人居留民団（現在の在日本大韓民国居留民団の前身）〟が結成され、朝連は分裂。以後、朝連と民団の激しい対立・抗争が展開された。

一九四八年四月、朝連は〝四・二四教育事件〟と呼ばれる騒擾事件を起こしたほか、同年九月の朝鮮民主主義人民共和国発足後は北朝鮮支持の姿勢を鮮明にして占領当局と対立。このため、一九四九年九月、傘下団体の在日朝鮮民主青年同盟とともに、団体等規制令による暴力団体に指定され、解散・財産没収・幹部追放などの処分を受けた。

これに対して、一九四九年十二月、朴恩哲が日共朝鮮人部に代わり、同民族対策本部（民対）を組織。以後、朴のイニシアチブの下、朝連の活動は、朝鮮学生同盟、朝鮮女性同盟、朝鮮解放救援会などの傘下団体が継承したが、一九五〇年六月、全国組織を復活させるため、「在日朝鮮民主民族戦線全国結成準備委員会」が発足。六月二十五日の朝鮮戦争勃発後、「在日朝鮮統一民主戦線（民戦）」が結成される。この時期の民戦は、祖国防衛隊の結成など、日共の武装革命方針の尖兵として、朝鮮戦争の後方撹乱を目的とした武装闘争を展開していた。

これに対して、一九五五年二月、北朝鮮の南日外相が日本へ国交正常化を呼びかけるとともに、金日成は〝内政不干渉〟の原則を理由に在日朝鮮人に対して日共からの離脱を求める国際指令を発する。その真意は、荒廃した北朝鮮経済を再建するため、日共の影響下から在日朝鮮人を切り離し（そのために、金日成は日共民対を仕切っていた朴恩哲と対立し、冷遇されていた韓徳銖を抱き込んだ）、その資金と労働力を北朝鮮が直接掌握することにあった。

はたして、一九五五年五月二十四日、北朝鮮と韓徳銖の間で綿密な打ち合わせの上、東京・浅草公会堂で開催された民戦六全臨時大会では、韓徳銖、李季伯、李浩然、尹徳昆が議長団として選出され、李季伯が「民戦の戦術転換問題に対する意見は、大会の準備過程で韓徳銖同志の意見に統一された」と報告。民戦中央書記長金忠権が自己批判を行ったうえで、民戦の解散と日共民族指導

図 28　朝鮮総連結成 10 周年の記念切手

部の〝指導〟を排した北朝鮮系の在日朝鮮人団体として、現在の在日本朝鮮人総聯合会（朝鮮総連。図28）の創立が決議された。

朝鮮総連は自らを北朝鮮の在日代表組織と位置付け、在日朝鮮同胞の共和国政府周囲への結集、南半部同胞との連帯・団結強化、外来侵略者の撤収と手先傀儡の孤立化による平和的統一独立、在日子弟への民主民族教育実施などの八大綱領を掲げ、日共からの〝独立〟が宣言される。

こうして誕生した朝鮮総連は、さっそく、同年七月十五日〝朝鮮人帰国希望者東京大会〟を開催し、全国の帰国希望者四百十五名（うち東京に百名）と発表。以後、朝鮮総連は国際赤十字も巻き込んで在日朝鮮人の帰還運動を本格的に展開されることになった。

ところで、一九五六年二月、ソ連でフルシチョフがスターリン批判を行ったことは社会主義諸国にハレーションを起こしたが、北朝鮮でも、自立的民族経済建設のために重化学工業路線を優先する金日成ら抗日パルチザン出身グループと、軽工業・消費財生産を優先し、ソ連を中心とする国際分業体制への積極的参加を主張するソ連派・延安派（中国派）との路線対立が先鋭化する。

すなわち、一九五六年六月一日から七月十九日まで、金日成は経済援助を得るためにソ連・東欧諸国を訪問したが、ソ連派・延安派はこの機会に金日成の追い落としを画策。八月二日に予定されていた朝鮮労働党中央委員会全体会議（以下、全体会議）で金日成批判の演説を行うとともに、平壌近郊に駐屯している第四軍団と市内の防空砲隊、工兵部隊などと連携して武力デモを展開するクーデター計画を立案した。

しかし、金日成支持派はこうしたクーデター計画を事前に察知。外遊中に報告を受けた金日成は直ちに帰国し、八月二日に開かれることになっていた全体会議を延期し、巻き返しを図った。

結局、八月二十九日に開催された全体会議では、金日成の基調報告が終わった後、延安派やソ連派の幹部たちは金日成の個人独裁路線や重工業優先政策を批判したものの、思うように支持を得られず、クーデターの試みは失敗。首謀者とされたソ連派の朴昌玉（副首相）と延安派の崔昌益（副首相兼財務相）が逮捕され、党から除名されたほか、延安派の幹部は中国に逃亡した。

いわゆる〝八月宗派事件〟である。

ところが、事件後、ソ連第一副首相のミコヤンと中国国防部長の彭徳懐が訪朝し、両者に対する除名処分を撤回させる。この結果、九月に開催された党中央委員会全員会議では、朴・崔の両名は、いったんは党中央委員に復帰した。

そこで、金日成は、一九五六年末からの党員証交換事業や翌一九五七年からの集中指導の実施などにより、ソ連派・延安派に対する本格的な粛清を開始。一九五八年までに、中ソ両国と関係のある〝反党分派〟勢力は根こそぎ弾圧され、ソ連国籍をもっていた人物の多くは北朝鮮を脱出した。

八月宗派事件を機に、北朝鮮はソ連・中国の援助を当てにせず、自力で社会主義建設を行う必要に迫られたことから、金日成は、一九五七年に始まる五ヵ年計画の発動を前にした一九五六年一二月の党中央委員会総会で、「最大限の増産と節約」とのスローガンを掲げ、重工業（中でも製鉄と機械）優先路線の大衆動員運動として〝千里馬運動〟を展開するとともに（図29）、〝農業協同化（集団化）〟を強行した。そして、こうした動きと連動して、在日朝鮮人の労働力・資金・技術を獲得するための帰還事業も進められていく。

国際環境においても、一九五七年十月、インド・ニューデリーで開催の第十九回赤十字国際会議（図30）で、各国の赤十字に離散家族の再開に向けた責任を果たすように求める〝決議第二十〟が採択されたことも追い風になって、一九五八年三月には衆院外務委員会でも在日朝鮮人問題が審議されている。

こうした地ならしを経て、一九五八年八月十一日、北朝鮮側と事前に打ち合わせたうえで、神奈川県川崎市の朝鮮総連分会が金日成首相に帰国を嘆願する手紙を送ることを決議。これに呼応するという形式をとって、九月八日、金日成が在日朝鮮人の帰国を歓迎すると明言する。

こうした在日朝鮮人及び北朝鮮の動きを見て、日本社会

図30　開催国のインドが発行した“第19回赤十字国際会議”の記念切手

図29　千里馬は1日に1000里を走るという伝説の天馬で、千里馬を駆る勢いで前進するという意味を込めて、「千里馬運動」の名の下に大衆動員が行われた。千里馬を取り上げた最初の切手は、1958年9月に発行された「全国生産革新者大会」の記念切手（上）だが、この時点では、馬にはまたがっている人物は一人のみとなっている。現在の千里馬のイメージは1961年に平壌市内に建立された銅像に基づくもので、翼を付けた天馬に男女が乗り、憲法を高く掲げているスタイル（下）が一般になっている。

も在日朝鮮人の帰還事業を好意的に受け止め、一九五八年十一月十七日には元首相の鳩山一郎を会長とする〝在日朝鮮人帰国協力会〟の結成総会が衆院第一議員会館で開催された。

帰国者たちの帰国の動機はさまざまだったが、その多くは、朝鮮人を差別する日本での生活苦から逃れたい、日本では発揮できない自分の能力を祖国の発展に役立てたい、故郷は〝南〟だが、まもなく統一されるだろうから、とりあえず〝北〟に行こう、などというものが多かったといわれている。また、当時の日本社会では、北朝鮮の実態に関する情報がほとんどなかったため、〝貧困にあえぐ韓国〟に対して〝発展する北朝鮮〟、〝(北朝鮮は)教育も医療も無料の社会主義祖国〟、〝地上の楽園〟という北朝鮮のプロパガンダが、そのままメディアでも垂れ流されていただけでなく、親北朝鮮の立場を取っていた日本国内の〝進歩的知識人〟が、さかんに北朝鮮の体制を礼賛していたことも在日朝鮮人の帰国を促す要因となったことは間違いない。実際、一九五九年一月に田村茂が有楽町で開いた写真展「新しい中国と朝鮮」や、同年四月に出版された寺尾五郎の『三十八度線の北』などは、北朝鮮の暗部には一切触れず、〝地上の楽園〟として極端に理想化した内容で、それらを見て、北朝鮮への〝帰国〟を決断した在日朝鮮人も多かったという。

さらに、在日朝鮮人に対する差別感情が強い中で、日本社会には、朝鮮人が帰国する(=日本から出ていく)のは結構なことではないかという空気が強かったことも事実である。

当然のことながら、北朝鮮の存在そのものを〝非合法〟として認めない韓国は、在日朝鮮人の多くが朝鮮半島南半部の出身だったこともあって、北朝鮮への〝帰還事業〟には強く反発したが、一九五九年二月十三日、日本政府は在日朝鮮人の北朝鮮帰還に関して、「もっぱら基本的人権に基づく居住地選択の自由という国際通念に従つて処理さるべきものである」との原則を閣議了解。これを受けて、同十六日には北朝鮮側も内閣決定第十六号「日本から帰国する朝鮮公民の歓迎に際して」を決定し、帰還受け入れの体制を着々と固めていった。

二月十三日の日本政府の閣議了解以降、韓国側は態度を硬化させ、閣議了解の撤回を強く要求。国交正常化交渉も暗礁に乗り上げる。

こうした背景の下、一九五九年三月一日、韓国は〝三・一節四十周年〟の記念切手(図31)を発行し、あらためて、当時の大韓民国憲法前文にある「己未三一運動により大韓民国を建立し世界に宣布した偉大な独立精神を継承」する自分たちこそが、朝鮮における唯一の合法政権であることを主張している。ちなみに、図Xの切手では、太極旗と松明を掲げる手に、パゴタ公園で孫秉熙らが独立宣言を読み上げる場面が取り上げられている。

続いて、四月十六日には〝海兵隊十周年〟の記念切手（図32）が発行されたが、その図案は、朝鮮戦争中の一九五〇年九月十五日、北朝鮮に大打撃を与えた仁川上陸作戦で、申鉉俊大佐が指揮する韓国海兵隊の上陸場面の写真（図33）をもとに作成されており、朝鮮戦争の記憶を確認し、あらためて、〝侵略者〟の北朝鮮に対する敵意と警戒心を喚起する内容となっている。

どちらの切手からも、韓国のみが、国連によって承認された朝鮮唯一の正統政権であり、北朝鮮の存在は非合法なものであるとの主張が強くにじみ出ているといってよい。

韓国側の強硬姿勢に対して、日本政府は「（在日朝鮮人の帰還事業は）個人が自由意思によつて北朝鮮に帰還することを妨げないというに過ぎないのであるから、これがすこしも北朝鮮政府承認の如き意味合いをもつものでないことはもちろんであり、韓国の主権の侵害でもなく、また韓国政府に対する非友誼的行為でもない」と説明したが、韓国側は納得せず、一九五九年五月二十八日、駐日韓国代表部の柳泰夏大使は日本政府に対して在日朝鮮人の帰還事業を武力で阻止する旨を申し入れた。

右上：図 31　三・一節 40 周年の記念切手

左上：図 32　海兵隊 10 周年の記念切手

下：図 33　図 32 の切手のもとになった上陸場面の写真

さらに六月十五日、韓国は、日本政府が〝北送事業〟を撤回しないことを理由に、対抗措置として、対日通商断交を声明する。

しかし、八月十三日、インドのカルカッタで、日本赤十字社副社長の葛西嘉資と朝鮮赤十字会副会長の李一卿が「日本赤十字社と朝鮮民主主義人民共和国赤十字会との間における在日朝鮮人の帰還に関する協定」（カルカッタ協定）を締結。これに対して、八月二十五日、柳が日本側に申し入れた通り、民団員が〝北送〟に反対して日本赤十字社本社に乱入。さらに、十二月四日には、帰還事業に反対する韓国人テロ工作員二名が新潟日赤センター爆破未遂事件で逮捕されている。

なお、この間の十月二十七日、〝赤十字思想百周年〟の記念切手を発行したが、そのうちの一枚には、朝鮮半島地図を強調した地球と赤十字が描かれている（図34）。この図案からは、韓国こそが国連によって認められた朝鮮半島唯一の正統政府であることをあらためて強調するとともに、〝北送事業〟を通じて北朝鮮の存在を是認しようとしている赤十字社、特に日本赤十字社に対する不満を表明しようとする韓国側の意図が見て取れる。

結局、十二月十日には第一次帰国団を運ぶための専用列車が品川駅を出発。同十四日、第一次帰国船（ソ連船籍）が新潟港を出港し、十六日、清津港に入港した。

図34　赤十字思想100周年の記念切手

金日成は在日朝鮮人の帰還運動を〝わが党と人民の大きな勝利〟と賞賛。これを受けて、一九六〇年には帰国同胞を歓迎する旨の記念切手（図35）も発行されている。

ところで、この切手を、その元になったと思われる写真（図36）と比較してみると、いくつかの点で修正が施されていることがわかる。

まず、オリジナルの写真では、中央の帰国男性がスーツにネクタイの上に仕立ての良いコートを着ているのに対して、彼と抱き合って再開を喜ぶ父親は粗末な古いコートを着ている。また、父親の頭髪はすっかり薄くなっており、彼が体験してきたであろう苦難の人生を髣髴させるものとなっている。このように、オリジナルの写真では、老いてやつれた父と立派になった息子とを対比させることで、在日朝鮮人の帰国が「故郷に錦を飾る」ものであるという印象を見る者に与えている。

　これに対して、切手では、両者のコートは除去され、父親に豊かな頭髪を付け加えるなど、彼を若々しく見せる工夫が施されている。この結果、彼らの服装から日本と北朝鮮との経済格差や、父親の体験したであろう苦難の人生を切手上から連想することは困難となっている。また、中央の男性からはメガネが除去されているが、これは、メガネ＝日本人（北朝鮮では金日成・正日父子や一部の特権層を除き人前ではメガネをかけないのが通例とされている）というイメージを取り除き、中央の男性を純粋な朝鮮人として描くための操作と思われる。なお、背後に掲げられている横断幕上のスローガンは、「在日同

図 35　北朝鮮が発行した“帰国同胞を歓迎する”プロパガンダ切手

図 36　プロパガンダ切手の元になったと思しき写真

胞の帰国を熱烈に歓迎する！」という意味である。

　こうしたイメージ操作は、北朝鮮当局が当時の日朝間の経済格差や社会の現状を隠して、自らの体制を自画自賛することで帰国者を集めたことの傍証ともいえるだろう。

　実際、事前の宣伝とは裏腹に、農業協同化によって荒廃した北朝鮮の生活環境は劣悪であった。さらに、帰国者たちは潜在的な反体制分子もしくはスパイとみなされ、社会的にも苦しい状態に置かれ続けた。

　たとえば、第二十四次帰国船で北朝鮮に渡った（元在日）朝鮮人が、一九六〇年六月二十八日に北朝鮮の咸鏡北道鏡城郡から日本宛に差し出した郵便物（図37）には、以下のような記述がある（仮名遣いなどは、いずれも原文のまま）。

　たべものは非常にまずしいです。

……昨年は不作だったし統一した時の事を考えてたくわえもせねばなりませんし、するので、現在は日本の終戦当時の生活です。

ここで一番こまる事は世界の動きをはやくつかむ資料が全ぜんないのでめくらのようです。それから古典音楽、現代でも同じ、こちらにきて一度もきけませんでした。これだけは本当にかなしい事です。

帰った人達の中で男の人わ、わりあい今の政策を理解している人が多いようですが、婦人わ全部といっていいほどだめです。だから「こんな所え連れて来た」と夫婦ゲンカのたえまがありません。

紙がないと云う話でしたが本当にありません。

石ケンがあるにわありますが、高くて一寸と買えないようです。

図37　帰還事業で北朝鮮に渡った（元）在日朝鮮人が日本宛に送った郵便物

こうした実態が知られるようになったため、一九六〇年には四万九千三十六名、一九六一年には二万二千八百一名もいた帰国者数は、一九六二年には三千四百九十七名に激減する。

李承晩政権の崩壊

朝鮮戦争が始まった一九五〇年、米国の国防予算は百三十億ドルだったが、休戦の一九五三年には五百四億ドルに拡大した。休戦後の一九五五年には四百七億ドルまで圧縮されたものの、ソ連との核開発競争や在外米軍基地の展開などにより、国防予算は着実に増えつづけ、一九五九年には四百六十五億ドル、すなわち、一九五〇年の三・六倍に急増した。また、国防予算が政府予算総額に占める割合でみても、一九五〇年の三二・九％だったものが一九五九年には五七・九％へと拡大している。

こうした軍事費の拡大に加え、反ソ包囲網を形成・維持するための対外援助も一九五〇年代を通じて増額され続けたため、米国の政府予算は大いに圧迫され、米国の金保有高も急減した。

この結果、一九五〇年代末になると、金一オンス＝三十五ドルという公定レートが維持できなくなるのではないかとの懸念が国際市場で急速に高まり、ロンドン市場では金価格が上昇しはじめた。いわゆるドル危機の表面化である。

こうした事態を深刻に受け止めたアイゼンハワー政権は、一九五九年、〝バイ・アメリカン（米国の対外援助やドル借款によって物資を調達しようとする国に対して、米国製品を優先的に使用させる政策）〟、〝シップ・アメリカン（同じく、米国の支援を受けて米国製品を購入する場合には、米国船を優先的に使用させる政策）〟などのドル防衛策を展開したが、金保有の減少は食い止められなかった。

このため、対外政策を基本的に見直す必要に迫られた米国は、従来のようなバラマキ型の経済援助政策から、経済開発を支援することによって同盟諸国の支配の安定をはかるよう、政策を転換していった。その結果、韓国に対する経済援助も大幅に減額され、米国に依存していた韓国経済にも大きなダメージを与えた。

しかし、李承晩政権は、援助削減反対を声高に叫んでいたものの、現実をみすえた効果的な対策を講じることができなかった。それどころか、反共・反日を金看板とする李承晩政権は、在日朝鮮人の帰還事業をめぐって日本との通商断交を強行したものの、断交声明を撤回するタイミングを逸し、事態を悪化させるばかりであった。その結果、一九五八年に六・一％だった経済成長率も、一九五九年には四・六％に下落する。

こうした経済失政は、長期独裁体制の下で不正・腐敗が蔓延していたこととあわせ、政府に対する国民の不満を急速に高めていったが、李承晩政権は、あくまでも強権支配で危機を乗り切ろうとした。

その典型的な事例が、一九五八年の進歩党事件である。

一九五六年五月の大統領選挙で善戦した曺奉岩は、選挙後の十一月十日にリベラル勢力を集合した進歩党を結成し、一九六〇年の大統領選挙に向け、〝平和統一〟を掲げて李承晩政権との対決姿勢を鮮明にしていた。これに脅威を感じた李承晩は、国会議員選挙を前にした一九五八年一月、北朝鮮から選挙資金を受け取っていたとして国家保安法違反容疑で曺以下進歩党幹部を逮捕。五月の選挙を前に進歩党を非合法化し、翌一九五九年七月、曺を処刑する。

しかし、事件に対しては、当初から李承晩政権が捏造した冤罪ではないかと疑う国民も多く（実際、事件は冤罪だったことが確認され、曺の名誉回復が行われた）、李政権が末期的な状況に陥っていたことは、もはや、誰の目にも明らかになっていた。

こうした状況の下で、一九六〇年一月、野党・民主党の大統領候補として李承晩の四選を阻止する可能性が大きいと見られていた趙炳玉は、五月に予定されていた選挙を前に、持病の治療のために渡米した。すると、李政権はその留守をねらって、大統領選挙の実施を三月十五日に変更。さたに、趙は手術の結果が思わしくなく、選挙一ヵ月前の二月十五日に急死してしまう。

こうして、大統領選挙での李承晩の四選はほぼ確実になったが、李は、八十五歳という自らの年齢よりも、準大統領ともいうべき副大統領が不安要因と考えていた。

すなわち、李承晩は与党候補だった李起鵬の当選を望んだが、選挙戦では、一貫して野党候補で現職の張勉が優勢であった。このため、政府は露骨な選挙干渉に乗り出し、選挙当日の未明、李起鵬への票を投票箱に前もって入れておくことや、有権者を小人数のグループに分け、組長が組員の記入内容を確認した後、投票箱に入れるようにしたり、投票箱と投票用紙をすり替えたりすることも行われた。

結局、選挙の結果は、大統領候補としての李承晩が九百六十三万票を獲得して当選。副大統領に関しては、李起鵬八百三十三万票、張勉百八十四万票と発表されたが、あまりにも露骨な不正に怒った国民は、各地で糾弾デモを展開した。

特に馬山で行われたデモは激しく、警察の発砲により、八人が死亡し、二百人余が負傷した。さらに、デモに参加した後、行方不明となっていた中学生・金朱烈（当時十七歳）が、四月十一日、馬山の沖合で、目に催涙弾が突き刺さった惨殺体で発見されると、これを機に、李政権に国民の不満が爆発。四月十九日には、ソウルで大規模な学生デモが発生した。

このときのデモでは、学生と警官隊との衝突で百八十三人が死亡し、六千二百人が負傷。さらなる騒擾状態が続く中で、アメリカも李承晩に対する不支持を明らかにし、万策尽きた李承晩は退陣を表明してハワイに亡命する。また、副大統領に〝当選〟したばかりの李起鵬は二十八日にピストルで自殺した。

いわゆる〝四月革命（四・一九学生革命）〟である。

図38　4月革命1周年の記念切手

四月革命に関しては、一九六一年、事件の翌年にデモ隊の写真をあしらった〝四月革命一周年〟の記念切手（図38）が発行されている。ただし、この切手が発行された直後の五月十六日、朴正熙将軍による軍事クーデターが発生し、〝民主化〟よりも社会秩序の回復が優先されるようになると、以後、この〝革命〟をたたえる切手も発行されなくなっていく。

第2章　第二共和国の混乱　一九六〇―一九六一

許政の過渡政府

一九六〇年三月に行われた大統領選挙の不正をめぐる国民の自然発生的な抗議行動は四月革命の発端となり、米国に見捨てられた李承晩はハワイに亡命して、建国以来、およそ十二年に及んだ独裁政権は崩壊した。

四月二十七日の李承晩退陣を受けて、大統領権限代行に就任した許政は、五月一日、学生革命の発端となった三月十五日の大統領選挙の選挙が無効であることを確認し、国家制度の改変を掲げた。

許政（本名：許聖洙）は、朝鮮王朝末期の一八九六年、釜山府に貿易商の三男として生まれた。学生時代に三・一独立運動に参加した後、上海の大韓民国臨時政府への参加を経て、一九二〇年に渡仏。肉体労働に従事しながら在仏韓人居留民団会長を務めたが、翌一九二一年には渡米し、李承晩を助けながらニューヨーク韓人留学生会長と北米韓人僑民総団長を務めた。また、一九二三年には在米朝鮮語新聞社の「三一新報」の社長に就任した。

一九三二年に帰国後、李起鵬とともに鉱山経営を行い、忠清北道永同の蛍石鉱山を買収するなど事業に専念していたが、李承晩と親密であったことから、一九三八年、独立運動団体〝興業倶楽部〟の関係者が摘発された興業倶楽部事件で逮捕。さらに一九四二年には朝鮮語学会事件（朝鮮語研究団体の朝鮮語学会の関係者が独立運動を画策したとして摘発された事件）への関与が疑われて再度逮捕・収監された。

一九四五年の解放後、韓国民主党が結成されると慶尚南道総務に就任。一九四八年の第一回総選挙で国会議員に当選し、大韓民国政府発足後は李承晩政権下で交通部長官、社会部長官、無任所長官を歴任したほか、一九五一年十一月六日から一九五二年四月九日まで国務総理の張勉が国連総会に出席した際には、国務総理臨時代理を務めた。

その後、一九五七―五九年にはソウル特別市長を務め、一九五九年の日韓会談では韓国側代表として出席した。

李承晩政権末期の一九六〇年四月、首席国務長官（外相

に相当）に任命されたが、四月革命が発生すると、李に早期退陣を具申。李が亡命すると、大統領権限代行として〝過渡政府〟を指揮することになる。

さて、過渡政府の最大の課題は、李承晩時代の清算にむけて、新たな憲法を制定して議会の選挙を行うことにあったから、許は、早速、議会内に憲法改正委員会を組織し、改憲作業に着手する。

当時の韓国の憲法は、一九五四年十一月の〝四捨五入改憲〟によって大統領の三選禁止規定が外されるなど、李承晩の長期独裁体制を支える法的な基盤となっていたので、改憲作業は、この点に重点を置き、多様な民意を政治に反映させるため、権力を分散させることに主眼を置いて進められた。

こうして、一九六〇年六月十五日、韓国議会で可決され、即日公布された新憲法（第二共和国憲法）のポイントとしては、

①大統領は元首として儀礼的・形式的な存在
②大統領は国民による直接選挙ではなく、国会議員による間接選挙
③国務委員（閣僚）は総理が任命し、大統領には拒否権なし（内閣責任制）
④民議院と参議院（新設）の二院制導入と議会の立法権限の強化
⑤憲法裁判所の新設
⑥地方自治体首長の選挙制
⑦基本権の保障

などが挙げられる。

新憲法下での民議院・参議院両院の最初の総選挙は、七月二十九日に実施された。なお、このときの選挙は、それまでの韓国の選挙に見られたような買収や脅迫が少なく、米ニューズウィーク誌はこれを「朝鮮の歴史上最も自由な選挙」と報道している。

さて、総選挙を経て国会が開会すると、許政の過渡政権は、事実上、その役割を終えることになるが、その最後の仕事の一つとして、八月八日、〝参議院開院〟の記念切手（図1）が発行されている。

図１　「参議院開院」の記念切手

なお、韓国の参議院は、朴正煕政権下で「祖国統一までは効率が優先」の名目で統一実現までの条件つきで廃止されたため、韓国の議会制度は一院制にもどった。

アイゼンハワー訪韓

ところで、〝頑固な老人〟の李承晩に手を焼いていた米国だが、東西冷戦の最前線となっている韓国で、四月革命後の混乱に乗じて北朝鮮が勢力を拡大することだけは何としても避けなければならなかった。理想を言えば、せっかく非民主的で腐敗の蔓延する李政権が退陣したのだから、民主的な新政権は国内情勢を安定させ、西側陣営の一員として応分の負担をしてほしいというのが本音である。

四月革命後の混乱の中で、北朝鮮は革命を〝李承晩徒党のファッショ・テロ統治を撤廃するための英雄的ソウル学生、市民たちの大衆的蜂起〟として歓迎する談話を発表するなど、ポスト李承晩体制が固まらないうちに、韓国内の〝反帝・反封建民主主義革命〟を促し、〝平和的統一〟のイニシアティブを握ろうとさかんに外交攻勢をかけており、米国としても何らかの対応を迫られていた。

一九六〇年のアイゼンハワー訪韓は、その意味で、絶好のタイミングだったといってよい。

もともと、アイゼンハワーの訪韓は、フィリピン、台湾、沖縄、日本などアジア歴訪の一部として企画されたもので、そのハイライトは〝日米修好百年〟の記念行事として企画された訪日であった。

一九五一年、対日講和条約と同時に調印された日米安保条約（旧安保条約）は、日本側から見ると、基地を貸して安全保障を得るという「モノと人との協力」を前提にしたものだったが、その内容は米国の日本防衛義務が明文化されていないだけでなく、日本は米国の同意なしに第三国に基地を提供できず（第三国の駐留権禁止条項）、日本国内の内乱に際しては米軍が出動できる（内乱条項）など、片務性と不平等性が強かった。

このため、日本側には、米国による日本防衛の義務を明文化し、その義務と日本が米国に基地を提供することとの義務との間の双務性を明確にすると同時に、内乱条項をはじめとする旧安保条約の不平等な部分を改定したいという希望があった。そこで、一九五七年二月に首相に就任した岸信介は、同年六月の訪米に際して旧安保条約の再検討を米国に申し入れ、米国もこれに同意していた。

こうして、一九五九年十月から、安保条約改定のための具体的な交渉が開始され、一九六〇年一月、それまでの行政協定に代わる地位協定や事前協議に関する交換公文とともに、「日本国とアメリカ合衆国との間の相互協力及び安全保障条約（新安保条約）」がワシントンで調印された（図2）。もちろん、新安保条約も、本質的には、日本が米軍

図２　アイゼンハワーと岸信介による新安保条約調印の場面を取り上げた“日米安全保障条約改定 50 周年”の記念切手。

に基地を貸して安全保障を得るという旧安保条約の構造を継承したものであり、その意味では対等の相互防衛条約ではないが、それでも、旧条約に比べると、日米の（形式上の）関係ははるかに〝平等〟なものとなった。

　新条約の調印を受け、米大統領アイゼンハワーの訪日が正式に決定され、米国側は返礼として皇太子明仁親王ご夫妻の訪米を要請。もっとも、新安保条約の成立を記念して皇太子が訪米するというのは、条約そのものへの賛否とは別に、皇室の政治利用であるとして国内世論の強い反発を招くことが予想されたため、名目として考え出されたのが〝日米修好百年〟だった。

　日米修好通商条約の調印は一八五八年だったが、岸内閣は、条約の批准書を米国に届けたのは一八六〇年であり、批准書の交換なくして条約が発効しない以上、一九六〇年こそが条約の百周年としてふさわしいとして、各種記念行事を一九六〇年に実施したのである。

　ちなみに、日米修好通商条約は領事裁判権制度により外国人に治外法権を認めていたほか、日本側の関税自主権を否定するなど、典型的な不平等条約であったから、同条約の百周年を祝うということには日本国内でも反発が少なくなかったことも付記しておく。

　一方、日本をゴールとするアイゼンハワーのアジア歴訪の計画が持ち上がると、当時の李承晩政権は、アイゼンハワーの訪韓を積極的に歓迎した。李としては、米国との友好関係を強調することで自らの権力基盤を盤石なものにしたいとの意図があったからである。しかし、一九六〇年四月に李が退陣したことによって、アイゼンハワーの訪韓は、李以降の新政権においても米韓の同盟関係は従来どおり維持されることを確認するためのものへと大きくその意味合いは変化した。

　そもそも、アイゼンハワーは、朝鮮戦争の終結を公約に大統領に当選し、当選後は直ちに次期大統領として韓国を訪問。一期目の一九五三年七月には休戦を達成したほか、ワシントンで米韓相互防衛条約に自ら署名するなど、北朝鮮の脅威から韓国を防衛するうえで重要な役割を果たしてきた大統領というイメージが強かった。それゆえ、革命直後の混乱の中で、北朝鮮の主張する〝平和的統一〟に幻惑され、韓国内に反米勢力が形成される懸念が否定しきれない状況下では、許政の過渡政府としても、アイゼンハワー訪韓の政治的な効果に対する期待は大きかった。

ところで、一九六〇年五月十九日、日本では新安保条約批准の国会審議の過程で、与党の自民党が国会内に警官隊を導入し、深夜の単独採決を強行したことは、元A級戦犯容疑者という岸信介のキャリアともあいまって、多くの日本人に議会制民主主義の危機を実感させた。この結果、それまで、一部の左派の運動だった新安保条約反対の〝安保闘争〟は、平和主義、反米、反岸などのさまざまな意識を包摂して、異様な盛り上がりを見せていく。

安保改定をめぐって社会が騒然とする中で、日本政府は新安保条約の成立（条約の自然成立予定日は六月十九日）に合わせて、アイゼンハワーが訪日するというスケジュールを正式に決定した。しかし、アイゼンハワーの訪日日程が発表されると、反米を掲げる安保闘争はさらに激化し、岸はアイゼンハワーに対して訪日の〝延期〟を要請せざるを得なくなった（図3）。

結局、新安保条約が六月十九日に自然成立したのを受けて、岸は退陣。そしてその結果、最終的には安保反対というよりアンチ岸という性格の強かった安保闘争は急速に退

図3　アイゼンハワー訪日の返礼として企画された皇太子（現在の上皇）ご夫妻の訪米は、当初の予定通り実施され。それに合わせて“日米修好 100 年”の小型シートが発行された。当時、安保改定や皇太子ご夫妻の訪米に批判的な切手収集家の団体は、黒枠を印刷した封筒に小型シートを貼り、発行日の記念印を押す初日カバーを作ることで、抗議の意思を示した。

潮していくことになる。

一方、アイゼンハワーは日本以外のアジア諸国は予定通りに歴訪（図4）し、六月十九日には韓国に到着。これに合わせて、彼の肖像と両国国旗を描く記念切手（図5）も発行された。

その後、米国は、政情不安な東南アジアで共産主義勢力が勝利を収めれば、その影響は最終的に韓国・日本にも波及するかもしれない、とのドミノ理論にとらわれるようになる。そして、それは、一九六〇年代後半、泥沼のベトナム戦争として米国のみならず、韓国にも大きな影を落としていく。

上：図4　アイゼンハワー台湾訪問の記念切手

下：図5　アイゼンハワー訪韓の記念切手

第二共和国の発足

一九六〇年七月二十九日、新憲法（第二共和国憲法）下での民議院（国会）の総選挙が行われ、民主党が二百三十三議席の七割強を独占して圧勝するという結果に終わった。ちなみに、李承晩時代の与党だった自由党は二議席しかとれず事実上消滅。また、左派の社会大衆党が四議席を獲得したことも注目された。

この選挙結果を受けて、民主党内では主導権争いが表面化する。

そもそも、当時の民主党は李承晩三選を阻止するため、民主国民党を中心に野党勢力が大同団結して結成されたものであった。このうち、もともと民主国民党にいたグループは〝旧派〟と呼ばれ、そこに後から合流したグループは〝新派〟と呼ばれていた。この両者は、李承晩打倒という目標があったからこそ団結していたが、その目標が達せられたことで両者の紐帯は消滅する。

こうした中で、八月十二日から開催された韓国国会では、旧派の代表であった尹潽善が大統領（第二共和国の憲法では形式的な国家元首にすぎない）に選出され、第二共和国が正式に発足した。

尹潽善は、朝鮮王朝末期の一八九七年、忠清道牙山郡生まれ。一九一七年に上海に渡り、一九一九年の三・一運動を経て上海に〝大韓民国臨時政府〟が設立されると、同議政院議員に選出された。その後、一九二一—三二年には欧米に留学している。

解放後の一九四五年九月一日には、許政らとともに韓国国民党の創立メンバーとなり、十月四日、米軍政庁から農商局上級顧問に任命された。一九四八年五月の第一回総選挙では落選したが、一九四九年六月、李承晩政権の商工部長官に任命された。ただし、朝鮮戦争開戦直前の一九五〇年五月九日、李と対立して閣僚を罷免された。また、朝鮮戦争の勃発を受けて、一九五〇年十一月に大韓民国赤十字社が創設されると、初代総裁に就任した。

休戦後の一九五四年に行われた総選挙では民主国民党候補として当選。一九五五年の民主党創立に関わり、一九五八年の総選挙で再選すると同党の最高委員となった。

一九六〇年の四月革命後の総選挙で三選を果たすと、野心の少ない人物とみられて、旧派の大物でありながら、新派からも支持を得て、八月十二日の両院の合同会議で大統領に選出された。

一方、大統領選出から一週間後の八月十九日に議会で行われた首相選挙では、尹大統領の指名した旧派の金度演は三票差で否決され、代わって、新派の代表で元副大統領の張勉が当選した。

しかし、これを不服とする旧派は、張勉内閣への協力を拒否。このため、張勉政権は、当初新派のみで組閣せざるを得なかった。その後、早くも九月には、張は内閣改造を行って旧派から五名を入閣させるなど、尹らとの妥協を模索するが、旧派側は対決姿勢を緩めようとはしなかった。

さらに、混乱が解消されない中、やはり九月には、佐官級将校十六名が、崔栄喜参謀総長に辞職と粛軍の実行を迫る〝下克上事件〟が発生。以後、中堅将校を中心に、国軍内では極秘裏にクーデター計画が進められていくことになる。

九月三十日、国務総理となった張勉が行った施政方針演説は、李承晩時代末期の失政により破綻の危機に瀕していた経済の再建を最優先課題として掲げ、軍隊の十万人削減、国連外交の強化、国連監視下の南北統一選挙、日本との国交正常化促進などを訴えるものであった。また、演説の中には「旧秩序と新秩序が交錯する過程では、ある程度の混乱は免れない」との表現があったが、ここには、党内野党のような存在となっていた旧派への牽制の意図が込められていたとみるべきであろう。

　こうして、ともかくも第二共和国が動き出したのに合わせて、十月一日、〝新政府樹立〟の記念切手（図6）が発行された。

　切手は、左側にこぶしを振り上げる男女の学生を描き、右側に新芽を描くデザインとなっており、四月革命によって李承晩の独裁政権が倒れ、新政府が誕生したことが示されているが、李承晩を退陣に追い込んだ学生たちの勢いは、第二共和国の発足後も留まるところを知らず、新たに社会秩序を維持する責任を負うことになった張勉政権に対しても容赦のない批判が浴びせられることになる。

図6　「新政府樹立」の記念切手

図7　1961 年に北朝鮮が発行した“平和統一”のプロパガンダ切手

民主党内の内紛と政局の混乱

　四月革命後、李承晩政権打倒の主役として勢いを得た学生たちは、新たに発足した張勉政権に対しても容赦のない批判の矛先を向けていた。

　すなわち、十月十一日、四月事件での弾圧者に対する判決が下されると、その量刑が軽すぎるとして、二千名のデモ隊が国会を包囲し、〝反革命分子の処罰と政争の即時中止〟を求めて国会に乱入するという事件が発生した。

　学生運動が昂揚する中で、北朝鮮は、一連の韓国内の動きを「李承晩徒党のファッショ・テロ統治を撤廃するための英雄的ソウル学生、市民たちの大衆的蜂起」として評価。順調な社会主義建設をアピールしつつ、張勉政権に対して南北対話を呼びかけることで、韓国内の「反帝・反封建民主主義革命」を促し、「平和的統一」（図7）のイニシアティブを取ろうとした。

　学生たちの中には北朝鮮側の宣伝攻勢を好意的に受け止めるものも多く、急進化した学生たちは、「板門店で会おう」とのスローガンを掲げ、〝民族統一全国学生連盟〟を結成して自主統一運動を展開した。

　これに対して、張勉政権は、三・一五不正選挙関連者を処罰する根拠を整えるために、さらなる憲法改正に着手。一九六〇年十一月二十三日には民議院で、二十八日には参議院で、第四次改憲（〝不正選挙処罰改憲〟ともいわれる）を可決し、二十九日に新憲法を公布した。その主な内容は、三・一五不正選挙関連者と反民主行為者の公民権制限及び不正蓄財者の処罰に関する遡及立法権の認定、それに関連する刑事事件を処理するための特別裁判部と特別検察部の設置などである。

李承晩時代の清算と併行して、十一月十九日、政府は、朝鮮戦争を引き起こした金日成を断罪し、国連の決定と大韓民国の主権への服従を要求する声明を発表。急進派学生を媒介に韓国内への影響力拡大をはかろうとする北朝鮮を牽制した。

そうした背景の下で、十一月一日に発行されたのが釜山にある国連墓地の切手（図8）である。

図8　1960年に発行された「国連墓地」の切手

国連墓地は、朝鮮戦争に参戦した各国の戦死者の遺体・遺骨を埋葬したもので、戦争中の一九五一年四月、開城、仁川、大田、大邱、密陽、馬山にあった六ヵ所の墓地から遺体を集めてつくられた。墓地内には二十の小地区があり、二十二ヵ国二千二百九十九名が眠っている。

墓地の創設十周年にあたる一九六一年四月ではなく、創設から九年七ヵ月後の一九六〇年十一月に切手を発行するというのは、年回りとしてはいかにも半端である。やはり、この時期にあえて国連墓地の切手が発行されたのは、学生や世論の中に、北朝鮮に同調しかねない動きが出てきたことを警戒した政府が、あらためて朝鮮戦争の惨禍を国民に思い起こさせ、そうした動きを戒めようとしたためと考えてよい。

第二共和国の終焉

一九六〇年十一月、第四次改憲を行い、体制基盤の強化をはかった張勉政権であったが、混乱はますます悪化するばかりであった。

すなわち、与党・民主党内の対立は新派・旧派の対立から、旧派が脱党して新民党を結成。両者の泥仕合は政治の機能不全をもたらした。また、李承晩時代の清算に伴い、多くの財界人が不正蓄財法違反の対象者とされたが、このことは経済活動の停滞をもたらした。そうした中で政府が行った通貨切り下げと公共料金引き上げは、物価の高騰をもたらし、労働運動を激化させた。

このため、張勉内閣に対する支持率はわずか三％（一九六〇年十一月の「韓国日報」の世論調査による）と低迷。文民政権のあまりの無能ぶりに不信感を募らせた国軍内では、朴正熙少将を中心とする少壮将校が、クーデターの謀議を本格的に開始する。

朴正熙は、一九一七年、日本統治下の朝鮮の慶尚北道の極貧農家に生まれた。小学校卒業後の一九三二年、教師の薦めで大邱師範学校を受験して合格。学業成績は振るわなかったが、師範学校の配属将校だった有川圭一中佐に軍人としての才能を見いだされ、訓練助教に抜擢された。

一九三七年、師範学校を卒業して慶北聞慶公立普通学校に赴任したが、一九三九年、聞慶を訪れた視学監と対立し、教職を辞した。その原因については、朴自身が坊主頭を拒んで挑発を続けたためと説明されることが多いが、当時の教え子によると、長髪だったのは貧しくてバリカンを持っていなかった朝鮮人生徒の側で、朴は周囲の日本人教師から監督責任を問われたびたび衝突していたという。

教師失職後、師範学校時代の恩師、有川中佐の推薦を受け軍人になることを決意、日本国籍のまま一九四〇年、新京の満洲国陸軍軍官学校に入校。翌一九四一年、日本名の高木正雄（後に、岡本実に再改名）を名乗った。

朴は〝満系生徒〟として第三中隊第三区隊（中隊長・愛新覚羅溥傑少校、区隊長・張連芝中尉）に配属され、一九四二年三月、非日本人の首席で卒業し、満洲国皇帝の溥儀から恩賜の金時計を授けられた。

満洲国軍軍官学校卒業後、日本の陸軍士官学校に留学、第五十七期生編入を経て、一九四四年に卒業し、同年七月、満洲国軍少尉に任官。一九四五年七月、中尉に昇進したが、八月九日のソ連対日参戦により、現在の中華人民共和国・内モンゴル自治区に相当する地域で終戦を迎え、満洲国軍の中国人将校に武装解除された後、八月二十九日、北京で大韓民国臨時政府光復軍第三支隊に編入された。しかし、南朝鮮を占領していた米軍政庁は〝大韓民国臨時政府〟の正統性を認めなかったため、朴は軍人としてではなく、〝個人〟の資格で一九四六年五月八日、釜山に帰国した。

帰国後の一九四六年九月、米軍政庁が設置した朝鮮警備士官学校に入学。一九四七年には大尉に任官したが、大韓民国発足後の一九四八年十月十九日、麗水・順天事件（韓国軍内の南朝鮮労働党員による叛乱事件）が起きると、十一月十一日、朴も党員として逮捕された。これは、一九四六年十月、大邱で共産主義者による暴動事件（十・一暴動事件）が発生し、兄の朴相熙が警察に殺害された後、南朝鮮労働党が朴相熙の遺族の世話をしていた繋がりから、朴正熙も南朝鮮労働党に入党していたことによるものだったが、逮捕後の朴は南朝鮮労働党の内部情報を提供したことに加え、白善燁、元容徳、金一煥ら軍内の要人が朴の軍人としての能力の高さを評価して助命嘆願を行ったため、死刑を免れ、武官免職処分となった。

免職後は陸軍情報課北韓班状況室長として北朝鮮の情報分析を行っていたが、一九五〇年六月に朝鮮戦争が勃発すると、七月十四日、少佐として現役に復帰。同年九月十五日には中佐に昇進し、一九五一年には作戦教育局次長に就任。一九五三年七月の休戦時の階級は大佐だった。

休戦後、米国陸軍砲兵学校に留学し、帰国後の一九五五年に第五師団長、一九五七年に陸軍大学を卒業して第七師団長、一九五九年には第六管区司令官、一九六〇年には釜山軍需基地司令部司令官、四月革命後の同年末には第二軍副司令官となっていた。

一九六〇年当時、朴は、朝鮮戦争後の人事停滞への不満から世代交代を求める少壮将校の代弁者として、李承晩退陣後、軍上層部の旧政権時代の責任追及（整軍運動）を主張。これを押さえ込もうとする軍上層部との対立を深めていた。

さて、年が明けて一九六一年になると、慶尚北道と全羅南道を中心に約三十万戸の絶糧農家が発生しつつあり、三ヵ月後には救済を必要とする農家が九十万戸（全農家の四割）に達する見込みとの報道が韓国各紙でなされるようになる。完全失業者は政府発表でさえ百三十万人（米経済援助機構ＵＳＯＭの発表では三百万人）にも達しており、韓国経済は危機的な状況に陥った。

それにもかかわらず、張勉政権は、二月八日、米側の一方的判断で援助を打ち切れることを盛り込んだ韓米経済及び技術援助協定を調印し、国民の憤激を買っていた。

さらに、前年来の〝自主統一運動〟は、一九六一年初以来。さらなる盛り上がりを見せ、三月二十二日には、ソウル市庁舎前で約一万五千名が集会を行って反共法とデモ規正法の制定反対、張勉内閣の即時退陣を要求。デモ隊が首相官邸と国会に押し寄せ多数の逮捕者を出す騒擾事件が発生した。

こうした状況の下、金鍾泌予備役中佐を初めとする陸士八期生の佐官級将校九名は、四月革命から一周年の一九六一年四月十九日に民衆蜂起ないしは学生デモが発生することを見越して、その鎮圧を口実にクーデターを敢行する計画を立案した。しかし、四月十九日当日はなんら騒擾事件が起きず、平穏のうちに過ぎてしまい、クーデターは不発に終わった。

しかし五月に入ると、急進派学生で構成される〝民族統一全国連盟発起人会〟が南北学生会談を決議するなど、運動は急進化。そこで、朴らはクーデター決行日を五月十二日に延期して計画を練り直したが、李鍾泰大佐によって計画が漏洩してしまったため、計画は再延期され、五月十六日、ついに、クーデターが実行された。

クーデターの経緯については次章で後述するが、ここでは、クーデターの発生からわずか一ヵ月後の六月十六日に〝五・一六革命〟の記念切手（図9）が発行されていることに注目したい。

図9　クーデターから1ヵ月後に発行された「5・16革命」の記念切手

記念切手のデザインを制作し、末端の郵便局まで配給して、切手発行の準備を整えるためには、当時の制作能力では二ヵ月程度が必要だった。そのため、わずか一ヵ月でデザインを制作し、切手発行にまでこぎつけるということは、平時であっても非常に困難である。

したがって、今回の切手に関しては、事前におよそのデザインなどは叛乱側で用意しておき、クーデターの成功を確認したうえで、直ちに切手の制作作業を韓国郵政に行わせたものと推測するのが自然であろう。もちろん、その背景には国家のメディアである切手において、クーデターを公式に記念することによって、〝五・一六革命〟の正当性を内外に誇示しようという意図があったことはいうまでもない。

第3章　五・一六革命　一九六一―一九六三

朴正煕の五・一六革命

一九六一年五月十六日午前三時、朴正煕少将率いる約三千六百名の兵力（空挺団、海兵第一旅団、第五砲兵団）が、海兵隊を先方として漢江大橋を渡ってソウル市内に侵入した。いわゆる〝五・一六軍事クーデター（五・一六革命）〟の発生である（図1）。

クーデター側は、漢江大橋付近で憲兵第七中隊（中隊長・金錫律大尉）五十余名と銃撃戦を行った以外は、大きな抵抗もなしに中央庁や国会議事堂などソウル市内の主要部分を制圧。午前五時、彼らは中央放送局に侵入し、サングラスをかけた朴正煕自ら、宿直勤務だったアナウンサーの朴鐘世に対して、「革命の事実を放送せよ」と指示し、以下のような「五・一六革命公約」が放送された。

親愛なる愛国同胞の皆さん！

隠忍自重してきた軍部は、いよいよ今朝未明を期して一斉に行動を開始して国家の行政、立法、司法の三権を完全に掌握し、引き続き軍事革命委員会を組織しました。軍部が決起したのは、腐敗した無能な現政権と既成政治家たちにこれ以上国家と民族の運命を任せておくことはできないと断定し、百尺竿頭で彷徨する祖国の危機を克服するためです。

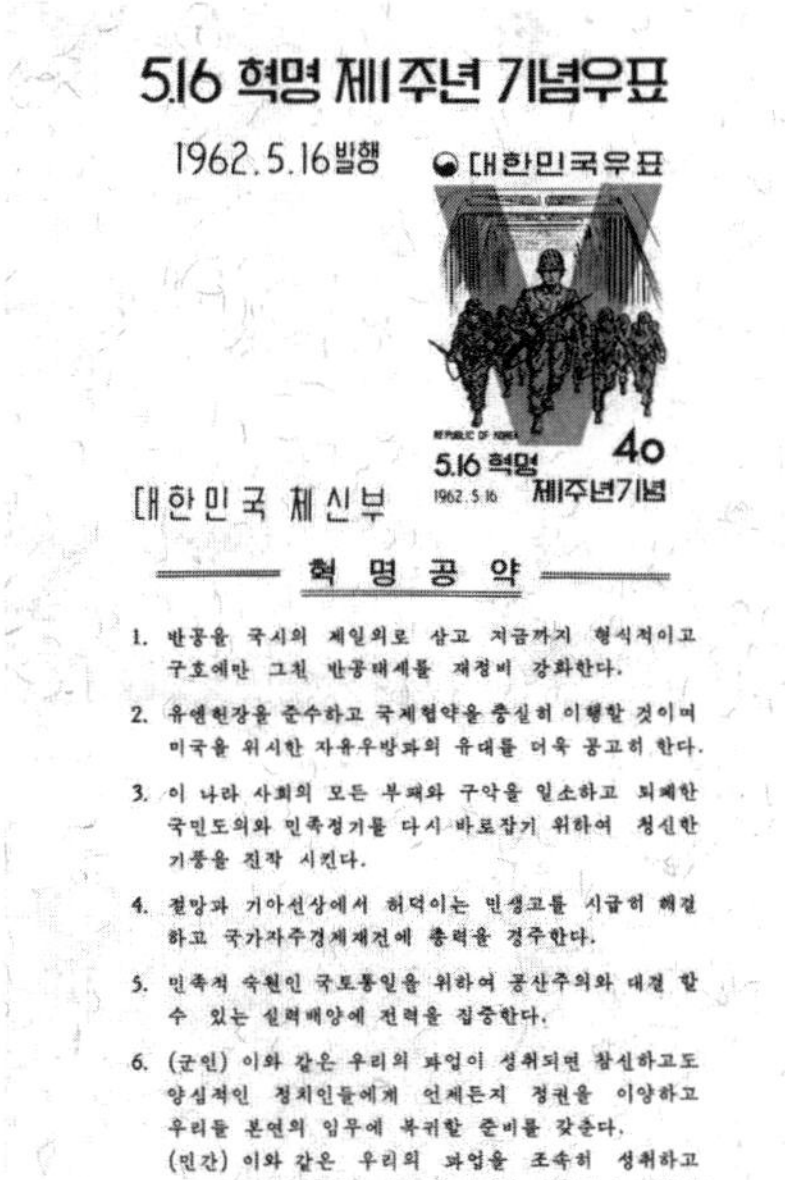

図1　漢江を渡るクーデター部隊を取り上げた「革命1周年」の記念切手シート。余白には「革命公約」の6項目が掲げられている。シートは〝革命〟の正統性を内外に広くアピールするため、韓国語版だけでなく英語版も作られた。

軍事革命委員会は、
一、反共を国是の第一とし、これまで形式的で、掛け声だけに留まっていた反共体制を再整備・強化するでしょう。
二、国連憲章を遵守し、国際協約を充実して履行し、米国をはじめとする自由友邦との紐帯を一層強固にするでしょう。
三、この国の社会のあらゆる不敗と旧悪を一掃し、頽廃した国民道義と民族正気を立て直すため、清新な気風を振興するでしょう。
四、絶望と飢餓の線うえで喘ぐ民生苦を早急に解決し、国家自主経済建設に傾注するでしょう。
五、民族的宿願である国土統一のために、共産主義と対決することの出来る実力の培養に全力を集中するでしょう。
六、このような私達の課業が成就すれば、清新で良心的な政治家たちにいつでも政権を移譲し私達は本来の任務に復帰する用意があります。
愛国同胞の皆さん！

皆さんは本軍事革命委員会を全幅的に信頼し、動揺せず各員の職場と生業を平常通り維持してください。

私達の祖国はこの瞬間から私達の希望による真新しく

図3　1972年11月2日に北朝鮮が発行した〝南朝鮮人民の闘争〟の切手の1枚は、「祖国の自主的統一」のスローガンとともに、米国の軍人とサングラス姿の朴正熙を攻撃する朝鮮人民を描いている。

図2　5·16革命2日後の5月18日、陸軍士官学校生徒が行った"革命支持"の行進を見守る革命委員会幹部。前列中央のサングラスをかけているのが朴正熙。

力強い歴史が創造されるのです。私達の祖国は、私達の団結と忍耐と勇気と前進を要求しています。

大韓民国万歳！

決起軍万歳！

ちなみに、五・一六革命後間もない時期の朴正熙は公の場に出る時にはサングラスをかけていることが多かったため（図2）、クーデターという非合法手段で政権を掌握した朴正熙の正統性を否定する文脈で、北朝鮮がサングラス姿の朴正熙を戯画化して揶揄した切手（図3）を発行したこともある。

一方、国軍首脳部は、事前にクーデター計画を察知していたが、当時の陸軍参謀総長・張都暎は事前に対策を講じることはなく、また、五・一六革命発生後も、これを鎮圧せずに事態を静観していた。

張都暎は、日本統治時代の一九二三年、現在は北朝鮮領となっている平安北道龍川郡生まれ。東洋大学史学科在学中に学徒出陣で中国戦線に派遣され、訓練を受けて見習士官となり、終戦時には少尉となった。

解放後、米軍政庁の軍事顧問となっていた李應俊の勧めで南朝鮮国防警備隊に入隊し、少尉に任官。大隊長、連隊長を経て一九四九年十一月に陸軍本部情報局長に就任した。朝鮮戦争勃発後は第六師団長、第一訓練所長を歴任した後、一九五二年八月から米陸軍指揮幕僚大学に留学。休戦後は第二軍団長、陸軍参謀次長、第二軍司令官を歴任し、一九六〇年に第二共和国が成立すると、張勉によって陸軍参謀総長に任命されていた。

五・一六革命の発生を受け、〝軍事政権〟を嫌った米国は、十六日午後、駐韓米軍司令官マグルーダが「米国は憲法に基づく民主政府を支持する」とラジオ放送し、張勉政権支持を表明。駐韓大使と第八軍司令官が大統領の尹潽善に対して鎮圧命令発動を迫った。しかし、党派対立から張勉の退陣を望んでいた尹は「国軍同士が戦えば、ソウルは火の海になり、その間に北朝鮮が侵攻する」として、米国の勧告を拒否した。

これに対して、首相として六十万の兵力を持つ国軍最高司令官の地位にあった張勉は、いち早く首相官邸から逃亡してカルメル修道院に避難。韓国政府からの要請がなかったため、駐韓米軍はクーデター鎮圧のために出動することができなかった。

こうして十六日午後、大統領の尹は、革命部隊が要求した戒厳令布告を承認。これを受けて革命側は、軍事革命委員会を組織し、議長には、革命を黙認した参謀総長の張都暎が就任した。

翌十七日、尹は「軍事革命委員会が政府機能を代行する」との声明を発表し、朴正煕支持の立場を公式に表明。これを受けて、十八日、修道院に隠れていた張勉はようやく政府庁舎に姿を現し、内閣総辞職を発表。クーデターは成功した。

国家再建最高会議の発足

一九六一年五月十六日のクーデターを成功させた朴正煕らは、五月十九日、その直後に組織した革命委員会を、三軍の将軍を網羅した三十二人の委員からなる国家再建最高会議に改組する。会議の実権は朴が握っていたが、議長には形式的に張都暎が就任し、朴は副議長となった。

翌二十日、張都暎を首班として、国家再建最高会議を基盤とする軍事政権が発足。軍事政権は、先の〝革命公約〟をあらためて基本方針とする姿勢を明らかにした。

五・一六革命の発生当初、米国は張勉政権を支持していたが、革命公約の発表を受けてこれを追認し、五月二十二日、国務省は新政権の〝反共親米〟の基本政権を歓迎するとの声明を発表した。韓国が冷戦の最前線にあるという事情を考慮する限り、韓国に安定した親米政権が成立することを妨げるという選択肢はあり得なかったからである。

米国の追認を受けた軍事政権は、二十二日、直ちにすべての政党や労働組合に対して解散命令を発し、二十八日、新聞・通信社の閉鎖、暴力団の取り締まり、不正蓄財者の逮捕などの一斉行動に出た。二十九日には、ついに憲法も停止されてしまう。

六月に入ると、軍事政権は、国家再建非常措置法・国家再建最高会議法・再建運動国民法などを相次いで公布。韓国中央情報部（ＫＣＩＡ）を発足させ、着々と体制を固めていった。そして、七月三日には、張都暎が最高会議議長と国務総理を辞任に追い込まれ、朴正煕自らが後任の議長に就任。後に張は反革命の容疑で逮捕され、軍法会議で死刑判決を受けた（ただし、一年後に釈放され、米国に亡命する）。こうして、五・一六革命は完了する。

朴政権発足後最初の八月十五日に発行された「光復十六周年」の記念切手（図４）は、三本の腕で掲げ持つ松明が

図４　光復16周年の記念切手

南北分断の鎖を断ち切るデザインとなっており、中央の腕には〝八・一五〟（植民地支配からの解放記念日ないしは大韓民国の建国記念日）、左側の腕には〝四・一九〟（李承晩打倒の四月革命の日）、右側の腕には〝五・一六〟（朴正煕のクーデターの日）の日付がそれぞれ記されている。その一方で、李承晩政権が正統性の源泉としてきた〝三・一〟の日付は省かれている。

このデザインが、朴政権が五・一六革命によって混乱の極みにあった民主党政権を打倒したからといって、そのことは李承晩時代への回帰を意味するものではなく、むしろ国民各層が団結して、祖国の統一とそのための国力の充実に邁進するための正当な措置であったという主張を表現したものであることは言うまでもない。

図5　国軍の日（1961年）の記念切手

さらに、そうした朴正煕の意図を再確認するかのように、十月一日には〝国軍の日〟の記念切手（図5）が発行される。

もともと、陸海空の三軍と海兵隊には別々の記念日があったが、李承晩政権時代の一九五六年九月二十一日、同年以降、それらを統合して十月一日を〝国軍の日〟とする大統領令が発せられた。十月一日という日付は、朝鮮戦争中の一九五〇年十月一日、東部戦線において陸軍第三歩兵師団第二十三歩兵連隊が初めて三八度線を突破して北進を果たしたことに由来する。

図5の記念切手は〝国軍の日〟の制定から五周年の節目となるのを記念して発行されたものだが、陸海空の三軍と海兵隊の兵士が等しく取り上げられていることに注目したい。

李承晩政権時代にも、海軍と海兵隊を題材とした記念切手は発行されたが、陸軍と空軍の記念切手は発行されなかった。これは、李承晩政権が国軍に敬意を払い、純粋に国軍の活動を顕彰する意図から記念切手を発行したというよりも、〝日本ないしは北朝鮮〟非難のプロパガンダを発するための手段、方便として海軍なり海兵隊を取り上げたにすぎなかったからである。

これに対して、自らも軍人であった朴正煕は、そうした悪弊をあらため、国家再建のため、純粋に国軍の将兵を等しく尊重する姿勢を〝国軍の日〟の切手によって示したものとみてよい。

対日国交正常化交渉の再開

一九六一年の五・一六革命以前から、朴正煕は日本との国交正常化の必要性を痛感していた。それは、彼が最優先課題であると考えていた経済開発のためには外資が必要であったからであり、米国に次ぐ大口の出資者として日本を引き寄せなければならなかったためである。

軍事政権発足後、米国からの支持を確認するためにも、ケネディ米大統領との直接会談を望んでいた朴正熙は、一九六一年九月十二日、米国から公式的な訪米招請を受け取り、十一月十四日、ケネディとの会談が実現する。

朴が韓国からワシントンに行く経路は、ソウルの金浦空港からKNAで東京・羽田に飛び、そこで米ノースウェスト航空に乗り換えて、アンカレジ、シアトル、シカゴを経由し、三日かけてワシントンに到着するというものだった。

そこで十一月十一日、東京に立ち寄った朴正熙は、米国の仲介なしに、日韓の問題は同じ東洋人同士で解決したいという日本の池田勇人首相の提案を受け入れ、池田首相との首脳会談を行った。

一九六〇年の李承晩退陣後、張勉政権は、日本との国交正常化をにらんで陽明学者で日本の政界に影響力を持つ安岡正篤に接触。同年、田中角栄、野田卯一ら自民党議員団が訪韓し、非公式に韓国側と接触している。

こうした日韓両国の接近に対して北朝鮮は敏感に反応。一九六一年九月に開催された朝鮮労働党大会は、「日本軍国主義者はアメリカ帝国主義者の後押しで南朝鮮に対する経済的侵略を画策する一方、南朝鮮を引き入れて侵略的な軍事同盟を結ぼうとしている」として、〝日本軍国主義〟を非難している。

北朝鮮の非難は、自分たちこそが朝鮮半島の唯一の正統政権であり、韓国は非合法政権であるというイデオロギー的な主張に加え、韓国内に根強く残っていた日本との国交正常化に反対する勢力を引き寄せたいとの思惑があったことも見逃せない。

さて、池田首相との会談に先立ち、韓国側首席代表の裵義煥首は、首脳会談で議論される主な議題として

①国交正常化問題
②財産及び請求権問題
③在日韓国人の処遇問題
④漁業関係
⑤文化財返還問題

を挙げたうえで、韓国側にとっては②の〝財産及び請求権〟が最も重要な課題であるが、日本側は④の漁業関係を積極的に提案してくるだろうと分析。そこで、韓国側としては〝平和線〟を侵犯したとして釜山に抑留している日本人漁民と、日本で密航者としてとらえられている韓国人の交換を持ち出して、交渉を有利に進めるべきだと主張した。

〝請求権〟とは回りくどい表現だが、日韓両国は交戦状態にあったことはなく、国際法上は戦争による被害の賠償を行うことができないので、代わりに、日本統治時代に累積した債権（その中には、いわゆる従軍慰安婦を含め民間人への補償もすべて含まれているというのが、日本側の一貫した主張である）を請求する権利が韓国側にはある、という形式で問題を解決するための方便である。

朴＝池田会談は一時間二十分ほど続き、朴は、請求権問題は賠償的性格でなく法的根拠を持つものに限ると述べ、池田も、法的根拠が確実なものに対しては請求権として支払い、それ以外は無償援助、長期低利の借款援助を示唆し、経済協力方式による解決が提示される。そして、会談の概要は、十一月十四日、朴正煕から米国務長官ディーン・ラスクに、以下のように伝えられた。

　韓日関係の正常化は極東の平和と安全のため切実に必要だというのが私と政府の幹部たちの一致した意見だが、韓国民の世論もそうだとは言えない。国民感情を満足させるためには、両国関係の正常化の前にいくつかの懸案問題が解決されねばならない。この点については池田総理との秘密単独会談で率直な意見を交換した。

　両国の外交関係を一日も早く正常化せねばならないことに対して私と池田総理は意見が一致したが、そのためには解決すべきいくつかの問題が残っている。実務レベルで行政的、技術的に細部問題が解決されねばならない。

　その後に韓国と日本の間の経済的関係は考慮し得る。事実、多くの韓国民は、特に過去の歴史から、関係が正常化されたときにあり得る、日本の経済的侵略に対して懸念を表明している。（韓国）政府としては、日本との関係正常化については慎重を期している。

一九六一年十二月から始まった普通切手のスタイル一新（詳しくは七七頁）の一環として、一九六二年三月十日に発行された二十ファンの普通切手（図６）に朝鮮人参が取り上げられたのも、そうした国交正常化交渉の再開という事情が反映されていたのではないかと考えられる。

図６　朝鮮人参を取り上げた20ファン切手

朝鮮人参はウコギ科の多年草で、日本では、薬用人参、高麗人参、御種人参（江戸幕府の薬園で栽培したことに由来する）などの別名で呼ばれることもある。
古来より根は薬用とされ、漢方では新陳代謝の衰え・神経衰弱・糖尿病の口渇などの治療に用いられる。沿海州・朝鮮半島・中国東北部に分布しているが、野生のものは極めて高価なため、栽培が盛んに行われている。

高麗王朝の滅亡後、政治には関与しなかった（できなかった）その遺臣たちは、旧王都の開城を拠点に、独自の簿記方式（開城簿記）を考案して商業活動に専念したため、開城は商業都市として発展した。高価でかさばらない朝鮮人参は重要な取扱品目だったが、十四世紀末、開城で人工栽培が初めて本格的に行われるようになったこともあり、開城は朝鮮人参の集散地として名を馳せ（図7）、朝鮮人参を用いた伝統料理・参鶏湯（サムゲタン、内臓を取り出した雛鳥にもち米と朝鮮人参、各種の木の実類などを詰めてスープで煮込んだもの）は朝鮮を代表する料理となった。

日本との関係でいえば、奈良時代の七三九年、渤海の文王が国書とともに霊薬として朝鮮人参三十斤を聖武天皇に贈って以来、朝鮮半島から日本への使節は高麗人参を贈るのが常となっていた。特に、室町幕府には、朝鮮の使節団が朝鮮人参を〝国交贈品〟として持参し、日本側は〝国交回礼品〟として銀で報いるのが慣例となっていた。

江戸時代に入ると、朝鮮人参の輸入は対馬藩が独占的に取り扱うことになり、当初は、慶長丁銀で決済が行われていた。一六九五年の貨幣改鋳を機に、日本側の銀貨の品位が低下すると、一七一〇年、幕府は銀座に対して人参取引専用に慶長銀と同品位の丁銀として〝人参代往古丁銀〟の鋳造を命じ、輸入の確保に努めたほどである。

その後、八代将軍吉宗の治世下で、一七二九年、日本国

図7　日本統治時代の開城で使われた風景印には、“高麗王朝最後の忠臣”といわれる鄭夢周が朝鮮王朝への出仕を断り、暗殺された場所として有名な善竹橋と、開城名物としての朝鮮人参が描かれている。

図8　北朝鮮が1961年に発行した朝鮮人参の切手

内でも朝鮮人参の栽培が可能になったため、朝鮮半島からの朝鮮人参の輸入は激減するが、歴史的に見ると、朝鮮人参は日朝交流を象徴する品物の一つだったことは間違いなく、国家のメディアとしての切手にそうした題材を取り上げることで、近代以前の日本との友好関係への復帰、すなわち、日本との国交回復を目指したいとの韓国側の含意を読み取ることは可能であろう。

なお、朝鮮人参で有名な開城は、一九四五年の解放当初、開城は南朝鮮＝韓国の統治下に置かれたが、朝鮮戦争後は北朝鮮領内に編入された。一九六一年、北朝鮮は自国の特産品の一つとして朝鮮人参の切手を発行している（図8）が、一九六二年の韓国切手には、そうした北朝鮮の姿勢に対抗する意図もあったことはいうまでもない。

新普通切手の登場と檀紀の廃止

五一六革命直後の物理的な混乱も収束し、一九六一年十一月の訪米によって、国際社会への本格的なデビューを果たした朴正熙政権は、国民が日常生活の中で、新時代の到来を実感できるよう、人心一新のための具体的な施策を開始する。

その代表的なものが、一九六一年十二月二日の年号廃止

図9　軍事政権下で西暦表示の入った最初の切手“ITU 加入 10 周年”

法令の制定である。

これは、一九六二年一月一日以降、李承晩政権下で導入された檀紀の使用を公式な場で禁止し、公文書では西暦を使用すること（図9）を義務付けたもので、五一六革命以前の遺制を一掃しようとするものであった。

また、一九六一年十二月一日からは、国民が日常的に使用する普通切手に関しても、それまでとはスタイルを一新したものが発行される。

李承晩時代の普通切手は（ちなみに、一九六〇年の四月革命以降、民主党政権下では新たな普通切手は発行されていない）、長方形の枠の中に図案を描くスタイルだったが、一九六一年から発行が始まった普通切手は、原則として左右にラインを引いたスタイルになっており、雰囲気が一新されている。

新シリーズの普通切手のうち、一九六一年十二月一日、最初に発行されたのは、世宗を描く三十ファン切手（図10）、キタタキを描く四十ファン切手、長鼓を描く百ファン切手の三種である。

図10　1961年に発行された世宗の30ファン切手

図11　同じくキタタキを描く40ファン切手

このうち、四十ファン切手に取り上げられたキタタキ（図11）はキツツキ科キツツキ目の鳥で、アジアに分布するキツツキ類の中では最も大きく、体長は四二―四五センチ。雄の頭頂部の羽毛と頬の斑点は赤色（雌は赤い羽毛部分がない）で、上半身は黒い羽毛で覆われ、下半身や羽毛の先端は白い。

かつては朝鮮半島と対馬の一〇〇〇メートルを超える高密度の山林に生息していたが、対馬では森林伐採で生息地が失われたことに加え、乱獲により個体数が激減。一九二〇年、鳥類学者の黒田長禮が一つがいの標本を発見し、これに基づいて、一九二三年には天然記念物に指定されたが、その後五十年間生存が確認されなかったため、日本国内では絶滅したものとみなされ、一九七二年に指定が解除された。

一方、韓国では、京畿道南楊州市榛接邑を中心とした光陵の森に生息しているが、森林伐採の拡大に伴い希少種となり、一九五二年、保護動物に指定された。なお、北朝鮮領内にも少数が生息している。

図12　同じく長鼓を描く100ファン切手

百ファン切手に取り上げられた長鼓（図12。杖鼓とも）は、朝鮮の伝統的な打楽器で、宮廷音楽のみならず、民衆音楽の農楽、仮面芝居（タルチュム）でも広く用いられる。桐の木を削った胴に羊、馬、牛、犬などの革を張り、胴体と革を固定している紐に挟まれたブリッジ（プジョン）でチューニングをする。一般には、胴の右には薄い馬皮を、左には厚い生白皮を張り、右面は竹製のバチ（杖）でたたき高音を、左面は左手のひらでたたき低音を出す。

蔚山工業団地

さて、五・六一革命後の朴正熙の最優先課題は、いうまでもなく、韓国経済の再建であったが、その具体的なプランとして、一九六二年一月十三日、年平均七％の経済成長を目標とする独自の経済開発第一次五ヵ年計画が発表される。

すでに、権力を掌握して間もない一九六一年六月六日、最高会議は、国家再建非常措置法を公布。主食への雑穀混入、公務員の弁当持参、コーヒーや外来商品の使用禁止などを打ち出し、経済再建のために国民に耐乏生活を強いている。

次いで七月に入ると、軍事政権は〝経済緊急施策〟を発表。これを実行に移すための機関として、経済企画院を新設した。

この緊急施策は、軍事政権が独自に考え出したものではなく、基本的には張勉内閣が策定していた経済計画を引き継ぐもので、中小企業資金、営農資金の制定、公共土木事業や開墾による帰農事業・失業者対策、対ドルレートの固定による外資導入の促進などを主たる内容としていた。

これを受けて軍事政権は、第一次五ヵ年計画を策定していくことになるのだが、そのためには、三兆二千百四十五億ファンの投資が必要とみられていた。その内訳としては、電気、交通、通信、住宅などに四八・八％、鉱工業に三四％、農林水産業に一七・二％である。この財源の四分の一程度は外貨で調達しなければならないが、李承晩政権の末期以来、米国との関係が冷却化している中で、軍事政権としては米国以外の調達先も探す必要があった。

ここで、重要な役割を果たしたのが、ユダヤ系オーストリア人の政商、サウル（ショールとも）・アイゼンバーグだった。

アイゼンバーグは、一九二六年、ドイツのミュンヘン生まれ。ナチスのユダヤ人迫害を逃れて、スイス、オランダなどを経て、日本軍占領下の上海へ渡り、さらに、大戦中は日本に逃れて日本人女性と結婚した。

その妻の母方の親戚とのつながりから、鉄鋼統制会理事だった永野重雄（一九五〇年、富士製鉄社長に就任）の知遇を得て、占領時代には金属と武器のスクラップ会社を設立。オーストラリアやフィリピンから鉄鉱石を買い付け、それを八幡製鉄などに売却して巨額の利益を上げた。また、日本財界による戦後初の訪米を計画し、日本の製鉄業界を代表し米国との交渉も担当している。その実績もあって、アイゼンバーグは英国の国有企業、インペリアル・ケミカル・インダスト（ICI）の日本代表者に指名されている。

しかし、一九五二年四月に対日講和条約が発効すると、日本の大手企業は海外との直接取引が可能となり、日本国内におけるアイゼンバーグの立場も微妙なものとなった。そこで彼は、一九五三年に休戦協定が成立したばかりの韓国に目を付け、一九五三年、国際金融業務を行う形で韓国に参入した。そのビジネスモデルは、資金が足りない途上国に進出して、政府・企業・銀行・建設会社などを繋げ、資金を提供し、事業もまとめる〝一括取引の調整者〟で、日韓両国での成功をもとに、ラテンアメリカや中東、東南アジアなどでも幅広く活躍することになる。

さて、アイゼンバーグは、李承晩政権末期の一九五九年、西ドイツから導入したシーメンス社の電話交換機を仲介した実績をもとに、成立後間もない朴正熙の軍事政権にも接触。一九六一年秋には、寧越火力二号機、釜山火力三・四号機、嶺南火力一・二号機、仁川火電、東海火力一・二・三号機、雙龍セメント、高麗セメント、東洋セメント、韓一セメント、一新製鋼、ユニオンセロファン、石炭公社の採炭設備の近代化、中央線の電化、浦項製鉄増設など、韓国の基幹産業総覧といえる事業リストを提示して、西ドイツからの借款の斡旋を申し出た。

アイゼンバーグのプランによる借款案はかなりの高金利だったが、米国の援助が減少しつつある時だったため、朴正熙政権もこれを前向きに検討せざるを得なかった。そこで一九六一年十一月、商工部長官の丁來赫が西ドイツを訪問し、西ドイツの官僚や企業人たちと会談したほか、クルップ、シーメンス、ハノーバー造船所など西ドイツの有数の企業を視察した。

こうして借款交渉がまとまり、西ドイツ政府の長期借款と民間投資を合わせて三千七百五十万ドル相当のマルク貨が、軍事政権最初の公共借款として、一九六二年中に韓国政府に提供されることになった。

これを受けて、年が明けた一九六二年一月十三日、軍事政権は、年平均七％の経済成長を目標とする独自の経済開発第一次五ヵ年計画を発表する。

同計画は自由主義経済を掲げながらも、均衡が取れた経済発展のためには重要産業に関しては政府が積極的に関与するというもので、その具体的な目標としては

①輸入代替工業化の推進
②電力、石炭などエネルギー供給源の確保
③農業生産力の増大による農家所得の上昇と国民経済の構造的不均衡の是正
④基幹産業の拡充と社会資本の充実
⑤遊休資源の活用、特に雇用の増加と国土の保全
⑥技術の振興

などが計画の重点項目として上げられており、特に工業開発のためのインフラの整備（ダム建設、水質源開発、発電所の建設、肥料工場、セメント工場）などが重視された。

そして一九六二年二月三日、蔚山工業地帯の起工式を号砲として、第一次五ヵ年計画は本格的に始動する。

韓国南東部、慶尚南道の蔚山市は、二十世紀前半まで、

長生浦の港が捕鯨基地として知られていた以外は農業地域だった。

一九二〇年代、日本の統治下で日本本土と朝鮮、中国大陸を結ぶ定期航空路線の開設が計画されると、朝鮮の東海岸にも飛行場の建設が検討されるようになった。その際、釜山が要塞地帯として民間の飛行場建設が制限されていたことから、釜山からも近く、海岸に面した蔚山に飛行場が建設されることになり、一九二八年から用地買収が開始され、太和江南岸の水田地帯に南北六〇〇メートルの滑走路（後に東西方向にも六〇〇メートル拡張）が作られた。

こうして一九二九年四月一日、日本航空輸送が運航する第一便が大連の周水子から蔚山に到着。その後、福岡＝蔚山間の航空路線は開設され、蔚山は東京＝大連路線の中継地となり（図13）、一九三〇年には蔚山航空無線局も設置された。

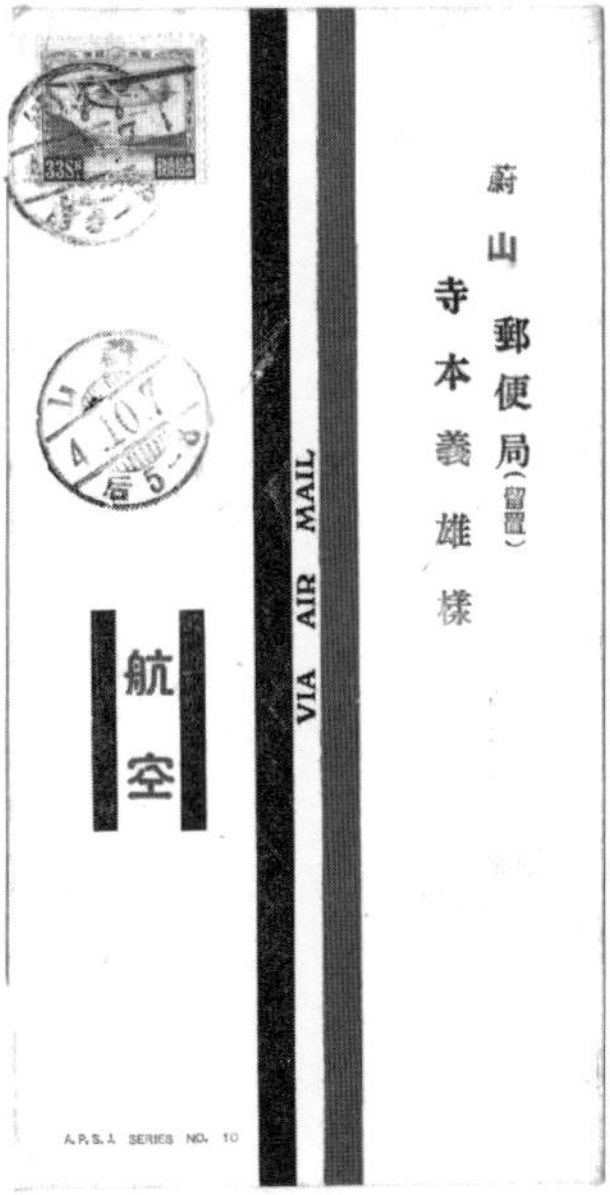

図13　東京＝大連間の航空輸送により、1929年10月、蔚山まで運ばれた航空便

しかし一九三七年、大邱飛行場が開設されると、慶尚道の飛行場としては大邱が用いられるようになり、一九三八年九月三十日限りで、蔚山飛行場への定期便の運航はなくなってしまった。

航空網の拠点として重要性を失った蔚山だったが、海岸に面していることから、日本人資本家の池田佐忠は、支那事変（日中戦争）の勃発を受けて、蔚山を大陸への前進基地として開発することを計画する。池田は、一九二八年以降、釜山港の修築事業に着手していた実績をもとに、一九三九年、第二関釜連絡船計画として蔚山港と油谷港を結ぶ〝油蔚航路〟の計画を策定。さらに、人口五十万人規模の「蔚山工業都市計画」を作成し、一九四一年、朝鮮総督府から蔚山都市造成埋立免許を取得した。

こうして一九四三年五月、蔚山では土地造成と工場建設、及び基盤施設の整備が開始。さらに、一九四四年、朝鮮石油株式会社が、元山の工場施設の一部を疎開させるべく、蔚山に精油工場を着工した。

しかし、工期が七〇％ほど進んだところで、一九四五年の終戦となり、工事は中断。戦後の米軍政下で精油工場は未完成のまま接収された。

一九四八年に発足した大韓民国政府は、米軍政庁から未完成の工場の移管を受けて、漢口を目指したが、資金不足や朝鮮戦争のため果たせず、一九六〇年に李承晩政権が退陣するまで、蔚山は開発途中のまま放置されていた。

第一次五ヵ年計画の目玉を探していた朴正熙は蔚山に目を付け、一九六二年、蔚山邑（後の中区）・方魚津邑（後の東区）・大峴面（後の南区）・下廂面（後の北区の南部）の全地域と青良面の斗旺里、凡西面の無去・茶雲里、農所面（後の北区の西北部）の松亭・花峰里を〝蔚山特定工業地区〟に指定。日本統治時代に池田佐忠が埋め立てた地域を中心に工業団地の造成を開始した。

二月三日の起工式で、朴正熙は次のように演説した。

四千年間の貧困の歴史を終わらせ、民族の念願である富貴を創出するため、我々はここ蔚山を見つけ、ここに新工業都市を建設することにしました。これは（ドイツの）ルール地方の奇跡を超える、新羅の栄盛を再現するもので、これは民族の再興の基盤を築くことであり、国家の百年の計の寶庫を建設することですから、子孫万代の繁栄を約束する民族の決起であるわけです。第二次産業の力強い建設の轟音が東海（日本海の韓国側の呼称）を震動し、工業生産の黒煙が大気の中に伸びていくその日には、国家・民族の希望と発展が目前に到来したことが分かるはずです。

貧困に喘いでいる国民の皆さん！

五・一六革命の真意は、政権への野心や政体の変調にその目的があったのではなく、ひたすらこの民族から貧困を駆逐し子孫万代のための、永久的な民族の繁栄と福祉を保障する経済再建を達成せねばならないという崇高な使命感から決起したのです。この蔚山工業都市の再建こそ、革命政府が総力を尽くす象徴の雄図であり、その成否は、民族の貧富の分け目になるはずだから、全国民は新しい覚醒と奮発、そして協同をもって、この世紀的課題の成功的な完遂のため奮起努力を願ってやみません。

図14　蔚山工業地帯をイメージしたと思われる“5・16革命1周年”の記念切手の1枚

一九六二年五月十六日に発行された〝五・一六革命一周年〟の記念切手の一枚には工場地帯のシルエットを描くものが発行されているが（図14）、このデザインが、五ヵ年計画のシンボルとしての蔚山工業地帯を意識して作られたものであることはほぼ間違いない。

第一次五ヵ年計画

韓国郵政は五ヵ年計画を宣伝するため、期間中の一九六二年から一九六六年まで、毎年二種類ずつ計十種類、切手を発行している。以下、それらを紹介しつつ、当時の韓国の主要産業の状況についてみてみよう。

①発電所と鉄塔（一九六二年・図15）

日本統治時代の朝鮮では、鴨緑江上流域など、主として現在の北朝鮮地域に設けられた大型発電所によって電力の需要がまかなわれていた。しかし、解放とそれに続く南北の分断により、発電設備の大半は北朝鮮の所有になってしまう。このため、当初こそ、北朝鮮から米軍政下の南朝鮮へも一定の送電が行われていたものの、冷戦の進行とともにその量は次第に減少。一九四八年五月、南朝鮮での単独選挙実施をきっかけに北朝鮮からの送電は完全に停止され、同年八月に発足した大韓民国はほとんど発電設備のない状態からのスタートを余儀なくされることになった。

図15 第1次5ヵ年計画の宣伝切手のうち、1962年に発行された“発電所と鉄塔”の切手

ところで、もともと朝鮮の電力事業は、朝鮮王朝末期の一八九八年に漢城電気株式会社が設立されたのを皮切りに、各地域で小規模な電力会社が乱立していた。これは、日本統治下の一九四三年、戦時統制の一環として、朝鮮電業、京城電気、南鮮合同電気の三社に統合されたものの、それでも、解放後の南朝鮮＝韓国の発想傳能力からすると小企業乱立の感は否めず、極めて非効率だった。そこで、李承晩政権は、戦時体制の強化を名目として、一九五一年五月二十三日の閣議で三社の統合を議決したが、民間株主と労組の反対で実現しないまま無為に時が流れ、一九六〇年の四月革命で誕生した民主党政権になって、ようやく、電気三社の統合が具体的に進められることになった。

陸軍本部作戦局長、同軍需参謀部次長、国防部総務局長などを歴任して、一九六一年に発足した軍事政権で商工部長官に就任した丁來赫は、直ちに、電力三社の社長を軍人に交替させるとともに、六月八日までに従業員一千六百五十四人を削減。さらに、労組を解散して株主たちの反発を沈黙させる電光石火の早業で、六月二十一日までに統合による事務処理を完了。これを受けて、六月二十三日、最高会議は韓国電力株式会社法案を議決・公布して電力三社は解散された。

この結果、一九六一年七月一日、韓国電力株式会社（韓電）が正式に発足し、第九師団長の朴英俊少将が社長に任命される。こうして、軍事政権下で効率的な組織として生まれ変わった韓電は、その後工業化の動力源を供給する役割を遂行していくことになる。

ところで、慢性的な電力不足を補う施策の一つとして、一九五六年二月、李承晩政権は米国と原子力協力協定を調印していた。一九五八年三月には原子力法が公布され、原子力委員会が発足し、原子力発電の実現に向けて動き出す。そして、一九五九年三月に設立された原子力研究所によって、具体的な原子力利用計画が策定されていくことになる。

その後、李承晩政権末期から張勉政権時代の混乱の中で韓国の原子力開発計画は一時的に停滞するが、一九六一年に発足した朴正熙政権は五ヵ年計画の推進のための最優先課題の一つとして、電力事情の改善に積極的に取り組むことになった。発電所と鉄塔を描く切手は、そうした政府の意気込みを表現したものとみてよい。

こうした状況の中で、韓国政府は米国のゼネラル・アトミック社の研究用原子炉ＴＲＩＧＡ（〝訓練〟を意味するTraining〝研究〟を意味するResearch〝放射性同位元素製造〟を意味するIsotope production　メーカー名のGeneral Atomicsのそれぞれの頭文字からこの名がつけられた）を輸入する。

このＴＲＩＧＡ原子炉は、一九六二年三月に臨界（核分裂が継続し、核物質が〝燃料〟として連鎖的にエネルギーを放出し続ける状態。原子炉など核エネルギーを取り出すための装置では臨界状態で運転が行われる）となり、韓国でも原子力の時代が本格的に幕を開けた。これに合わせて、三月三十日、原子力時代の到来を国家的な慶事として祝うべく、原子炉と原子力のマークを描く記念切手（図16）が発行されている。

図16　「原子炉臨界」の記念切手

②貯水池と稲（一九六二年・図17）

農業政策に関しては、革命公約において「絶望と飢餓線上にあえぐ民生苦を至急に解決する」と述べられていたことを踏まえ、コメの増産が最優先課題となった。一九六二年五月二十七日、当時の書状基本料金用の四十ファンの普通切手（図18）の図案として、稲刈りをする農夫が、一九四九年以来十三年ぶりに復活したのも、そうした軍事政権

図17　第1次5ヵ年計画の宣伝切手のうち、1962年に発行された“貯水池と稲”の切手

図18　稲刈りの農夫を描く40ファン切手

の姿勢を示すものと考えてよい。

　こうしたことを踏まえて、第一次五ヵ年計画では、農地拡張や水利改善などにより、コメの生産高を一九六〇年の一五九五万石から一九六六年には二〇五六万石に、麦は、同じく七一二万石から八四八万石に増加させるという目標が立てられた。これは、食糧の完全自給を達成できる規模のものではなく、依然として外米の導入に頼らざるを得なかったが、日本統治時代の総督府の産米増殖計画の三四四万石よりはるかに多い。

　一九四五年の解放後、朝鮮半島南部＝韓国における農業、特にコメの耕地面積やコメの生産量は、社会的な混乱もあって、戦前水準（一九四〇年）と比べて著しい減少を余儀なくされた。たとえば、一九五一年の耕地面積は戦前水準の約五二％の九一・五万ヘクタールに、生産量も九七五万石にまで落ち込んだ。

　その後、戦前に育成された〝豊玉〟、〝八達〟、〝八紘〟などの育成品種が全国的に普及したことや、米国の支援による化学肥料の増加、戦後復興の一環としての灌漑施設の拡充などが要因となって単位面積当たりの収穫量が増え、一九五〇年代末期にはコメの生産高はほぼ戦前水準にまで回復していたが、李承晩政権末期から民主党時代にかけての混乱で、農業生産も大きく落ち込んでいた。

　第一次五ヵ年計画の目標は、混乱の収束が生産性の回復につながるとの見通しの下に設定されたもので、計画初年度の一九六二年には新品種の〝統一〟も導入された。

　もっとも、新品種の導入や化学肥料の使用、農地改良など、農業の生産性を高めるためには資金が必要になる。

　この点については、解放直後から、農業協同組合（農協）が信用業務を兼ねることの是非をめぐっての論争があった。

　李承晩政権末期の一九五八年、農協から農業銀行（農銀）が分離されると、農銀は順調に発展したが、農協は自己資本の不足で、ほとんどの単位組合が赤字経営あるいは開店休業状態となった。このため、民主党時代には再統合論が浮上したものの、統合を主張する農林部と、分離を主張する財務部の対立から、事態は進展しなかった。

これに対して、五・一六革命成功から半月後の五月三十一日、軍事政権は「協同組合を再編成して農村経済を向上させる」という方針を発表。これに従い、最高会議は六月十五日、農協と農銀を統合すると議決し、議長名で農林部長官に対して「農協と農銀の資産と負債は統合された新機構が引き継ぎ、役員及び従業員は統合処理委員会の議決によって整理する」という「統合処理大綱」を指示。農林部長官を委員長、財務省次官を副委員長とする統合処理委員会の下、新農協法案とその施行令案が作成され、七月二十九日、全文一七六条・附則一七条の新しい農協法案が公布され、八月十五日、統合された新農協が発足した。

また、六月五日付で、心理戦参謀として五・一六革命に参加した許順が農林部傘下の水利組合連合会会長に任命された。水利組合は、水が届かない水田に水を供給する事業を行う機関で、加盟農家は、収穫されたコメの価格から施設費の起債償還金や水税を払う仕組みになっていた。同組合の下、水利安全沓（水がよく届く田）は二六万三〇〇〇町歩に拡大される。

③採炭者と炭鉱夫（一九六三年・図19）

日本統治時代の朝鮮での炭鉱開発は半島北部に集中していた。ちなみに、一九四四年度の朝鮮全体の石炭の生産量は七四五万トン（消費量九二六万トンとのギャップは日本内地産の石炭によって賄われていた）で、単純計算では、月間約六二万トンになる。

図19　第1次5ヵ年計画の宣伝切手のうち、1963年に発行された“採炭者と炭鉱夫”の切手

ところが、米ソの南北分割占領により、北朝鮮地域からの石炭の供給が止まると、一九四五年九月から翌一九四六年三月までの間、米軍政下の南朝鮮の生産量は月平均六三七三トンにまで激減。鉄道の運行もままならなくなってしまった。

事態を深刻に受け止めた米軍政庁は、一九四六年三月、石炭生産委員会と石炭鉱業資金制度を設け、朝鮮石炭配給会社による国営炭の販売を開始。その後、石炭の生産は徐々に回復し、一九四八年四月には八万四三五一トンに達したが、それでも、南朝鮮の石炭需要を満たすことは到底できず、日本からの輸入に頼らざるを得なかった。

一九四八年八月、大韓民国が正式に発足すると、米国は北朝鮮に対抗し得る経済力を韓国に付けさせるべく、江原道の炭田開発に対する大規模な支援を開始。韓国政府も一九五〇年に石炭増産五ヵ年計画を策定し、一九四九年に一〇四万四〇〇〇トンだった石炭の生産を一九五四年には二四九万六〇〇〇トンに増やすことを目標に、具体的な政策を開始した。

ところが、その主な担い手として、大韓石炭公社の設立準備が進められていた最中の一九五〇年六月二十五日、北朝鮮の南侵により朝鮮戦争が勃発。戦闘により、炭鉱施設が破壊されただけでなく、従業員も戦前の三分の一にまで減少。石炭の生産量も年間七万八一七四トンにまで激減し、韓国の石炭産業は危機的な状況に陥った。

こうした中で、ともかくも石炭の生産を確保するために公社設立の準備が急ピッチで進められ、一九五〇年十月には総裁の許政（後の国務総理）以下、役員人事が発令され、十一月には最初の政府出資金四十億ウォンが払い込まれ、ようやく石炭公社が発足する。そして、翌一九五一年一月、中国人民志願軍がソウルに侵入すると、石炭公社は釜山に臨時本部を置いて旧石炭配給会社の事業を継承する形で、翌二月から石炭の需給事業を開始した。

その後、石炭公社は戦災復旧三ヵ年計画を策定し、石炭産業の再建に乗り出したが、戦時インフレが昂進したことから生産原価が急騰して資材の確保が困難になり、また、収益の悪化から従業員給与の遅配も相次いだことからストライキも起こるなど、経営は苦難の連続だった。

このため、休戦後の一九五五年、韓国政府は軍の余剰人員を公社に派遣し、軍所有の機材やトラック、食糧などを持ち込むとともに、陸軍の規律やノウハウを公社に導入するなどして、経営の再建に乗り出す。これと並行して、政府は炭鉱地域と大都市圏を結ぶ〝三大産業線〟鉄道などのインフラを整備し、石炭産業の育成に力を注いだ。

鉄道インフラの整備により輸送コストが下がると、小規模の民営炭鉱が市場に参入するようになり、市場の競争が発生。そこで、石炭公社は民間の江原炭鉱社長の鄭寅旭を総裁として招聘し、コストダウンをはじめ民家企業の経営ノウハウを取り入れることで黒字経営を実現し、従業員の給与も上昇していく。

一九六二年の第一次五ヵ年計画はこうした基盤の上に進められたもので、さらに深部炭田開発が進められたことで、石炭産業は〝漢江の奇跡〟を支える重要産業となる。

④工場とセメント袋（一九六三年・図20）

セメントに関しては、韓国では原料となる石灰石資源が豊富なことから、朴政権では、当初から工業化戦略の要の一つとして位置付けられていたが、第一次五ヵ年計画の恩恵を受けて急激な成長を遂げたのが、金成坤の雙龍洋灰工業（雙龍セメント）だった。

図20　第1次5ヵ年計画の宣伝切手のうち、1963年に発行された“工場とセメント袋”の切手

金成坤は、日本統治時代の一九一三年、慶尚南道金海生まれ。一九三七年、宝城専門学校を卒業した後、大邱府庁、次いで大邱商工銀行の勤務を経て、一九三九年、石鹸工場の三共維持合資会社を設立した。

解放後の一九四八年には金星紡織を設立したが、朝鮮戦争で工場が焼けたことから、一九五二年東洋通信を創刊。一九五三年には連合新聞を買収し、ジャーナリズムにも進出した。

休戦後は繊維業も復活させ、一九五六年、太平紡織を買収。その一方、一九五八年には達成から国会議員に選出されて政界入りしたほか、一九五九年には国民学校（今の国民大学）を買収するなど、異色の経歴の持ち主である。

ところで、五・一六革命直後の一九六一年五月二十八日、朴正熙が主導する国家再建最高会議は「不正蓄財処理基本要綱」を発表。以後、〝不正蓄財〟の疑いがあるとして、三星の李秉喆ら、当時の主だった財閥総帥のほぼ全員が不正蓄財容疑者として相次いで当局に拘束された。このとき、セメント業界からは東洋セメントの李洋球が逮捕されている。

その後、朴正熙は、軍事革命委員会布告第六号を発して、李承晩時代の財界団体である韓国経済協議会を解散させた後、一九六一年七月十七日、新しい財界組織として、先に不正蓄財者として拘束した十三人に〝経済再建促進会〟を組織させた。同促進会は、翌八月十六日、〝韓国経済人協会〟と改称され、会長には三星の李秉喆が就任する。

同協会は、政府の〝要請〟に応えるとして、セメントや製鉄などの基幹産業建設計画、蔚山工業団地建設案、外資導入のための海外出張計画などを提案。これに対して軍事政権も、不正蓄財処理事業の基本方針を財産没収から会社設立による代納へあらため、一九六四年末までに工場建設を完了して全額株式で納入するよう命令を下した。これにより、財閥のオーナーたちは、一瞬にして、不正蓄財の容疑者から〝国家建設協力者〟になり、社会復帰を果たした。

これを受けて韓国経済人協会は、肥料、精油、製鉄、セメント、電気、化学繊維など各分野の担当者を割り当てたが、このときセメントの担当になったのは、李洋球ではなく、セメントとは畑違いだが、石鹸工場を経営し、化学メーカーとしての経験があった金成坤だった。そこで一九六二年、金が創業したのが雙龍洋灰工業である。

ところで、軍事政権はアイゼンバーグの斡旋する西ドイツからの借款の導入と並行して、一九六一年十二月、「外資導入運営方針」を発表する。
同方針では、善意の外国資本導入拡大と政府支払保証による借款導入の拡大を原則としたうえで

①民間外資導入の焦点を第二次産業に合わせ
②外国人投資家の企業経営参加を制限しない
③民間借款に対する政府保証は韓国産業銀行を通じて後取担保を取得するようにする

の三点を盛り込んでいる。そしてこれに基づき、一九六二年七月、民間の借款に対する政府の支払保証を定めた「借款に対する支払保証に関する法律」と、輸入相手国の長期輸出信用供与制度によって資本財を導入する際の法的根拠となる「長期決済方式による資本財導入に関する特別措置法」が制定された。

こうした法制度の整備もあって、一九六三年十二月の民政復帰を経て、一九六四年以降、民間借款が導入されていくようになる。その嚆矢として、一九六四年八月、三星の李秉喆が日本の三井物産から四千百九十万ドルの借款導入契約を締結。一九六五年には雙龍セメントも三菱商事からの三千八百十五万ドルの導入に成功。財閥としてのその後の発展の基盤を確立した。

こうしたこともあって、一九六四年には一二四万二〇〇〇トンだった韓国のセメント生産は、一九六五年には一八〇万トンに、さらに、日韓基本条約を経て日本からの資金が導入された一九六六年には、二二〇万トンの当初目標を二五〇万トンに上方修正したものの、台湾への緊急輸出があったこともあって国内分が大幅に不足し、日本から緊急輸入するほどにまで急成長を遂げている。

⑤遠洋漁業と魚（一九六四年・図21）

一九一〇年、朝鮮統治を開始した日本の朝鮮総督府は明治漁業法をもとにした漁業令を公布。これが、朝鮮における近代漁業制度の始まりとなった。一九二九年には朝鮮漁業令が施行され、その骨子は一九四八年の大韓民国発足を経て、一九四九年に制定された漁業法にも引き継がれるが、一九五三年には、一九五一年の李承晩ラインの設定を踏まえての漁業法改正が行われている。

図21　第1次5ヵ年計画の宣伝切手のうち、1964年に発行された“遠洋漁業と魚”の切手

一九六二年に始まる第一次五ヵ年計画は韓国の工業化を優先課題としており、漁業に関しては、沖合漁業と遠洋漁業の振興、個人経営の養殖業

と定置網漁業の振興が図られた。

具体的には、まず一九六二年、「水産業協同組合の組合員は行政区域と経済圏などを中心に漁村契を組織しうる。その業務区域は定款でこれを定める」とする水産業協同組合法が成立した。ちなみに、〝契〟は、日本の〝講〟に近いもので、特定の目的のために結成され、基金を捻出する組織のこと。漁村契は、総会で規約を定め、漁業秩序を守り、漁業活動が永久に続くよう活動する。なお、一九六三年の漁業法改正を経て、韓国の沿岸漁業は、法的には以下のように分類されることになった。

養殖漁業：一定の水面で区画、その他の施設をして養殖を行う漁業

定置漁業：一定の水面を区画して、大敷き網などを定置して行う漁業

共同漁業：第1種共同漁業　水面を専用して定着性の魚介類を漁獲するもの

第2種共同漁業　地引網漁業や船曳網漁業などで採捕する漁業

第3種共同漁業　定置網漁業と上記第2種共同漁業以外のもの

このうち、養殖漁業に関しては、第1種共同漁場内のノリやアワビの養殖業を除き、個人の免許取得が大いに緩和されたため、カキを中心とする養殖業が急激に発展した。その反面、沿岸漁業の操業は狭い漁場域に封じ込められた。

図22　第10回インド太平洋漁業理事会の記念切手

また、沖合・遠洋漁業に関しては、一九六二年十月十日から二十五日まで、ソウルで第十回インド太平洋漁業理事会（現アジア太平洋漁業理事会）が開催され（図22）、オーストラリア、カンボジア、フランス、インド、日本、韓国、マレーシア、パキスタン、フィリピン、タイ、香港、米国、（南）ヴェトナムが参加し、南回帰線から南緯三五度まで、及びアフリカ東岸から東経一六〇度までの海域での漁業についての討議が行われ、韓国の遠洋漁業の国際的な存在感が高まった。

なお、一九六〇年代半ばから、日本では中小漁業者に対して政策的に低利の資金が導入され、新鋭船への切り替えが進んでいったが、それに伴い、不要になった旧型の漁船が韓国、台湾、パナマなどへ大量に輸出されたことで、韓

国と台湾の漁業が急成長し、特にマグロ漁での日本との競合が深刻な問題になっていく。

⑥製油工場とドラム缶（一九六四年・図23）

朝鮮の石油市場は、日本統治下の大正末期まで外国企業三社（スタンダード・シェル・テキサコ）で独占されていたが、昭和初期になると、日本石油が市場の開拓をはじめ販売店及び特約店を設けて外国企業に対抗していた。

一九三四年七月一日、石油の民間保有や石油業の振興などを目的とした石油業法が施行されたことを受け、翌一九三五年六月二十五日、朝鮮窒素肥料社長の野口遵と日本石油社長の橋本圭三郎が発起人となり、京城府に株式会社朝鮮石油（資本金一千万円、四分の一払い込み）が設立され、

図23　第１次５ヵ年計画の宣伝切手のうち、1964年に発行された“製油工場とドラム缶”の切手

日本石油は販売地盤を朝鮮石油に無償譲渡。元山に設けられた朝鮮唯一の製油所で製造された商品は石油業法にて保護され外国企業製品にかわり朝鮮全土に普及する。

しかし、一九四五年の解放後、元山の精油所は北朝鮮の支配下に入ったため、韓国としては、自前の精油所建設が悲願となっていた。

そこで一九六二年、軍事政権は、第一次五ヵ年計画の実施とともに、〝主油従炭〟のエネルギー転換政策を掲げ、同年、韓国開発銀行の資金により、政府企業の大韓石油公社（油公）を設立。蔚山工業団地の最初の大型工場として、大韓石油公社蔚山工場が着工した。同工場は韓国最初の精油工場として一九六四年から日産三万五〇〇〇バレル規模で稼働を開始する。

さらに、工業化の進捗に伴い石油需要が増加したため、一九六五年五月、政府は韓国南西部、全羅南道の麗水に建設が予定された第二精油工場の実需要者を公募。韓国火薬の東洋石油（米国スケリー及び住友と提携）、ロッテの東邦石油（伊藤忠と提携）、坂本紡績の三南石油（米国のサンオイル及びコンチネンタルと提携）、大韓証券の三洋石油（日綿と提携）、漢陽の漢陽石油化学（米国のエッソスタンダードと提携）、ラッキーの湖南精油（米国ソコニーモービル及び三井と提携）がこれに応じ、一九六六年十一月、ラッキーの湖南精油が選定される。

ラッキーは、グループ内の楽喜化学社長の徐廷貴と具仁會グループ会長の弟で国会予決（予算決算）委員会委員長を務めていた具泰會が政府・関係省庁との交渉を担当したが、このうち、徐は元国会議員で、朴正熙と大邱師範の同

窓生という立場にあった。ラッキーが選定された背景には、計画そのものが優れていたことに加え、こうした人脈もあったことは想像に難くない。

湖南精油の第二精油工場は一九六九年九月に稼働し、日産六万バレルの石油を精製。ラッキーは一九五〇年代に設立した金星社と湖南精油を両輪にとして、化学工業と電気・電子工業を基軸とした事業化を展開し、大財閥としての基盤を固めていくことになる。

⑦肥料工場と稲と肥料袋（一九六五年・図24）

第一次五ヵ年計画は工業化政策に重点を置いていたため、農村労働力が非農業部門へ流出し、その結果として、農村の賃金率上昇をもたらした。このため、農業の効率化を図る必要が生じ、一九五〇年代に年一・九%だった肥料投入の増加率は、一九六〇年代には二・八%に、一九五一年には五万トン（一ヘクタール当たり四一キロ）程度だった窒素の投入量は一九七〇年には四八万三〇〇〇トン（同二四五キロ）に急増した。

図24　第１次５ヵ年計画の宣伝切手のうち、1965年に発行された“肥料工場と稲と肥料袋”の切手

すでに、李承晩政権末期の一九五八年には、湖南肥料の羅州工場を建設するため、西ドイツのルルキ社と契約を結ばれていたが、資金難から工事は中断されたままになっていた。そこで、軍事政権は、商工部長官、丁来赫の推薦により、五・一六革命時の国防部総務課長だった金載圭准将を湖南肥料の社長に任命。資金を果敢に投じ工場建設を急いだ。その業績が評価された金は、一九六三年に国軍に復帰すると第六師団長をはじめ栄達を重ね、朴正熙の側近として最終的には中央情報部長になる。

また、一九六四年八月には、三星の李秉喆が三井物産から四一九〇万ドルにのぼる借款を導入する契約を締結し、韓国肥料工場を建設。一九六五年から生産を開始している。

⑧貨物船とコンテナ（一九六五年・図25）

解放から一年後の一九四六年、米軍政下の南朝鮮では国籍船舶の登録が行われ、三一三隻・一万七〇七〇総トンの船舶が、南朝鮮籍として登録された。そのほとんどは小型の漁船だったが、登記上は旅客船や商船の扱いとなっていたという。

大韓民国発足後の一九四九年、大韓協同郵船会（一九〇〇年設立）を改組して、大韓海運公社が発足。同公社は朝鮮戦争中の一九五二年から一九五三年にかけて、当時の韓

図25　第1次5ヵ年計画の宣伝切手のうち、1965年に発行された“貨物船とコンテナ”の切手

国にとっては貴重な外貨を投じて海外から中古船七隻・三万四八八三総トンを購入している。また、一九五二年には大統領直属の諮問機構として海事委員会が設置され、交通部海務局が海務庁に昇格設立されるなど、韓国政府は当初から海運事業を重視していた。

大韓民国発足前後の韓国海運史において興味深いのは、図25の切手にも取り上げられている〝コリア号〟のエピソードであろう。

コリア号は、もともと一九三八年十月に三菱長崎造船所で〝和浦丸〟として建造された大型の貨物船で、戦前は三菱汽船が保有していた。大戦末期の一九四五年七月十五日、陸軍輸送船として徴用されていた和浦丸は、舞鶴港を出発して釜山に入港する際、防波堤から一・二キロの地点で触雷し、座礁したまま放置されていた。

このため、解放後、多くの朝鮮人が和浦丸の引き揚げと復旧を試みたが、最終的に、極東海運（一九四七年創立）創業者の南宮錬が米軍政庁から、一九四八年八月十五日の大韓民国発足後に海洋サルベージを行う許可を取得する。

一九四九年、南は和浦丸を引き上げ、長崎造船所に回航して船体を修理し、さらに横浜の日本鋼管鶴見造船所で機関部も整備した。しかし、その修理代金の工面ができなかったため、船は工事完了後も引き渡されないまま、あやうく四万ドルの古鉄として売却されそうになった。そこで、南は大韓海運公社を通じて李承晩に働きかけ、七十万ドルの外貨融資を得て、なんとか支払いを完了した。

極東海運に引き渡された船は〝コリア号〟と改称されて釜山に回航され、朝鮮戦争中の一九五二年十月三日、李承晩ら政府要人の出迎えを受けながら釜山に入港する。

コリア号は韓国船として初めて一万載貨重量トンを超えていただけでなく、民間海運会社が所有する初の大型船という点でも画期的なもので、直ちに、韓国船として史上初の太平洋横断を経て米国への商業航海を行った。ただし、当時の韓国には熟練の民間船員がほとんどいなかったため、船長の朴沃圭大佐をはじめ、乗員四十六人の大半は海軍の軍人であった。

こうして、一九五二年十月二十一日、鉄くず一四六〇トンを積んだコリア号は釜山を出港。エンジンのトラブルもあり、当初予定よりも大幅に遅れたが、十一月二十五日にポートランドへ到着した。その後、サンフランシスコへ回航され、現地での歓迎式典の後、小麦八二三一トンと雑貨九一八トンを積み、十二月十六日に出港して韓国へ帰還した。
コリア号は、翌一九五三年には、韓国船として初めて、ハンブルク、オーストラリア、マニラ及び香港に寄港するなど、韓国の海運業発展の原点を象徴する切手となったのである。

さて、朝鮮戦争の休戦後も、李承晩政権は国立韓国海洋大学での海技士養成など海運業の振興に力を注いだが、予算の制約から、コリア号に続く大型船舶の確保はなかなか進まなかった。

一九六一年五月に発足した軍事政権は、こうした状況を踏まえ、第一次五ヵ年計画の一環として「造船五ヵ年計画」を策定。その手始めとして、一九六四年、大韓海運公社が、船価の四割を政府の補助、同五割を産業銀行の融資（年利六%）で資金を調達し、当時としては大型の一六〇〇総トン級の船舶を建造した。これが韓国の国内造船所での初めての建造となる。

大韓海運公社の成功に続けて、「造船五ヵ年計画」の下、五〇〇総トン級二隻、一六〇〇総トン級二隻、二六〇〇総トン級二隻、一万五〇〇〇DWT級一隻が国内で建造されている。また、計画期間中の一九六五年に日本との国交が回復したため、日本からの資金の一部も新造船に投入されたことは見逃してはなるまい。

さらに、新造船のほか、政府保有の外貨約五百九万ドルを費やし、海外の中古船四隻を購入するなど、一九六〇年代後半までには、韓国の海運業はその基礎を固めていくことになる。

⑨東アジアの地図と旅客機（一九六六年・図26）

解放後の南朝鮮＝韓国の航空事業は、米軍政下の一九四六年に民間企業の大韓国民航空（ＫＮＡ）が設立されたところから始まる。

ＫＮＡの創業者、慎鏞頊は、日米両国で飛行機操縦を学び、一九二九年に朝鮮飛行学校を、一九三六年に朝鮮航空事業社を設立した実績がある。

一九四六年、米軍政庁の許可を受けてＫＮＡを設立した慎は、一九四八年に同社を株式会社化し、同年十月三十日、ソウル＝釜山間で最初の旅客便を就航させた。

一九五〇年六月、朝鮮戦争が勃発すると、ＫＮＡは政府に機材を徴発されて運行が不可能となったが、戦争中に再度航空機を導入して国際線に

図26　第1次5ヵ年計画の宣伝切手のうち、1966年に発行された“東アジアの地図と旅客機”の切手

も進出している。

しかし、休戦後の経済低迷による需要の減少や通貨ファンの暴落によって経営難に陥り、五・一六革命で発足した軍事政権が企業国有化を推進する中、朴正熙は慎に対して航空行政一元化のためとして、公社への統合を強く要求。慎はこれに強く抵抗したが、経営状況が改善されなかったこともあって、同年七月十六日、漢江へ投身自殺してしまう。

慎の自殺により存続が不可能となったKNAは、翌一九六二年、政府に買収されて国営航空会社の大韓航空公社となり、国内線と近距離国際線をダグラスDC－3やDC－4、日本航空機製造YS－11などで運航するようになった。

大韓航空公社の発足が事実上確定した後の一九六一年十二月一日、エアメール用の切手として、朝鮮王朝時代の史跡と飛行機を組み合わせた航空切手四種が発行されている。切手はいずれも二色刷で、取り上げられている題材は、五十ファンがソウルの景福宮（正殿の一部）とチマチョゴリ姿の女性、百ファンが水原の華城、二百ファンがソウルの徳壽宮の城壁と韓服姿の母子、四百ファンが景福宮内にある慶會楼である。

それぞれの史跡について簡単にまとめておくと、五十ファン切手（図27）に取り上げられた景福宮は、朝鮮王朝の始祖である李成桂によって最初の建物が建てられた。一三九二年に開城で王として即位した李成桂は、二年後の一三九四年に漢陽（漢城、現在のソウル）への遷都を決定。王宮としての景福宮の建設を開始し、一三九五年から使用を開始した。東西南北の四大城門を含めて宮城全体が完成したのは、一三九七年である。

その後、景福宮は朝鮮王朝の正宮として使用されていたが、一五五三年に大火によって焼失。さらに、一五九二年の文禄の役で国王が漢城から逃亡すると、民衆の略奪と放火によって再び焼失する。ちなみに、朝鮮王朝の正史『朝鮮王朝実録（宣祖修正実録）』二十五年（一五九二年）四月晦日条には、景福宮は（日本人によってではなく）朝鮮の民衆によって略奪・放火されたとしっかり記述されている。

〝倭乱〟の後、景福宮はながらく再建されず、離宮の昌徳宮が正殿として使用されていたが、一八六五年、国王・高宗の父親である大院君が再建し、景福宮は一八六八年以降、正殿として復活。ところが、一八九六年に国王、高宗はロシア公使館へ逃げ込み（俄館播遷）、景福宮は再び主なき宮殿となった。その後、正殿は慶運宮（現・徳寿宮）、昌徳宮へと移転。一九一〇年の韓国併合後は、景福宮は王宮としての役割を失ったとの朝鮮総督府の判断により、その敷地内に、朝鮮総督府の庁舎が建設された。この結果、敷地内の建物の八割以上が破却されたほか、光化門は正面から移設されている。
独立後の韓国政府で、景福宮の本格的な復元計画が動き出したのは一九九〇年代に入ってからのことで、一九九六年、大激論の末に旧朝鮮総督府庁舎（最後は博物館として利用されていた）が破壊されたのを受け、二〇二五年の完了を目指して、復元工事が進められている。

百ファン切手に取り上げられた水原の華城（図28）は、十八世紀末、朝鮮王朝第二十二代国王・正祖が、陰謀により餓死に追い込まれた父（思悼世子）の墓をこの地に移し、その周囲に防護のために築いた城壁や塔、楼閣や城門等からなる城砦都市である。築城には、一七九四年から一七九六年まで二年を越える歳月と三十七万人の労力が投入され、五キロを超える城壁には、中国経由で西洋の築城技術が導入されている。

二百ファン切手に取り上げられた徳壽宮（図29）は、韓国の五大王宮の一つで、もとは朝鮮時代の王族で成宗の兄、月山大君の邸宅だった。一五九二年の文禄の役に際して義州に避難していた国王宣祖は、徳壽宮を荒廃した景福宮（ソウルの宮殿は秀吉軍の入城前に朝鮮の民衆によって焼打ちにあっていた）に代わる臨時の王宮とし、〝慶運宮〟と命名する。

その後、景福宮の離宮であった昌徳宮が一六一五年に再建され、王が昌徳宮に移ると、慶運宮は忘れられた存在になっていたが、一八九六年の閔妃暗殺事件と俄館播遷を機に、一八九七年以降、王の在所となり、大韓帝国の発足後は皇帝の住居となった。ちなみに、現在の徳寿宮という名

図27　景福宮とチマチョゴリの女性を描く50ファンの航空切手

図29　徳壽宮を取り上げた200ファンの航空切手

図28　水原の華城を取り上げた100ファンの航空切手

図30　慶會楼を取り上げた500ファンの航空切手

になったのは、大韓帝国最後の皇帝、純宗の時代のことである。

第二次世界大戦後の米軍政時代には、朝鮮問題を討議するための米ソ合同委員会が置かれていたことでも知られている。

最高額の五百ファン切手に取り上げられた慶會楼（図30）は、国家的な祝賀行事の際の宴会や外国使臣の接待に使われていた景福宮内の楼閣で、一四一二年、景福宮内の池を拡張した際に建立された。正面七間、側面五間の重層で、広さは九三一平米。一階は四十八の高い石柱だけを立て、二階に床を敷いて宴会場として利用した。文禄の役で焼失したが、一八六七年、高宗により復元され、現在に至っている。

航空切手に取り上げられた建造物は、いずれも、韓国を代表する文化遺産であり、外国宛の郵便物に貼られて全世界に流通することで、観光宣伝の役割も担っていたといってよい。そして、外国人観光客の誘致は、結果的にＫＮＡに利益をもたらすことになるという構図になっている。

⑩アンテナと電話機（一九六六年・図31）

前述のように、軍事政権は財閥経営者の不正蓄財問題を免責する代わりに重要産業への投資を命じ、財閥側は韓国経済人協会での話し合いを通じて工場建設案をまとめた。その際、通信ケーブルの担当になったのがＬＧグループの具仁會である。

図31　第１次５ヵ年計画の宣伝切手のうち、1966年に発行された“アンテナと電話機”の切手

具仁會は、大韓帝国末期の一九〇七年、慶尚南道の晋陽郡（現・晋州市）智水面生まれ。地元の消費者協同組合に勤めていた一九三一年七月、資本金二千円を投じて、中央市場内に呉服などを扱う〝具仁會商店〟を開業。「夏に絹製の服は暑くて我慢できない。冬向け生地と夏向け生地が別々にあればいいのに」、「絹の絵柄はあまりにも単純な上、種類も限られている」などという消費者の声を聴き、季節ごとにさまざまな材質・厚さの生地を用意し、さまざまな柄で染色した商品を発売して成功を収めた。一九四二年には、宜寧出身の独立運動家、安熙濟に活動資金として一万円を援助したという。

一九四五年、釜山に拠点を移して化粧品販売業を始め、一九四七年、同業者で姻戚関係にあった許萬正の資金援助を受けてラッキー化学工業社を設立。化粧品の製造を開始した。これが、現在のＬＧグループの始まりとされている。

ラッキー化学の看板商品となった〝ラッキー印クリーム〟はヒット商品となり、その利益を投じて、朝鮮戦争中の一九五二年にはプラスチック櫛の製造・販売を開始した。これは、韓国初のプラスチック工業である。また、一九五五年には国産初の歯磨粉として売り出した〝ラッキー歯磨粉〟が大ヒット商品となり、財閥としての基礎を固めた。

一九五八年には電子メーカーとして〝金星社〟を設立。翌一九五九年には韓国初のラジオ生産を行い、韓国電子産業の祖となった。ちなみに、白黒テレビ・エアコン・扇風機・冷蔵庫を韓国で最初に生産したのも金星社である。

通信ケーブルの担当となった具のラッキー・金星は、一九六二年四月、西ドイツのファマイスター社から五百万マルク（百二十五万ドル相当）の借款を導入し、蔚山工業団地内に通信ケーブル工場を建設する。この間、一九六一年七月、韓国初の自動電話を製造している。また、一九六四年には、韓国初の国産自動交換機の製造にも成功した。

新ウォン導入の通貨改革

一九六一年七月、第一次経済開発五ヵ年計画の発表を受けて、最高会議財経分科委員の柳原植は、経済開発のための資金を調達するとともに、お金の所在を把握して富の偏

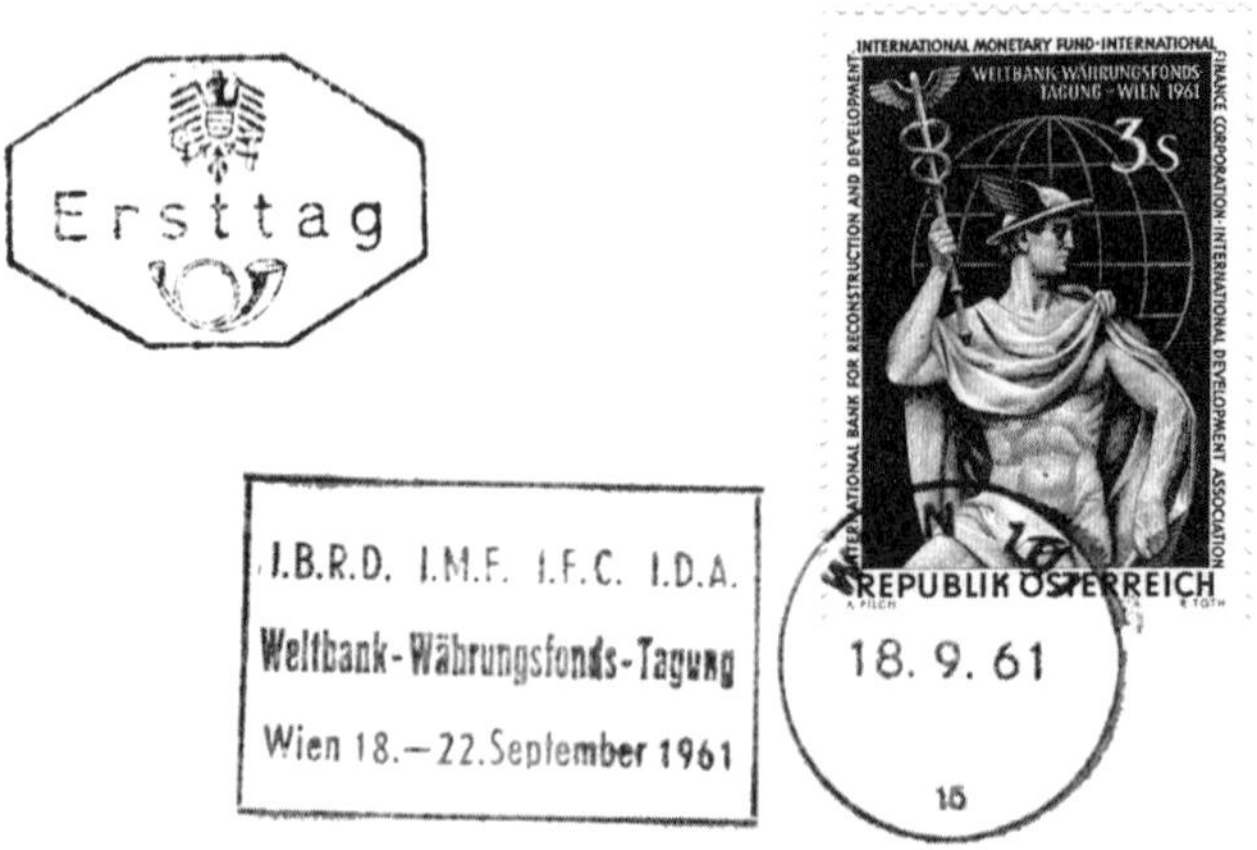

図32　1961年のブレトン・ウッズ機構の合同年次総会に際して、開催国のオーストリアが発行した記念切手と発行初日の記念印。1944年7月、連合国44ヵ国が参加してまとめられたブレトン・ウッズ協定に基づき、1945年以降、国際通貨制度の再構築や、安定した為替レートに基づいた自由貿易を推進するための具体的な組織として、国際通貨基金（International Monetary Fund：IMF）、国際復興開発銀行（International Bank for Reconstruction and Development：IBRD、通称・世界銀行）、国際開発協会（International Development Association：IDA、通称・第二世界銀行）、国際金融公社（International Finance Corporation：IFC）が設立された。これら諸機関はブレトン・ウッズ機構と総称され、その合同年次総会は、原則として米ワシントンＤＣで開催されるが、3年に1回は米国以外の国で開催される。1961年の年次総会は、1961年9月18日から22日まで、ウィーンで開催された。

在を是正することを目的に通貨改革を行うべきと朴正熙に具申。朴もその趣旨に賛同し、経済学者でソウル商大教授の朴喜範に通貨改革についての研究を命じる。

当時の韓国の通貨は、一九五三年の通貨改革で導入されたファンで、当初の為替レートは一米ドル＝六十ファンに設定されていた。しかし、一九六〇年の四月革命で李承晩政権が倒れ、新たに発足した第二共和国の尹潽善・張勉体制の下で政治的・社会的混乱が深刻化すると、インフレの進行に伴いファンの通貨価値も一挙に下落。一九六一年元日には一米ドル＝一千ファン、さらに二月には一米ドル＝一千二百五十ファンにまで暴落していた。

一九六一年九月、ウィーンで開催されるブレトン・ウッズ機構の年次総会（図32）に出席する直前に、柳から通貨改革の計画を打ち明けられた財務長官の千炳圭は、最高会議議長の朴正熙と面会し、財務長官として通貨改革に慎重な姿勢を示すとともに、事前に米国に通知しておいたほうが良いと述べたが、朴正熙は米国が反対する可能性を挙げてこれを否定。通貨改革の計画は極秘裏に進めるべきと主張し、通貨改革の情報は、朴正熙、朴喜範、千、柳のほか、内閣首班の宋堯讃の五人の間でのみ共有され、情報部長の金鍾泌にも知らされなかった。

一九六一年十月、この五人が集まり、朴喜範の作成した通貨改革案が報告されたが、貨幣の交換を銀行ではなく、洞の事務所でする構想など現実性に乏しかったため、朴喜範には「通貨改革はしないことにした」と伝えて彼を通貨改革チームから外し、一九五三年二月の通貨改革（旧ウォンからファンへの切り替え）の際、緊急通貨金融措置を起案した韓国銀行の金正濂を加え（韓国銀行から中央情報部への出向という形式が採られた）、財務長官の千が実務の準備を進めることになった。

紙幣の印刷は、当初、日本の印刷局や西ドイツの印刷会社も検討されたが、機密保持や納期の関係から、英国のトマス・デラルー社に発注されることになった。

印刷の契約交渉は、借款交渉のため西ドイツを訪問する商工部長官の丁來赫が行い、千は、一九六一年十一月の朴正熙の訪米に同行し、その後、一人で英国に飛んでデラルー社と実務を詰めることになった。

西ドイツでの契約交渉の祭、デラルー社側は紙幣印刷費について六百四十六万ドルの見積もりを出してきたが、一九六一年当時、輸出総額が三千八百万ドルしかなかった韓国にとって、これは莫大な金額だった。また、小額紙幣の大きさが非常に小さかった。

そこで、千は、高額紙幣の枚数を増やし、小額紙幣の印刷量を減らして大きさを調整するなどして、印刷費を四百五十万ドルに圧縮。そのうえで、五百ウォンを最高額とし、以下百ウォン、五十ウォン、十ウォン、五ウォン、一ウォンの紙幣が発注された。また、偽造防止のため、五百ウォン紙幣には金属線入の特製紙が、百ウォン札以下には着色繊維を漉き込んだ毛紙が用いられた。

こうして、通貨改革の準部が進められていく中で、一九六二年六月、通貨改革のための緊急通貨措置法が起案された。その骨子は

①旧通貨は、その一部を封鎖勘定に、残りを自由勘定に振り分ける

②一年以上の預金・貯金・積 立金は全額を自由勘定に振り替えて優遇する

③一年未満の預金・貯金・積立金は、旧通貨よりは優遇し、長期貯蓄よりは不利とする

④要求払い預金は旧通貨と同様に処理、そのうち封鎖預金は定期預金金利を適用し、後に産業開発公社の株式へ変換する

というもので、これにより「高所得者の持つ遊休資金を凍結し、それを産業開発公社に投資させ、公社が投資した企業が完全に自立したあと、保有 株式を証券市場で処分し、投資回収する」ことを繰り返して、資金不足を解消すると説明された。

緊急通貨措置法案は、最高会議状況室で可決され、六月九日、十ファンを一新ウォン（現在の韓国通貨）として導入する通貨改革が断行された。

この通貨改革に伴う通貨量の調整により、卸売物価は半年で上期が一三％、下期はそれを下回る二・六％に落ち着き、製造業生産指数は一九六一年に比べ一九六二年の一年間で一六・三％増加した。通貨量の適正化とインフレーションの抑制が行われ、製造業の生産も増大したわけだから、この通貨改革は成功したと評価してよいだろう。なお、当時の為替レートは一米ドル＝百二十五ウォンの固定相場である。

切手に関しては、一九六二年八月以降、新ウォンでの額面を表示した切手が発行されるようになったが（その嚆矢

図33　通貨改革後の1962年9月、ファン貨時代の切手と同図案で発行された3ウォン切手

となった〝閑山大捷三百七十年〟の記念切手については一〇二頁）、公衆手持ち分のファン貨表示の切手については、当面、十ファンを一ウォンと読み替えて有効とする経過措置が取られた。また、ファン貨表示の切手と新ウォン貨表示の識別を容易にするため、新ウォン貨表示の切手に関しては、下線を引いて補助額面のチョン（錢）を表示する形式が採られている（図33）。

図34は、一九六二年十月二十日、全羅南道の順天から米イリノイ州宛のエアメールだが、通貨改革後の十月五日に発行された〝大韓少年団（ボーイスカウト）四十年〟の記念切手で四ウォン分を支払い、残りの料金の十三ウォンは、通貨改革以前に発行された百三十ファン相当の切手で支払っている。

通貨改革以前の切手のうち、百ファン切手は、軍事政権発足後の一九六一年十二月一日に発行されたもので、朝鮮半島の伝統的な民族楽器の長鼓が描かれている。また、十ファン及び二十ファン切手は、李承晩政権末期の一九六〇年四月一日に発行された貯蓄奨励の宣伝切手である。

ちなみに、韓国のボーイスカウトは、一九二二年に日本でスカウト運動の全国組織として〝少年団日本連盟〟が結成されたことを受けて、日本統治下の朝鮮でも類似の少年団連盟が組織されたのが始まりで、切手はここから起算し

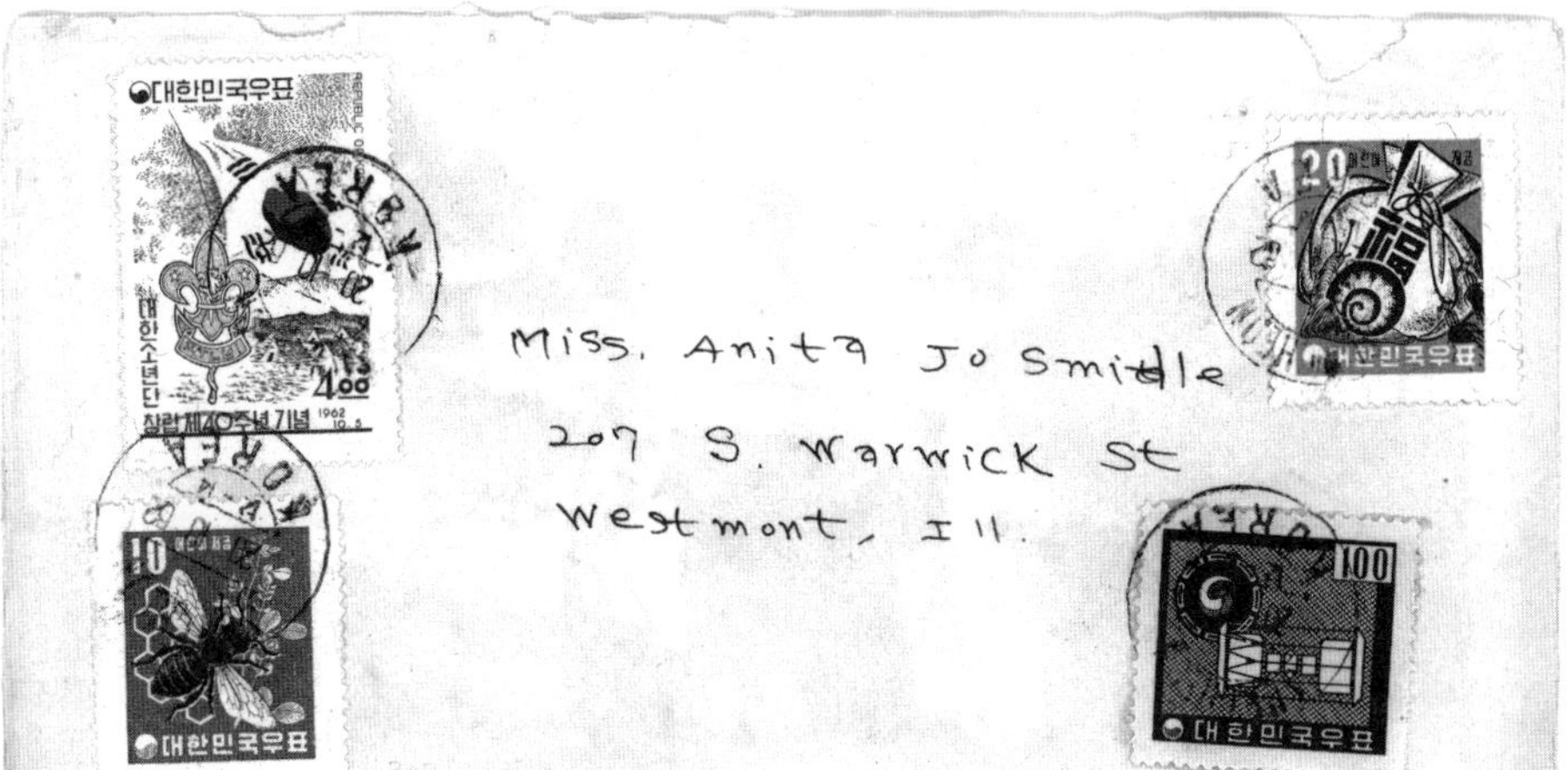

図34　ファン貨の切手と新ウォン貨の切手が混貼された米国宛のエアメール

て四十周年になるのを記念して発行されたものである。

金＝大平会談

一九六一年十一月、朴正煕が池田勇人と東京で会談し、日韓交渉が再開された時点では、北朝鮮による日韓交渉への非難の有無にかかわらず、韓国の国民の対日感情は、経済発展のためには国交正常化が必要だという理屈で割り切れるほど単純なものではなく、反日感情も現在と比べると相当に強かった。特に、最高実力者となった朴が、日本の陸軍士官学校の出身であったことは、日本側には好感を持って迎えられたが、逆に、韓国国内では〝（ネガティヴな意味での）親日派〟としてとらえられ、そのことは日韓会談そのものへの反対論の一要因ともなっていた。

また、池田との会談内容が報道されると、韓国内では、朴政権が妥協したという批判が強まったため、軍事政権としては、請求権問題と経済協力は別々の問題であると釈明せざるを得なくなる。

このため、悪しき〝親日派〟のイメージを払拭し、民族主義者としてのイメージを強調することが求められた朴正煕政権は、一九六二年八月十四日、〝閑山大捷三百七十年〟の記念切手（図35）を発行する。

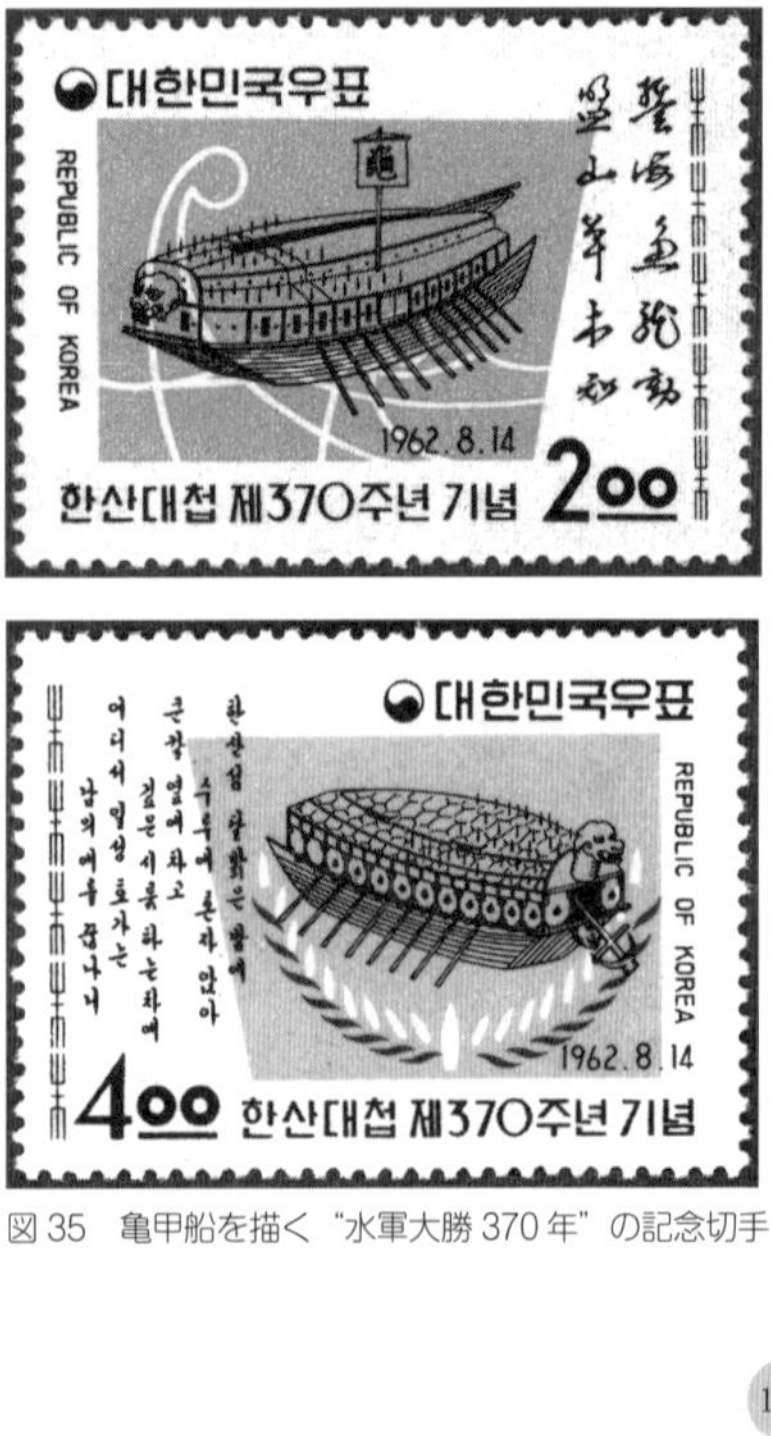

図35　亀甲船を描く“水軍大勝370年”の記念切手

閑山大捷は、文禄の役の際の海戦の一つで、一五九二年七月七日（新暦では八月十四日）、閑山島海戦で李舜臣率いる亀甲船部隊が日本水軍を撃破したことを意味する。このことを踏まえ、切手は亀甲船を中心としたデザインとなっている。また、右側には、李舜臣の漢詩「陣中吟」の一節「誓海魚龍動　盟山草木知（海に誓って魚龍を動かし、山に約束したことは草木が知る）」が掲げられている。元の漢詩では、この後には「讐夷如尽滅　雖死不為辞（憎い敵を全滅させるなら、死んだとしても退却しない）」と続くのだが、さすがに過激すぎて、切手に取り上げるのは憚られたのだろう。

閑山大捷そのものは、韓国の戦史における重大事件だから、記念切手発行の名目となってもおかしくはないが、三百七十年という半端な年回りで切手が発行された背景には、やはり〝日本に対する勝利〟を強調することで、国民の〝親日派〟批判に答えようとしたという意図が政府にあったと考えていいだろう。

また、事件の起きた日付が新暦では八月十四日になることも、翌十五日の光復節を前に、ナショナリズムを鼓舞するうえで重要な意味を持っていることも見逃せまい。

もっとも、図35の記念切手は、韓国側の勝利を大々的に宣伝してはいるものの、悪役としての日本という要素は巧みに隠されており、日本への一定の配慮もうかがえる。

さて、光復節を過ぎて秋になると、十月から十一月にかけて、大平正芳外務大臣と金鍾泌大韓民国中央情報部（KCIA、現大韓民国国家情報院）部長による外相会談が開催された。

請求権問題に関して、韓国側は、当初六億ドルを要求していたが、十月二十一日の会談で大平は、三億ドルを年二千五百万ドル、十二年賦で支払うと提案。年二千五百万ドルという金額は、日本がフィリピン、インドネシア、ヴェトナム、タイ、ビルマ、台湾に賠償として払ってきた年間総額七千六百万ドルのうち、個別の国としては、フィリピンに支払ったのと同じ最高額であると説明した。これに対して金鍾泌は、フィリピンと韓国では事情が異なるとしたうえで、十二年はあまりに長いと主張。このため、大平は、請求権そのものに対する疑問の声が国民の間に根強いこともあり、国民の理解を得るためには〝独立祝賀金〟といった名目などの理由を加える必要があることや、韓国側の主張する六億ドルの支払いは不可能であると応じている。

その後、十一月十一日の会談では、請求権問題について、韓国側から無償経済協力三億ドル、政府借款二億ドル、民間借款一億ドル以上という条件が提示され、大平がこれに合意。大枠での合意が成立する。

ちなみに、当時の韓国の国家予算は約三億五千万ドルだったから、〝請求権〟による無償援助は韓国にとって極めて大きなものだった。

一方、請求権問題と並ぶ懸案事項であった竹島問題に関しては、日本側が問題の国際司法裁判所への付託を提案したのに対して、金鍾泌はこれを明確に拒否したうえで、日本側に竹島の破壊（爆破）を提案していたという。実際、東京での池田首相及び大平外相との会談を終えた金は、その足で訪米し、十月二十九日、ディーン・ラスク国務長官と会談。ラスクが「竹島は何に使われているのか」と問うと、「カモメが糞をしているだけだ」と答え、自ら竹島破壊案を日本側に提案したと明かしたという記録が、米国務省外交文書集にはある。ただし、後に韓国国内で「独島爆破提案説」が問題視されると、金は「日本には絶対に独島を渡すことはできないという意思の表現だった」と弁明しているが……。

いずれにせよ、金＝大平会談後、一九六三年に入ると、韓国国内では民政移管が重要な政治課題となったため、日韓の国交正常化交渉は一時休止となる。

文化財保護法の制定と新ウォン切手

一九六二年六月の通貨改革で導入された新ウォンに対応する普通切手は、同年九月から発行が始まった。その中には、旧ファン額面の図案をそのまま流用したものもあったが、新たな図案の切手も八点発行されている。

新図案の切手の題材の中には、当時の朴正熙政権の政治的な意図が隠されているとみられるものも少なくないので、以下、紹介してみたい。

①珍島犬　二十チョン切手（一九六二年十二月三十一日発行　図36）
韓国原産の犬として知られる珍島犬の起源については諸説あるが、一般には、高麗が元朝の属国だった十三世紀、朝鮮の在来犬とモンゴルの軍用犬との交雑によって誕生し、それが珍島に定着したと考えられている。

図36　珍島犬を描く20チョン切手

日本統治時代の一九三七年、京城帝国大学の森為三が、珍島に朝鮮固有の犬が存在するとして、朝鮮宝物古蹟名勝天然記念物委員会に報告した際、この犬を〝珍島犬〟と命名。翌一九三八年、朝鮮総督府学務局が珍島犬を第五十三号天然記念物に指定した。

一九四五年の解放後、米軍政下の南朝鮮及び韓国政府は、当初、珍島犬に対する保護政策を行う余裕がなかったが、朝鮮戦争中の一九五二年、李承晩大統領直々の指示により珍島犬保護法が制定された。

珍島犬の二十チョン切手が発行された一九六二年は、それまでの朝鮮宝物古蹟名勝天然記念物委員会が廃止され、その代わりに「文化財保護法」（法律第九六一号）が新しく制定され、珍島犬が、あらためて天然記念物第五三号に指定された年であった。

一九四五年九月に朝鮮半島が米ソによって南北分割占領され、南朝鮮が米軍政下に置かれた後も、同年十一月二日に米軍政長官名で公布された法令第二一号は「総ベテノ法律及ビ朝鮮旧政府ガ発布シ法律的ノ効力ヲ有スル規則命令、告示其ノ他ノ文書ニテ一九四五年八月九日実行中ノモノ其ノ間スデニ廃止サレタルヲ除キ朝鮮軍政庁ガ特殊命令ニテ廃止スル迄全効力ヲ以テ存続ス」（第一条）として、日本統治時代の旧法令は多くが〝暫定的に〟存続することになった。朝鮮総督府の野生動物及び文化財保護行政の基本原則として一九三三年に制定され、朝鮮寶物古蹟名勝天然記念物委員会の設置根拠となった「朝鮮寶物古蹟名勝天然記念物保存令」（総督府制令第六号。以下、保存令）もその一つだった。

さらに、一九四八年七月に制定された大韓民国憲法（制憲憲法）の第百条でも「現行法令はこの憲法に抵触しない限り効力を有する」と規定されたため、「朝鮮寶物古蹟名勝天然記念物保存令」は大韓民国発足後も存続することになった。

保存令は実務的な文化財保護の仕組みとしては有用で、廃止しなければならない積極的な理由は特に見いだされなかったため、李承晩政権下ではそのまま温存されていた。

しかし、一九六一年の五・一六革命で成立した国家再建会議は、体制の一新を図るため、「旧法令に関する特別措置法」（一九六一年法第六五九号）を制定。当時なお効力を有していた〝旧法令（日本統治時代及び米軍政下の法令）〟は一九六二年一月二十日までに整理されることになった。

このため、一九三三年以来の保存令を廃止して、一九六二年一月十日（旧法令に関する特別措置法で定められた期限の十日前）、文化財保護法が新法として公布施行された。ただし、時間的な制約から、新たな文化財保護法は、一九五〇年に制定された日本の文化財保護法をほぼそのまま翻訳した内容となっていた。たとえば、同法の目的を規定した第一条は、日本の保護法が「この法律は、文化財を保存し、且つ、その活用を図り、もって国民の文化的向上に資するとともに、世界文化の進歩に貢献することを目的とする」となっているのに対して、韓国の保護法第一条が「本法は、文化財を保存し、活用することとにより国民の文化的向上を図り、同時に人類文化の発展に寄与することを目的とする」となっている。

また、一九六二年の韓国文化財保護法の附則第三条は、旧保存令に基づき宝物、古蹟、名勝、天然記念物として指定されたものは、新たに制定された韓国文化財保護法に基づく指定とみなし、同法施行後一年以内に指定を更新するとの経過規定を定めており、旧保存令で指定された文化財等の法的地位にはほとんど変更がなかった。

それでも、一九六一年の五・一六革命公約で「頽廃した国民道義と民族正気を立て直すため、清新な気風を振興する」ことをうたい、「植民地史観と外国文化に対する従属観念を払拭し、民族文化の再発見を通して国民的自覚と誇りを宣揚しよう」と呼びかけていた朴正熙としては、新たな文化財保護法の制定は、〝民族文化の暢達と国民教育の振興〟を進めていくうえで重要な意味を持っていた。

　新ウォンへ切り替えや檀紀の廃止と合わせて、文化財保護法によって天然記念物に指定された動植物や、国宝に指定された文化財などが、日常的に国民が使用する普通切手に積極的に取り上げられたのも、そうした政権の意向を反映したものであったことは言うまでもない。これは、二十チョン切手の珍島犬に限らず、一九六二年から一九六三年に発行された普通切手の題材の基本的な傾向となっている。

　同時にそうした天然記念物や文化財の保護行政が、日本統治時代の蓄積の上になっていることや、そもそも韓国の文化財保護法が、日本の文化財保護法をほとんどそのまま真似たものであることは、「植民地史観と外国文化に対する従属観念を払拭し、民族文化の再発見を通して国民的自覚と誇りを宣揚しよう」とすればするほど、韓国社会における〝日本〟の存在の大きさが浮かび上がってくるというジレンマを白日の下にさらすことになるが、それもまた、日韓国交正常化を目指す朴正熙の姿とパラレルなものだったと言えるのかもしれない。

②金剛提灯花　四十チョン切手（一九六二年九月十日発行　図37）

金剛提灯花は、京畿道北東部、加平郡北側の湿った山中で八―九月に花を咲かせる朝鮮半島固有の植物で、その由来については、次のような伝承がある。

　昔、金剛山の山奥に、両親のない姉弟が暮らしていた。ある日、病にかかった姉のため、弟は薬草を探して山に入っていったが、弟が夜遅くまで帰ってこなかったため、姉は提灯火を持って弟を探しに出た。しかし、姉は弟を見つけられないまま山腹で倒れてしまう。薬を求めて帰ってきた弟は姉の亡骸を発見したが、そのそばには提灯の火が一輪の花になって咲いていた。

図37　金剛提灯花を描く40チョン切手

　植物学上の学名は〝Hanabusaya asiatica Nakai〟（ハナブサヤ・アジアティナ・ナカイ）だが、これは、日本統治下の一九一一年、植物学者の中井猛之進が金剛提灯花を新種の属とした際、日本の初代朝鮮公使を務めた花房義質に敬意をこめて命名したものである。その意味では、金剛提灯花もまた、珍島犬と並んで、朝鮮半島の動植物研究における日本時代の業績の代表例の一つといってよい。

③弥勒菩薩像（国宝第七八号）　五十チョン切手（一九六二年十二月三十一日発行　図38）

韓国には著名な弥勒菩薩半跏像として国宝第七八号と同八三号があるが、この切手に取り上げられているのは、第七八号の金堂半跏思惟像である。

もともと、菩薩はサンスクリット（インドの仏典の言語）のボーディサットヴァを音訳したもので〝悟りを求める人々〟の意。悟りを目指して修行し、如来（悟りを開いた者）になる以前の者を指すが、大乗仏教の発展に伴い、すでに悟りを得た如来の化身として人々の救済にあたるケースもある。仏像としては、釈迦が出家する以前の例にならい、古代インドの貴族の姿を表現したものが多い。

図38　弥勒菩薩（国宝第78号）を描く50チョン切手

サンスクリットで〝マイトレーヤ〟と呼ばれる弥勒菩薩は、釈迦の次に如来となることが約束された最高位の菩薩で、釈迦の入滅後、五十六億七千万年後の未来に姿を現し、多くの人々を救うとされている。また、半跏思惟像は、椅坐して左足を下ろし、右足を上げて左膝上に置き、右手で頬づえをついて瞑想する姿を表現した仏像で、朝鮮半島ならびに日本の古い時代の弥勒菩薩像は、おおむねこの像容である。

切手に取り上げられた国宝第七八号の半跏像は、高さ八二センチの金銅製で、宝冠の上に三日月と丸い太陽を載せた日月飾の装飾は、イランのササン朝の王冠から由来したものと考えられている。この宝冠が像の特徴となっているため、国宝七十八号は〝日月飾三山冠思惟像〟と呼ばれることもある。

また、国宝七八号の身体表現はしなやかで弾力があり、羽のような衣、X字型の天衣の裾、形式的な衣のしわの表現などは、中国の東魏及び西魏の仏像様式が反映されていることから、（資料が残されていないので正確な年代は特定できないが）六世紀後半頃の三国時代の制作と推定されている。

④農楽　一ウォン切手（一九六三年二月五日発行　図39）

朝鮮半島の伝統芸能としての農楽は、農民たちが豊作を祈願したり、豊作を祝ったり、時には仕事の疲れを癒すために朝鮮全土で発展してきた農民・農村の音楽と踊りで、伝統的な宮廷音楽・舞踏を意味する雅楽ないしは国楽と対をなすものである。

一九六二年に制定された文化財保護法では、農楽や仮面

図39　農楽を描く1ウォン切手

劇などの民俗芸能も国家の保護の対象となった。この切手もそうした事情を踏まえたものだが、切手の制作時点では、保護の対象となる民俗芸能の具体的な選定作業が行われていなかったため、あくまでも、特定の演目等ではなく。一般的な農楽の光景を表現したものとされている。なお、選定作業は一九六四年から開始されているが、その際には、日本統治時代に調査・収集された民俗資料が活用されている。

⑤青磁飛龍形注子　五ウォン切手（一九六二年十二月三十一日発行　図40）

高麗時代の青磁は、中国の越州窯青磁の影響を受けて、十一世紀頃から全羅南道で製造され、さらに、中国北宋時代の影響を受けて独特の青緑色釉に発展し、十二世紀半ばには翡色青磁といわれる高度な技術を完成させた。

切手に取り上げられた注子（水差し）は、ソウルの国立中央博物館の所蔵品で、高麗王朝時代の西暦十二世紀、王都の開城で作られた。人物や動植物を象った象形青磁の傑作として、韓国の国宝第六一号に指定されている。国宝としての登録名は飛龍となっているが、正確には、魚龍（頭が龍で体が魚という想像上の動物）が跳ね上がる姿を表現したものと考えられている。

魚龍については、黄海に棲む鯱がもとになっているという説もあるが、注子を見る限り、水族館で芸をしている実在の動物というより、名古屋城の屋根に乗っている金鯱の鯱のイメージに近いようにみえる。ちなみに、金鯱の鯱は、魚の胴に虎の頭を持ち、背には棘が生え、尾は常に空を向いているという想像上の動物だが、龍の頭は、ラクダの頭をベースに鹿の角と幽鬼の眼を組み合わせたものとされているので、正確に作ろうとすれば、金鯱の鯱とは顔つきも異なってくることになる。

なお、この注子は、一九五八年には北朝鮮の切手（図41）にも取り上げられている。北朝鮮としては民族の伝統文化

図40　青磁飛龍形注子を描く5ウォン切手

図41　北朝鮮の発行した青磁飛龍形注子の切手

を称揚するとともに、ソウルにある文化財を切手に取り上げることで、自分たちこそがソウルを首都とする（当時の北朝鮮憲法では、形式的にソウルが首都とされていた）朝鮮唯一の正統政府であることを誇示する意図があったものと考えられるが、韓国の切手には、こうした北朝鮮の主張を否定する意図も込められているとみるべきだろう。

図40及び41の切手は、南北でほぼ同じデザインなので、両者を並べてみると、印刷物としての品質の良し悪しは一目瞭然である。

現在でも、しばしば、一九六〇年代までは韓国よりも北朝鮮の方が豊かだったという記述が見うけられる。確かに、北朝鮮の発表した公式の統計データがすべて正しいとすれば、国家全体のGDPレベルにおいては北朝鮮の経済力は韓国を凌駕していたということになるのだろう。しかし、どれほどGDPが大きかろうと、富の再分配が適正に機能しなければ、一般国民の生活は豊かにならないし、社会の活力も生まれない。一般国民の生活水準を比較するうえで、彼らが日常的に使用している切手の品質は一つの目安となるだろうが、北朝鮮よりも韓国のほうが高品質の切手を発行していたということは、国民生活の実態において、北朝鮮は決して韓国よりも〝豊か〟ではなかったと考えてよい。

図42　ウチワノキを描く20ウォン切手

図43　八萬大蔵経を取り上げた40ウォン切手

⑥ウチワノキ　二十ウォン切手（一九六三年九月十日発行　図42）

ウチワノキは朝鮮半島北部原産の落葉低木。朝鮮半島北部に自生する雌雄異株の朝鮮半島の特産種で、日本には昭和初期に渡来して、観賞用に植栽されている。樹高は約二メートルで、二－四月頃、葉の展開する前に白色または淡い紅色のレンギョウに似た花を数個下向きにつける。

韓国としては、朝鮮半島北部の植物を切手に取り上げることで、自分たちこそが北朝鮮の実効支配地域を含む朝鮮半島全土を支配する唯一の正統政権であることをアピールしようとしたものを考えられる。

⑦高麗八萬大蔵経　四十ウォン切手（一九六三年二月五日発行　図43）

大蔵経は仏教の経典を総結集したもので、一切経とも呼ばれ、経・律・論の三蔵とその注釈で構成されている。

高麗八萬大蔵経は、慶尚南道陜川郡の伽耶山中にある曹渓宗（韓国最大の仏教宗派）の三宝寺院、伽耶山海印寺に保存されている大蔵経とその版木で、高麗時代の一〇一一年、契丹の襲来に際して国家防衛を祈願するため、蜀版の開宝大蔵経（九七一―八三年）をもとに製作されたのが最初である。

その後、一二三六年、元軍の侵攻を受けて版木が焼失すると、江華島に避難していた高宗の命を受け、巨済島や南海から白樺（桜とする資料あり）の材木を運び込み、十五年の歳月をかけ、一二五一年に完成した。縦が約二四センチ、横七〇センチ、厚さ四センチの版木、八万一千二百五十八枚からなっており、これが、八萬大蔵経の名の由来となった。

誤雕が少なく古い姿をとどめる最良のテキストとされており、この高麗八萬大蔵経の版木から印刷された大蔵経は、室町時代に大内盛見の勘合貿易により日本にも持ち込まれ、増上寺（東京都）と大谷大学（京都市）には、ほぼ完全に揃った高麗八萬大蔵経の版木から印刷された大蔵経が所蔵されている。また、近代に入り編まれた高楠順次郎・渡辺海旭監修の「大正新脩大藏經」（大蔵出版）の底本にもなった。

こうしたこともあり、高麗八萬大蔵経は、近代以前の日本と朝鮮との友好関係の象徴であると同時に、朝鮮が日本に対して先進文化を伝えたという韓国側の歴史観を補強する事例となっている。この題材もまた、日本との国交正常化交渉を進めるうえで、国内世論の地ならしの一環として切手に取り上げられたと推測できる。

派独鉱夫・看護婦

ところで、金＝大平会談で日本からの資金援助の目途は立ったとはいえ、実際に国交樹立のための条約が締結・批准されなければ、韓国側には資金は一円も入ってこない。そこで、資金の不足を補う手段として、軍事政権が目を付けたのが、西ドイツへの労働者の派遣である。

米国の復興支援のマーシャル・プランや朝鮮戦争の特需などにより、一九五〇年代前半、西ドイル経済は急成長を遂げた。それを支えたのは、ルール炭田、ザール炭田、ザクセン炭田などの炭鉱で、当時の西ドイツは、ヨーロッパ最大の石炭生産国かつ消費国、また世界最大の褐炭生産国かつ消費国となっていた。

しかし、炭鉱での仕事はかなりの重労働であるから、西ドイツのように経済的に豊かで社会保障も手厚い国では、労働者を確保するのは容易なことではなく、好景気になればなるほど、労働力不足も深刻な問題となっていた。

そこで、西ドイツ政府は、日本（かつての同盟国で、ドイツと同じ敗戦国）や韓国、ヴェトナム（ドイツと同じ分断国家）などから外国人労働者（ガスト・アルバイター）を募ることで、労働力を補おうとした。

これを受けて、一九五七年の五十九人を皮切りに、一九六二年まで、延べ四百三十六人の日本人炭鉱夫が研修のために派遣された。

日本側としては、炭鉱夫の派遣はあくまでも最新技術の習得と技術向上のための〝研修〟という位置付けであったから、派遣される人員は、二十一歳から三十歳までの独身で健康な者にして、三年以上の経験を持つ者の中から精鋭が選ばれたが、西ドイツ当局が欲したのは、あくまでも単純肉体労働者だった。このため、当初から日独間の認識の差は大きく、トラブルが絶えなかった。また、一九五〇年代末には日本国内でも高度経済成長が始まり、日本国内でも炭鉱労働者が不足するようになり、一九六二年をもって日本から西ドイツへの労働者の派遣は終了する。

そこで、日本人に代わる労働力として、一九六三年以降、韓国から西ドイツへの炭鉱夫の派遣が始まった。いわゆる派独鉱夫である（図44）。

図44　派独鉱夫を描いた児童画の切手

一九六三年、日本人と同じ、月収六百マルク（当時の米ドル換算で百六十ドル）の条件で、ルール炭鉱で働く労働者を募集すると、五百人の募集に対して四万六千人の応募が殺到した。

ちなみに、一九六〇年代初頭の韓国では、人口の四〇％が〝絶対的貧困層〟で、一九六三年の失業者は、公式統計に現れただけで二百五十万名に上っていた。所得水準（米ドル換算）も極めて低く、一九六四年の国際比較でいうと、韓国の八十五ドルに対して、フィリピンは二百十三ドル、マレーシアは二百四十二ドルと倍以上、シンガポールは四百八十七ドル、香港は五百三十七ドルと五倍以上の開きがある。独立後間もない低開発国が多かったアフリカでも、ザンビアが百四十四ドル、アルジェリアが百九十五ドル、ガーナが二百十五ドル、日系移民も多かったラテンアメリカでは、ブラジルが百八十ドル、コロンビアが二百三十五ドル、メキシコ及びチリが四百五十八ドル、アルゼンチンは六百五十二ドルだった。

こうした数字を比較してみると、当時の韓国の貧困がいかに深刻なものだったか、理解できる。

さて、韓国人派独鉱夫の大半は炭鉱労働の経験がなかったため、苛酷な労働での死傷者も多く、一九六六年十二月、三年間の雇用期間を終えて帰国した第一陣百四十二人のほぼ全員がドイツ滞在中に骨折を経験していたほか、失明者・死亡者も少なからずいたという。

派独鉱夫が西ドイツで受け入れられると、これに続いて、一九六六年以降、月収四百四十マルクの条件で、韓国人女性が看護婦として西ドイツに派遣されるようになる。〝派独看護婦〟と呼ばれた彼女たちもまた、死体洗浄など、ドイツ人の嫌がる重労働を担い、激務をこなした。

そうした派独鉱夫及び派独看護士による本国への送金は当時の韓国に貴重な外貨をもたらし、その額は、一時GDPの二%台に達したこともあった。

このため、大統領就任後の一九六四年十二月、ルール炭鉱を訪れた朴正熙は派独鉱夫のブラスバンドが演奏する愛国歌に感激し、涙ながらに彼らへの感謝の演説を行っている。

第4章　日韓基本条約への道　一九六三―一九六五

第三共和国の発足

一九六一年以来、対日関係の改善に着手し、第一次五ヵ年計画を発動するなど、経済発展という最大の目標に向けて動き出した朴正熙政権だったが、クーデターにより政権を掌握したというその出自のために、正統性という点では、批判も根強かった。

一方、韓国の〝保護者〟である米国は、自由と民主主義の盟主と自任していることもあり、クーデターで発足した軍事政権に好感を抱いておらず、朴政権に対して民政復帰の圧力をかけつづけた。

そこで、一九六一年八月、朴正熙は五・一六革命の正統性に対する理解を得るためにも、二年以内に新憲法を施行し、民政復帰を実現すると公約。一九六二年十二月十七日には憲法改正案が国民投票で承認され、同二十六日から施行された。そのポイントは以下の通りである。

①人間の尊厳と価値に関する条項の新設
②国家安全保障による基本権制限
③第二共和国時代の二院制国会から一院制国会に変更
④大統領制採用（一期四年、重任は一回のみ容認＝三選は禁止）
⑤憲法裁判所の廃止と裁判所への違憲立法審査権付与
⑥国民投票制度の新設
⑦経済科学審議会議と国家安全保障会議の新設
⑧公職選挙立候補者の所属政党公薦の義務化、所属政党を党籍離脱及び変更した際の議員職喪失規定の新設

また、第三共和国憲法の前文には「悠久の歴史と伝統に輝く私たち大韓国民は三・一運動の崇高な独立精神を継承して四一九義挙と五一六革命の理念に立脚して、新しい民主共和国を建設するに当たり、…（中略）…永遠に確保することを約束して、一九四八年七月十二日に制定された憲法を今、国民投票によって改正する」との文言がある。

李承晩時代の憲法は、いずれも前文で「悠久の歴史と伝統に輝く私たち大韓国民は己未三・一運動で大韓民国を建

立し、世界に宣布した偉大な独立精神を継承し……（以下略）」とうたっており、現在の大韓民国の原点が三・一運動と大韓民国臨時政府にのみ存することを宣言していたが、第三共和国憲法では、大韓民国臨時政府についてはあえて言及せず、三・一運動と李承晩を退陣させた四月革命、そして、朴正熙自らが主導した〝五一六革命〟を併置させることで、軍事政権が（過渡的な存在であったとしても）正統政権であり、民政移管によってその基本方針は受け継がれていくべきであるというロジックになっている。

一方、新憲法の公布後まもなく、軍事政権は日韓交渉に対する抗議行動に備えて、政党法と集会・示威行動規制法を公布したが、人権と民主主義の観点から、米国のケネディ政権はこれに不満を表明。そこで、米国の圧力を受けた朴政権は、一九六三年一月一日を期して政治活動の自由化を宣言。一般国民の政治活動が解禁され、併せて同年十月に大統領選挙が実施されることになった。

これを受けて、二月二日、軍事政権の政策を継承する立場の政党として、民主共和党の結党準備大会が開催され、大統領候補に朴正熙が選出されると、朴本人もこれを受諾する用意があると示唆。これに対して野党側は、朴の大統領選挙出馬は「五・一六革命公約」第六項（私たちの課業が成就すれば、清新で良心的な政治家たちにいつでも政権を移譲し私たちは本来の任務に復帰する用意があります）に反するとして猛反発し、早期選挙反対運動が展開されたほか、民主党が選挙への参加拒否と政治活動浄化法（政浄法）の解除基準明確化などを決議し、軍事政権と激しく対立した。

このため、二月十八日、朴正熙は大統領選出馬の意向を否定し、（自らの）民政不参加、早期選挙の延期、政浄法該当者の旧政治家の活動禁止措置全面解除などを盛り込んだ〝二・一八声明〟を発表。一方、民主共和党は、朴正熙を除外した形で、二月二十六日、〝五・一六革命理念〟の継承及び世代交代などを結党理念として正式に結成され、総裁に鄭求瑛、議長に金貞烈が選出された。

翌二十七日、朴正熙の〝二・一八声明〟を受け入れた与野党の関係者と国軍の代表がソウル市民会館で〝政局収拾宣誓式〟を行い、朴自身の民政不参加と政浄法による政治活動禁止措置の全面解除、軍事政権関係者への政治的報復を行わないことなどを言明した（二・二七宣誓）が、朴の民政不参加が決まると、攻撃の目標を失った野党勢力は途端に分裂する。

一方、三月七日、朴正熙は原州の第一軍司令部を視察し、将兵を前に「害悪をもたらす旧政治家たちは引退すべきである。政局が混乱して再度危機が発生すれば、私はこれを傍観しない」と訓示。さらに、同月十一日には、一九六一年五月のクーデターの主要メンバーで、咸鏡北道（解放後は北朝鮮の支配下にある）出身の朴林恒、金東河らによる〝クーデター計画〟が摘発された。このクーデター計画は実態が曖昧であったため、軍事政権内の権力闘争の結果、金鍾泌らが反主流派を〝粛清〟するために捏造したものともいわれている。その真偽はともかく、この事件を契機として、三月十五日、朴正熙支持派は首都防衛司令部所属の将兵八十名が最高会議前で「朴正熙議長の民政不参加方針の撤回」と「軍政延長」を主張するデモを行った。

これを受けて翌十六日、朴は、健全な民間政府を誕生させるためには〝暫定的な軍政延長〟が必要であるとしたうえで、四年間の軍政延長の可否を問う国民投票を近日中に行うことを発表した。そのうえで、国民投票で軍政延長が否認された場合は「政府は、即時政治活動の再開を宣言し、計画の通り民政移譲を実施し、吾らは一切民政に参加せず民間の政治家たちに全面的に政権を移譲する」とした。

いわゆる〝三・一六声明〟である。

同声明の発表後、最高会議は政治活動を再び禁止し、言論や出版、集会を制限する〝非常事態収拾臨時措置法〟を公布・施行したが、早期の民政移管を支持していた米国のケネディ政権はこれに強く反発。三月十九日には、野党政治家の尹潽善、張沢相、李範奭、金度演らが朴正熙と会談し、三・一六声明の撤回を要求した。これに対して朴は「腐敗し、国民からの指弾を受けている政治家たちが引退すれば、三・一六声明を撤回する用意がある」と応じたが、野党側は三・一六声明の無条件撤回を要求し、翌二十日に米国大使館前で街頭デモを展開。これを受けて、二十一日には駐韓米大使が朴を訪問し、「二・二七宣誓」の尊重と「二・一八声明」遵守を希望すると忠告した。

勢いに乗る野党は、二十二日、尹潽善・卞栄泰、金度演ら百五十名余が〝民主救国宣言大会〟を開催する。

これに対して、軍首脳部は国防部において三軍非常指揮官会議を開き、三・一六声明支持決議を行ったが、三月二十五日、米国務省は「三・一六声明」に対する遺憾の意を表明し、一日も早い民政移譲の実施を望むと声明。憲法によって構成されない政府が永続することに反対する旨のケネディの抗議文が駐韓大使を通じて最高会議に手交され、経済開発五ヵ年計画のために軍事政権が要請していた二千五百万ドル借款も拒絶する旨が伝えられた。

結局、米国からの二千五百万ドルの借款は経済開発五ヵ年計画のために不可欠だっただけでなく、いわゆる春窮期で食糧事情が逼迫する中で、米国からの非常食料援助を必要としていた軍事政権は、四月八日、〝四・八措置〟を発表し、非常事態収拾臨時措置法を廃止して政治活動、言論、集会の自由を保障するとともに、軍政延長の方針を事実上撤回した。これを受けて五月十四日、元民主党旧派を中心とする野党勢力は、韓国民政党を結成。尹潽善を大統領候補として擁立。一方、尹に反発する元民主党新派は、許政を大統領候補として擁立する。

そして七月二十七日、朴正熙が年内民政移譲方針を明らかにした〝七・二七声明〟として

①憲法の再改正案の即時撤廃
②大統領選挙は十月中旬に実施
③国会議員選挙は十一月下旬に実施する
④最初の国会召集は十二月中旬に行う

ことを発表。ようやく、一九六三年中の民政移譲が確定した。

その後、朴正熙は二・一八声明を撤回して民政参加の意向を固め、八月三十日に陸軍を退役。翌三十一日、民主共和党の党大会で同党に入党するとともに、党総裁に推挙され、同時に大統領候補指名を受諾する。

図1　聖徳大王神鐘を取り上げた100ウォン切手

選挙期間中の一九六三年九月十日、新たに発行された百ウォンの普通切手（図1）に、聖徳大王神鐘が取り上げられているのは興味深い。

聖徳大王神鐘は、新羅の聖徳王（在位七〇二―七三七）の遺徳を讃えるため、子の景徳王が制作を開始し、孫の恵恭王の治世下で七七一年に完成した。韓国に残る最も大きい鐘で、高さ三・七五メートル、口直径二・二七メートル、重さは一八・九トン。もとは慶州の奉徳寺にあったが、日本時代の一九一五年、水害により奉徳寺が廃寺となったため、慶州博物館に移された。

陽刻された銘文を間に置いて、左右には雲に乗り蓮座の上に坐って、美しい天衣をひるがえし、香炉を捧げる天女が刻まれており、鐘身のやわらかく美しい曲線、かぎりなく澄み、余韻が長く続く音色などから、朝鮮の鐘の最高傑作の一つとされている。

さて、神鐘によって称えられた聖徳王の遺徳としては、

①七二一年、渤海への対策として北辺の国境地帯に長城を築いたこと
②七三三年、渤海が唐の登州（山東半島）に攻め込んだ際には、唐から勅を受けて渤海の南部を攻め、敗れはしたものの、その実績が認められ、七三五年、唐から正式に浿江（大同江）以南の領有を認められたこと
③七二二年、日本からの攻撃に備えて毛伐郡城（慶尚北道慶州市外東面）を築いたこと

④王権を支える中央集権的官僚機構が整備したこと
⑤七〇五年及び七〇六年の二年続きの飢饉に際して、飢えた民に施しを行ったこと

などが挙げられる。

聖徳王が唐と結んで北方の渤海と対峙したことは、米国と結んで北朝鮮と対峙している韓国の現状とパラレルな関係にあるともいえるし、聖徳王が確保した大同江以南の新羅の〝統一朝鮮〟は韓国が目指すべき国家目標でもある。また、飢饉に際して国民を飢えから救ったという故事は、「絶望と飢餓の線うえで喘ぐ民生苦を早急に解決し」との革命公約の文言とも重なる。

政権側としては、こうしたイメージを喚起する切手を大統領選挙に合わせて発行することで、与党候補である朴正熙を側面から支援しようという意図を持っていたのであろう。

ところで、聖徳大王神鐘は〝エミレの鐘〟とも呼ばれているが、その由来については、以下のような伝承がある。

聖徳王の遺徳を讃えるための鐘の製造は大いに難航した。十二万斤（七・二トン）もの黄銅をなんとか調達し、鐘を鋳造してみたものの、思うような音色にならず、何度も作り直すということが繰り返されていた。このため、父の景徳王から事業を引き継いだ恵恭王はなんとしても自らの治世下で鐘を完成させるべく、奉徳寺の僧を督励していた。

しかし、当時の農村は圧政のために疲弊しており、僧から布施を強要された農婦は「食糧や金品を供出する余裕は一切ない。差し出させるものといえば娘くらいしかないので、帰ってほしい」と僧を追い返した。

農婦の対応に怒った僧は、翌朝寺の承諾を得たうえで、農婦に対して「御仏があなたの子をもらい受けよ、と申された。差し上げるものは娘しかないというのなら、その通りしないと物罰が下るであろう」といい、娘を無理やり連れていき、黄銅で煮えたぎる釜の中に彼女を投げ込んだ。

こうしてできあがった鐘は素晴らしい音を奏でるようになったが、その音色は母を探す子供が泣きながら叫ぶ〝エミレ（お母さん）〟の声のように聞こえ、慶州の人々は皆、涙を流したという。

現在、〝エミレの鐘〟の物語は〝口は禍の元〟の例として語られている。

五・一六革命直後の一九六一年七月、国家再建最高会議は、一九四八年に治安立法として制定されていた国家保安

法を修正。緩和するとして、反共法を制定した。しかし、反共法の適用範囲は国家保安法よりもはるかに多岐にわたっていたため、摘発される政治犯罪事件は増加し、その中には少なからず冤罪も含まれていた。

当時の一般の韓国国民にしてみれば、聖徳大王神鐘の切手は、聖徳王の遺徳よりも〝口は禍の元〟をイメージしやすかったかもしれない。

ヌビア遺跡保護

また、一九六三年十月一日、〝ヌビア遺跡保護〟と題して、アブシンベル大神殿のラムセス二世像を描く連刷切手（図2）が発行されたが、この切手もまた、二週間後（十五日）に迫った大統領選挙をにらんでのイメージ戦略という側面があった。

アブシンベル神殿は、古代エジプトのラムセス二世により紀元前一二五〇年頃、砂岩をくり抜いて建造され、大小二つの神殿から構成されている。大神殿は太陽神ラーを祀っており、王妃ネフェルタリに捧げられた小神殿はハトホル女神を祭神としている。カイロから南へ一一八〇キロ、アスワンからさらに南へ二八〇キロの地点にあり、北から吹く強い風のため、長らく砂に埋もれていたが、一八一三

図2　“ヌビア遺跡保護”の連刷切手

図3　第1次中東戦争中にエジプトが発行した“エジプト軍のガザ進駐”の記念切手

年、スイスの東洋学者ヨハン・ルートヴィヒ・ブルクハルトによって小壁の一部が発見され、一八一七年にブルクハルトの知人であったイタリア人探検家ジョヴァンニ・バッティスタ・ベルツォーニによって本格的な発掘が開始された。

〝エジプトはナイルの賜物〟というヘロドトスの言葉は、ナイル川の氾濫が流域の肥沃な土壌を作ってきたことの表現だが、近代に入って人口が急増すると洪水の被害を抑えることが重要な課題となっていた。このため、一八八二年にエジプトを保護国化した英国は、一九〇一年、ナイル川上流にアスワン・ダムを建設したが、ガマール・アブドゥン・ナーセル（以下、ナセル）の革命政権は、ナイル川のより上流に巨大なダムと発電所を建設し、それを利用した灌漑によって大規模な農地を開拓することを目指して、アスワン・ハイ・ダムの建設計画に着手した。

実は、一九六〇年の五・一六革命のクーデターを敢行するにあたって、朴正煕、金鍾泌らクーデター指導部は、エジプトのナセル、トルコのケマル・パシャ、ビルマのネウィンなどの軍事革命を参考に計画を立案したが、その際、最も影響を受けたのがナセルのエジプト革命だった。

一九四八－四九年の第一次中東戦争で、エジプトは旧英委任統治領パレスチナのガザ地区を併合したものの（図3）、アラブの盟主としてイスラエル国家の建国を阻止するという戦争の大義名分を達成することはできなかった。

国王をはじめとする国家の上層部はシオニスト（パレスチナの地にユダヤ人国家のイスラエルを建国しようとする運動の支持者）打倒の華々しいスローガンを呼号していたが、前線の状況を正確に把握しようとはせず、的外れの作戦命令を発していたずらにエジプト軍の犠牲を増大させていた。また、エジプト軍の装備には欠陥品が多く、輸送・補給の体制も杜撰きわまりないものであったが、兵士たちの間では国王や政府高官の腐敗と汚職がその原因であるという噂が公然とささやかれていた。野砲の暴発で瀕死の重傷を負ったエジプト軍の将校が、死の直前、ナセルに対して「我々の戦場はエジプトの内側にある」と語ったというエピソードは広く知られている。

こうした国家指導層の無能と腐敗に加え、あまりにも大きな経済的不平等（当時のエジプトでは、国民所得の五〇％を総人口の〇・五％が独占していた）、独立国とは名ばかりの英国追従の政治運営などは、エジプト国民の不満を鬱積させるには十分すぎるものであった。

こうした国民の不満を背景に、一九五二年七月二十三日、ナセルら青年将校が結成した自由将校団がカイロで無血クーデターを成功させ、国王ファールークは退位・亡命した。

一九五二年のエジプト革命である（図4）。

自由将校団は、形式的に王制時代の参謀総長のムハンマド・ナギーブを団長として擁立しており、ファールークの退位後、ナギーブは陸軍総司令官に就任し、新たに発足した革命指導評議会の議長に就任。九月十七日には首相に就任したが、新政権の実権は副首相兼内務大臣のナセルが握っていた。

その後、一九五三年六月十八日に王制が廃止され、エジプトは共和政に移行し、ナギーブが首相を兼務したまま初代大統領となったが、新政府の実権は、依然として、自由将校団を実質的に率いてきたナセルが握っていた。このため、次第にナギーブとナセルの対立が表面化。一九五三年後半には、ナセルがナギーブを「ムスリム同胞団と結託して独裁を図っている」と批判し、一九五四年二月二十五日、革命指導評議会は「許容されない絶対的な権力を求めた」としてナギーブの首相職を解き、ナセルが首相に就任した。このときは国民の反発もあって、三月に入ってからナギーブは首相に復帰したが、四月十八日には再び首相を辞任しナセルに禅譲。その後、ムスリム同胞団がナセル暗殺未遂事件を起こすと、同年十一月十四日、ナセルはナギーブ大統領を解任して革命指導評議会議長に就任し、ナギーブ派を追放して権力を掌握する。ちなみに、ナセルが正式

図4　エジプト革命直後、王制時代の国王の肖像を抹消した暫定切手が貼られた郵便物

に大統領に就任したのは、一九五六年六月二十五日のことであった。

一九六一年の五・一六革命に際しては、朴正熙と金鍾泌は、一九五二年のエジプト革命後、ナセルがナギーブを追い落として実権を掌握する過程についても詳細に分析したうえで、その先例に倣い、当初は陸軍参謀総長の張都暎を国家再建最高会議の議長として推戴し、実権を握る朴正熙は副議長に就任したうえで、後に張を失脚させて朴が議長に就任するという手順を踏んでいる。

ところで、エジプトの革命政権は、対英自立を果たすため、一九五四年十月、スエズ運河地帯から英軍を撤退させる協定を成立させ、一九五六年六月二十日までに駐留英軍を撤兵させた。もっともこの段階では、ナセルは自立した近代国家を建設するという意味で英国の影響力を排除しようとしていたが、西側諸国と敵対することを望んでいたわけではない。エジプトの経済的自立のための国家プロジェクト、アスワン・ハイ・ダムの建設を遂行していくためには、米英両国と世界銀行の資金援助が不可欠だったからだ。

このため、英軍の運河地帯からの撤退に際しては、運河の所有権は英仏両国を大株主とする国際スエズ運河株式会社が保有することとされ、運河の自由な航行を保障する国際協定（一八八八年十月締結）も引き続き有効であることも確認されていた。

しかし、英軍が運河地帯から撤兵すれば、エジプト軍がシナイ半島を北上するのではないかと恐れたイスラエルは、英軍撤兵を妨害すべくさまざまな破壊工作を展開。一九五五年二月には、イスラエル軍の攻撃によりエジプト軍兵士三十八名が犠牲になった。そこで、イスラエルへの対抗上、軍の近代化を計ろうとしたエジプトは、米国をはじめとする西側諸国から最新兵器を購入しようとしたが、米英仏の三ヵ国は、中東への武器供与を制限する三国宣言を理由にこれを拒絶。このため、ナセルはソ連に接近し、一九五五年十月、チェコスロヴァキア経由での通商協定という名目で、綿花（エジプトの主力輸出品）とのバーター取引を成功させ、大量のソ連製兵器を獲得した。

ところが、アラブの盟主を自認するエジプトがソ連に接近することで、他のアラブ諸国もこれに追随するのではないかという懸念を抱いた米国は、これに強く反発し、エジプトの封じ込めに乗り出す。その一環として、一九五六年七月十九日、国務長官のジョン・フォレスター・ダレスがアスワン・ハイ・ダム建設への資金援助の約束を突如撤回。英国と世界銀行も同様の声明をエジプトに対して発し、ナセルの悲願であったアスワン・ハイ。ダム計画は、資金不足から中止の瀬戸際に追い込まれてしまう。

追い詰められたナセルは、七月二十六日、年間一億ドルのスエズ運河の収益をアスワン・ハイ・ダム建設の資金に充てるべく、運河の国有化を宣言。管理会社である国際スエズ運河株式会社を接収して全資産を凍結した（図5）。

一方、スエズ運河の国有化宣言に激怒した英仏はイスラエルと同調し、武力による運河国有化の阻止を計画

①イスラエル軍が国境を越えてシナイ半島に侵攻

②それに対して英仏が〝スエズ運河の安全な航行を確保するため〟として、兵力引き離しのためにエジプト・イスラエル両軍をシナイ半島から撤退するように通告

③エジプトがこれを拒否したら、制裁のために英仏軍が介入し、エジプト軍をスエズ運河以西へ追い払ったうえで、平和維持としてスエズ運河地帯に駐留する

というプランを立案する。

この計画に従い、十月二十九日、イスラエル軍がシナイ半島侵攻作戦を開始し、第二次中東戦争が勃発。予想通り、エジプトは英仏の通告を拒否したため、英仏軍が軍事侵攻を開始し、イギリス軍の落下傘部隊はポートサイド（スエズ運河の地中海川の出口）を急襲した。

図6の郵便物は、そうした最中の一九五六年十一月二十一日にカイロからアメリカ宛に差し出されたもので「スエズ運河はエジプトの不可分の領土である」という内容のスローガンが入った消印が押されている。英仏の理不尽な圧力に屈しないというエジプトの姿勢を、広く国際社会に訴えようとする意図がストレートに現れた消印である。

結局、英仏によるスエズ侵攻作戦は、米ソを含む国際社会の厳しい非難を浴び、英仏両国は十二月二日には作戦を中止せざるを得なくなった。

これにより、ナセルの権威はアラブ諸国のみならず、アジア・アフリカの新興独立諸国の間でゆるぎないものとなった。

図5　スエズ運河国有化宣言の記念切手

図6　スエズ運河はエジプトの不可分の領土であると主張する標語印。

朴正熙ら五・一六革命の指導部がナセルとその革命を模範としたのも、こうした時代背景があったことは見逃せない。

しかし、第二次中東戦争では英仏を支援しなかった米国だが、ナセルの民族主義政権がソ連に接近することは許さず、アスワン・ハイ・ダム建設のための資金援助は凍結されたままだった。

そこでエジプトは、一九五八年以降、ソ連から資金と技術の援助を受け、一九六〇年からダム建設を着工する。

このため、朴正熙としては、民族主義者としてのナセルとその革命に共感し、そこに範を取りつつも、米国の同盟国であり、なにより、反共を国是として北朝鮮と対峙している以上、〝親ソ派〟と認定されているナセル政権への支持を表立って表明できない、というジレンマに陥ることになる。

ところで、アスワン・ハイ・ダムが完成すると、アブシンベル神殿をはじめとするヌビア遺跡が水没することが懸念された。そこで、ダム建設を決定したエジプト大統領ナセル自身がユネスコに要請し、一九六〇年から、ヌビア遺跡救済の国際キャンペーンが展開される。

当初、遺跡の救済キャンペーンに対しては、スエズ運河国有化に対する反発やアスワン・ハイ・ダム建設へのソ連の支援などもあって、西側世界では支持を得ることが難しいとみられていたが、フランス文化大臣のアンドレ・マルローの尽力もあって、世界五十ヵ国から総事業費の半額に当たる約四千万ドルの募金が集まり、一九六四年から一九六八年にかけて、アブシンベル神殿は約六〇キロ上方、ナイル川から二一〇キロ離れた丘へ移築された。

その結果、朴正熙政権としても、ナセル政権への支持・不支持とは別に、〝ヌビア遺跡保護〟に賛同することが可能となったが、このことは、アブシンベル神殿を移築しなければならなくなった原因としてのアスワン・ハイ・ダム建設の意義を（間接的にせよ）肯定的に評価することにつながる。この延長線上にあるのが、ナセルの革命を高く評価し、自分たちもナセルに学ぶべき点は学ぶというロジックである。

実際、大統領選挙に先立ち、朴正熙の著作として公刊された『国家、民族、私』において、朴は「我々も『漢江の奇跡』をなしとげうるのである。（中略）『経済至上』、『建設優先』。『労働至高』（中略）ナセル革命がアスワン・ダムをその象徴とするように、わが五・一六革命はその象徴として蔚山工業センターと第一次五ヵ年計画があげられる」と述べ、ナセルのエジプトが自分たちの〝革命〟のモデル（の一つ）であることを明言している。

一見韓国とは無関係の題材を唐突に取り上げたかのよう

にも見える〝ヌビア遺跡保護〟の切手だが、大統領選挙の投票日直前というタイミングを考えれば、五・一六革命以来の諸改革がナセルの革命に勝るとも劣らない実績を挙げつつあるというイメージを国民に想起させ、朴正熙（とその革命路線）への支持を誘導しようという意図を背後に読み取ることができよう。

朴正熙、大統領に当選

一九六三年十月十五日、民政移管のための大統領選挙が行われ、朴正熙がわずか十五万票差で野党候補の尹潽善を破り、当選した。

尹は「軍政によって病んだ国を民政で立て直そう」という選挙スローガンを掲げていたものの、具体的な政策に関しては、「自由平等の経済外交推進と韓日修好の正常化」、「外資導入促進による産業振興と失業者の救済」など、軍事政権の基本政策を踏襲するもので、朴との明確な差異を打ち出せなかった。また、朴が一九四八年に南朝鮮労働党員として逮捕され、死刑判決を受けたことを批判する〝思想論争〟も、いまさら李承晩政権時代に回帰しようとする復古的な印象を有権者に与えるものとして、尹にとっては逆効果だった。

こうして、大統領選挙勝利の余勢を駆った朴の民主共和党は、翌十一月に行われた国会議員の選挙でも勝利を収め、とりあえず、朴は安定した政権基盤を獲得する。

ところで、朴正熙の大統領就任式は十二月十七日に行われたが、その直前の十二月十日、〝世界人権宣言十五周年〟の記念切手（図7）が発行されているのは興味深い。

一九四八年十二月十日、第三回国連総会で採択された「世界人権宣言」に関しては、一九五八年の十周年以降、国連の人権委員会が、人権宣言を周知宣伝し、世界各国における基本的人権の保護を伸張させるため、各種の記念事業の一環として記念切手の発行を各国に呼び掛けている。人権宣言十周年にあたる一九五八年には、当時、李承晩政権下にあった韓国では記念切手が発行されていないので、世界

図7　世界人権宣言 15 周年の記念切手

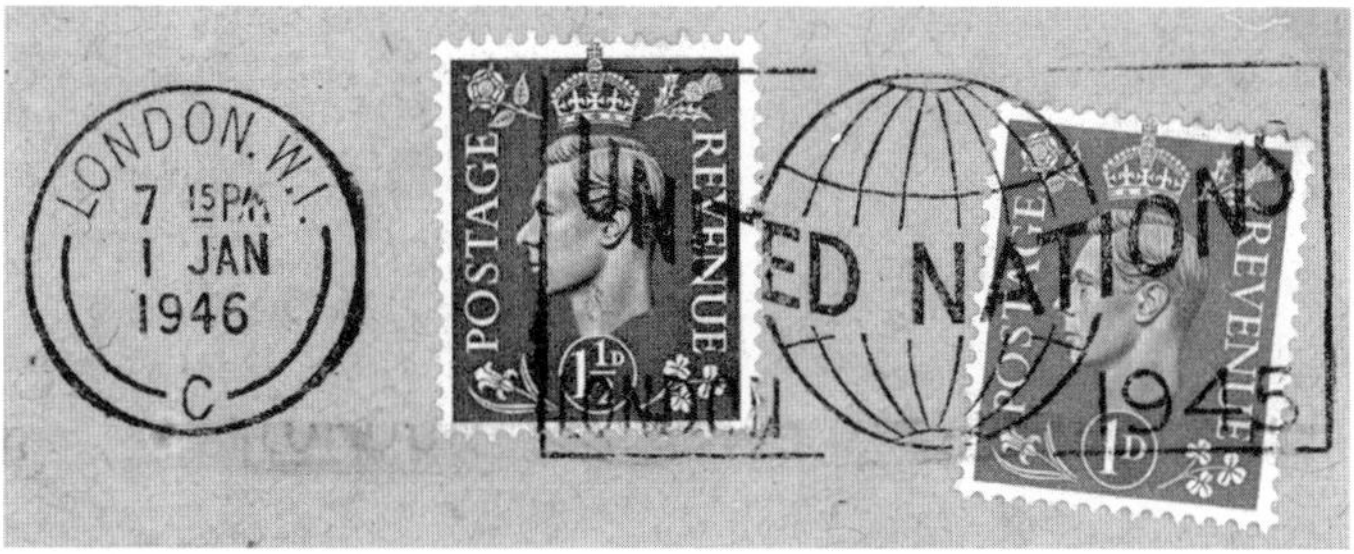

図8　ロンドンで開催された第1回国連総会を記念して使用された標語印。

人権宣言に関する韓国の切手としては、一九六三年のものが最初となる。

記念切手は、エレノア・ルーズベルトを描く三ウォン切手と地球を背に松明を共に掲げ持つ異人種の腕を描いた四ウォンの二種セットで構成されている。

このうち、三ウォン切手に取り上げられたエレノア・ルーズベルトは、一八八四年、ニューヨーク生まれ。一九〇五年、後に米国大統領となるフランクリン・ルーズベルトと結婚し、夫の大統領在任中はファースト・レディとして、ルーズベルト政権の女性やマイノリティに関するリベラルな政策にも大きな影響を与えた。

図9　国連の韓国承認15周年の記念切手

一九四五年四月十二日にルーズベルトが大統領在任中に亡くなると、後継大統領のハリー・トルーマンの要請で第一回国連総会代表団の一員となり、ロンドンで開催された総会（図8）では人権委員会の委員長に選出され、「世界人権宣言」の起草に着手。「世界人権宣言」の採択後も一九五二年まで米国の国連代表を務めた。国連代表を退任した後も、各国の女性団体に招聘され、女性の地位向上に尽力していたが、一九六二年十一月七日、七十八歳で亡くなった。

韓国の〝世界人権宣言十五周年〟の記念切手は、十二月十日の世界人権デー（世界人権宣言の採択記念日）に合わせて発行されたものだが、そのタイミングから、結果的にエレノアの追悼切手のような意味合いも併せ持つことになった。

また、図7の切手発行から二日後の十二月十二日には〝国連の韓国承認十五周年〟の記念切手（図9）も発行されている。

当時の国連の立場は、一九四八年五月に国連朝鮮委員会の監視下、米軍政下の南朝鮮でのみ総選挙が行われ、その結果として成立した制憲国会によって憲法が制定され、その憲法に基づき大統領を選出したうえで成立したのが大韓民国であるとの認定から、（国連監視下の選挙を経ずに朝鮮半島北半部に成立した朝鮮民主主義人民共和国ではなく）韓国のみが朝鮮半島の唯一合法政府であるという立場をとっていた。この時の米国の国連代表は、前述のように、エレノアである。

　こうしたことを併せて考えてみると、十二月十七日に朴正熙が大統領に就任する直前のタイミングで、相次いで国連関連の記念切手が発行された背景には、あらためて韓国が国連によって認定された〝朝鮮半島唯一の合法政府〟であることを強調しようとしたという意図を読み取ることは容易である。併せて人権と民主主義の観点から、軍事政権時代の朴正熙を必ずしも信頼していなかった米国に対して、あらためて民政復帰後は憲法を遵守し、人権を尊重する意思を示すことで、対韓イメージの向上を図ろうとしたという意図を読み取ることも可能かもしれない。

図10　1963年の“朴正熙大統領就任”の記念切手

　こうして十二月十七日、朴は韓国大統領に正式に就任し、韓国は第三共和国の時代に入る。これに合わせて韓国郵政は、彼の肖像と中央政庁を描く大統領就任の記念切手（図10）を発行した。以後、一九七八年十月二十六日に暗殺されるまで、約十六年の長きにわたり、朴は〝大韓民国大統領〟の座に留まり、その間、彼の肖像切手も幾度となく発行されることになるが、この切手はその最初の一枚となった。

　また、十二月十七日の大統領就任式に合わせて、伝統的な民族楽器を取り上げた〝楽器シリーズ〟の切手が十種セットで発行された。切手はいずれも額面四ウォンで、いわゆる国家的行事などの周知・宣伝のために発行される（狭義の）記念切手ではなく、特定のテーマを設定してシリーズとして発行される〝特殊切手〟としては、韓国最初の事例である。

　楽器シリーズの発行は、一九六二年に文化財保護法が制定され、政権によって〝民族文化の再発見〟が強調される中で企画・制作されたもので、一九六一年の百ファン切手（その後、通貨改革を経て同図案の十ウォン切手も発行されている）に取り上げられた長鼓とその演奏風景（図11）のほか、編磬《ピョンギョン》（図12）の切手がセットに含まれていることに注目したい。

　編磬は、木製の枠に〝L〟の字型に加工した十六個の玉石（磬）を吊り下げ、角槌で叩いて音を出す体鳴楽器で、磬はすべて同じ大きさで、厚みによって音の高低が異なる。木製の枠には黄金色の鳳凰と白い鷺鳥の装飾があるが、鳳

一九六三年発行〝楽器シリーズ〟の切手

図11 長鼓

図12 編磬

図13 唐觱篥

図14 大笒

図15 太平簫

図16 喇叭

図17 郷琵琶

図18 月琴

図19 伽倻琴

図20 臥箜篌

凰の黄金色は中央を意味し、白い鵞鳥は清らかな声と西を意味する。編磬の音は楽団の調律の基準となり、宗廟祭礼楽は編磬の玉の音で終わる。

大統領就任の日に合わせての発行であれば、切手の題材としては、宗廟祭礼楽の始まりの音を奏でる編鐘（編磬と同形式で、磬の代わりに、鉄製の鐘を十六個吊り下げた楽器）を取り上げるのが妥当とも考えられるが、ここでは、民政移管のため、軍事政権が終了したことを強調するため、あえて編磬の方を取り上げたということなのだろう。

ちなみに、杖鼓と編磬以外に、切手に取り上げられた八種の楽器の概要は以下の通りである。

①唐觱篥（タンピリ　図13）

ピリ（漢字表記では、觱篥もしくは篳篥）は伝統的なダブルリードの縦笛で、竹で作られた笛の本体部分に八つの穴がある。

広義には、木の葉で音を出す草笛、柳の皮などをはがして音を出すものまで含めることもあるが、伝統音楽の楽器としては、郷觱篥《ヒャンピリ》、唐觱篥《タンピリ》、細觱篥《セピリ》の三種類がある。

このうち、唐觱篥は高麗時代に中国から伝来した唐楽で主旋律の演奏に使われていたもので、大きさは二〇センチほどで多様な幅広い音色を出すことができる。現在では、宗廟祭礼楽や唐楽などで使われている。

②大笒（テグム　図14）

太く長い竹に孔をあけて作る横笛で、左の肩に乗せ、首を左にねじって演奏する。双骨竹で作られ、長さは七三―八四センチくらい。指孔は等間隔に六個あり、末端近くに七星孔（音律調節のための五つの穴）がある。吹き口と指孔の間に竹紙を張った清孔があり、空気が入ることで竹紙が振動し、低音は深く神秘的な音が出て、高音は耳に響くのびやかな音が出る。宮中宴礼楽、歌曲の伴奏、民俗舞踊曲などに広く用いられ、現代の映画音楽やポピュラー音楽にも使用される。

③太平簫（テピョンソ　図15）

中国の哨吶、ポルトガルなどのチャラメーラなどと同じ流れをくむ二枚リードの木管楽器で、指穴のある筒の部分は木製で、管の上端は真鍮や銅などの金属で覆い、その先に葦で作ったリードが付いており、木管の先はラッパのような形の金属が固定された構造となっている。指穴は全部で八個。上側に七個、下側に一個。約二オクターブの音域が出せる。音色は高くて強く、音量がかなり大きいため、野外で行われる農楽などでは欠かせない存在となっている。

④喇叭（ナバル　図16）

朝鮮の伝統音楽で使用される唯一の金管楽器で、日本語の〝ラッパ〟の語源とされる。指孔はなく、大吹打と呼ばれる行列音楽で使用される。

⑤郷琵琶（ヒャンピパ　図17）

五弦直頸で梨型胴の弦楽器。低音の第一―二弦を持続伴奏（ドローン）とし、他の弦で旋律的な動きを奏しながら声楽曲の伴奏をするのが本来の用法で、雅楽合奏の一部に利用される。

⑥月琴（ウォルグム　図18）

円形の共鳴筒に絹製の弦を四本張り、撥木で打って演奏する。高句麗の古墳壁画にも演奏する姿が描かれている。

⑦伽倻琴（カヤグムまたはカヤッコ　図19）

伽耶国（三―六世紀にかけて朝鮮半島中南部、洛東江流域を中心に散在していた小国家群）の嘉実王の下で、楽師于勒により開発・演奏されと伝えられる絃楽器で、日本にも奈良時代に新羅から伝わり、新羅琴と呼ばれて平安時代まで貴族の間で演奏された。柱を移動させることで調弦する十二弦の琴。楽器の頭部を右膝に乗せ、右手の親指・人差し指・中指で弾く。弾き爪はつけない。左手はビブラートなどの音色効果を出すために使われる。風流伽倻琴もしくは法琴と呼ばれる宮廷雅楽用のものと、散調伽倻琴と呼ばれる民俗楽用のものとがあり、散調伽倻琴の方がやや小ぶりである。

⑧臥箜篌（ワコンフ　図20）

箜篌《コンフ》は西洋のハープに似た楽器で、日本では百済琴とも呼ばれた。臥箜篌《ワコンフ》と、竪箜篌《スコンフ》、小箜篌《ソコンフ》の三種類がある。司馬遷『史記』封禅書には、漢の武帝の時代に〝空侯（＝箜篌）〟が作られたという記述があるが、この箜篌は琴のように寝かせて弾くことから、後に臥箜篌と呼ばれ、切手に取り上げられた楽器の原型になったものと思われる。

地域対立の顕在化

一九六三年末、軍事政権を引き継いで発足した第三共和国は、当面の最優先課題として、危機的な経済状況を打開する必要に迫られていた。

すなわち、軍政時代の一九六二年度にスタートした第一次経済開発五ヵ年計画は、年平均七・一％の経済成長を目標としていたものの、実際には資金の不足とインフレの進行により目標を達成できずにいた。さらに、一九六三年は凶作のため米価が高騰し、これに引きずられる形でインフレが増進。対外収支も悪化し、経済状況は悪化した。

このため朴政権は、日本との国交正常化を成功させて外資の導入を図るべく、一九六四年二月には日韓基本条約の仮署名にこぎつけた。そして、条約の仮署名を受けて、請求権をはじめとする懸案事項が協議され、四月三日、漁業問題・請求権・在日韓国人の法的地位・文化協力に関する大綱で両国の合意（〝四・三合意〟と呼ばれる）が成立した。

両国の国交正常化は、この時点で、事実上達せられたと見てよい。

しかし、一九六二年の金＝大平歓談に見られるように、軍政期間中の日韓交渉は正規の外交ルートに乗せられることはなく、また、韓国の国民世論をいっさい斟酌することもなく処理されたため、国民の中には、国交正常化交渉に疑問を持つ者も少なくなかった。

一九六三年の大統領選挙及び国会議員選挙において、朴正熙―金鍾泌ラインが、選挙資金として日本から二千万ドルの現金を受け取ったという噂が巷間に流布したのは、そうした国民世論の空気を如実に物語っている。

こうした状況の下で、一九六四年一月十日、朴正熙は「年頭教書演説」において自由主義陣営の結束を求める米国の意向を念頭に、あらためて日韓関係の改善を訴えたが、野党側は政府の姿勢を〝対日屈辱外交〟と決めつけ、大規模な反対運動を展開した。

当初、反対運動は純粋に政府の対日姿勢を糾弾するものであったが、次第に学生運動を吸収して急進化。一九六四年四月には高麗大学学生会長の李明博（後の大統領）が日韓国交正常化反対デモを指導したのを皮切りに、五月以降、学生運動は朴政権下野〟を求める反政府運動に転換。六月三日の学生デモ隊では〝朴政権打倒〟のプラカードが公然と掲げられた。

そこで政府は非常戒厳令を発し、デモ隊を鎮圧した。非常戒厳令は、国会の請求で七月二十八日に解除されたが、その後も、日韓条約反対の運動は止むことはなかった。

さらに、国民の間には、民政移管後も軍出身者ならびに慶尚道出身者が優遇されていることへの不満が少なからずあった。

韓国現代政治は、地域対立、特に慶尚道と全羅道の対立が深刻な問題となっているが、それが社会的に顕在化するようになったのは、五・一六革命以降のことである。

すなわち、李承晩政権末期の一九五九年初めの時点で、行政府各部の長官（日本の閣僚に相当）、次官の出身地は、大統領の李承晩を含む三人が黄海道の出身、この三人を含む五人が〝以北五道（北朝鮮の支配下にある黄海道、平安南道、平安北道、咸鏡南道、咸鏡北道）〟の出身で、ソウル出身が五人、慶尚道（南北）が六人、全羅道（南北）が二人という構成で、全羅道の出身者が人口比ではやや少ないものの、大統領の出身道からの登用が極端に多いわけではなかった。

次いで、李承晩政権崩壊後の民主党政権下では、政務次官制度が導入されたため、各部長官、次官の数は三十三人に増加したが、一九六一年初の時点では、大統領の尹潽善の出身地である忠清南道の出身者は尹を含めて三人しかおらず、最も多い京畿道が五人、次いで慶尚南道、同北道、全羅南道が四人ずつとなっており（慶尚道の八人中、四人は政務次官）、地域の偏りは少ない。

これに対して、一九六一年の五・一六革命後の各部の長官は、当初、全員が軍人であったが、一九六三年初の時点では、長官・次官三十人中、純粋の軍人は朴正煕を含めて十一人に減少したものの、出身道に関しては、慶尚北道が七人（うち大邱が三人）、慶尚南道が五人（うち泗川が三人）なのに対して、ソウルは三人、全羅南道は二人しかいない。また、民主党政権下では四人しかいなかった以北五道の出身者が九人に増えている。さらに、以北五道の九人のうち五人が軍人出身で、全羅南道に関しては二人とも軍人出身となっている。このことは、朴正煕政権が軍人と慶尚道の出身者を中心に構成されていたことを物語っている。

こうした状況は、一九六三年十月の大統領選挙で、朴正煕が全羅道で尹潽善を上回る票を得て当選した後も改善されなかったため、全羅南道を中心に、非慶尚道出身者の不満を招くことになった。

このため、日本との国交正常化をスムーズに進めるためにも、朴正煕政権としては、（少なくとも建前としては）各道を公平に扱っている姿勢を示し、地域対立が政権に対する直截な批判につながることを回避する必要に迫られることになる。

一九六四年五月二十五日に発行された〝観光シリーズ〟の特殊切手は、外国人観光客の誘致をにらんで、韓国内の主要な観光地十ヵ所を取り上げているが、慶尚道偏重との批判を受けないように、ソウルと各道から一ヵ所ずつ題材が選ばれている（図21）。

ちなみに、切手に取り上げられた観光名所は以下の通りである。

①秘苑（ソウル　図22）

ソウルの景福宮の離宮、昌徳宮の北側に広がる広大な庭園。もともと、離宮の後ろにあることから後苑と呼ばれていたが、豊臣秀吉による文禄・慶長の役の時代にソウルの宮殿がすべて焼失。一八六五年に景福宮が再建されるまで、一六一五年に再建された昌徳宮が王の在所となると、後苑も禁裏の庭園を意味する秘苑と呼ばれるようになった。

②華虹門（京畿道　図23）

一九六一年の航空切手にも取り上げられた水原の華城（九六頁）の城門で、市内を南北に流れる水原川の北側に位置し、七つのアーチ型水門が設置されている。門の上には単層の楼閣があり、水門の下に降り注ぐ水煙のしぶきの勢いが強い時には虹が現れることがあり、「華虹観張」として水原八景の一つに数えられている。

③義湘台（江原道　図24）

新羅時代の僧、義湘大師（六二五－七〇二）は、六七六年、江原道襄陽の海辺の高台に洛山寺を建立したが、その

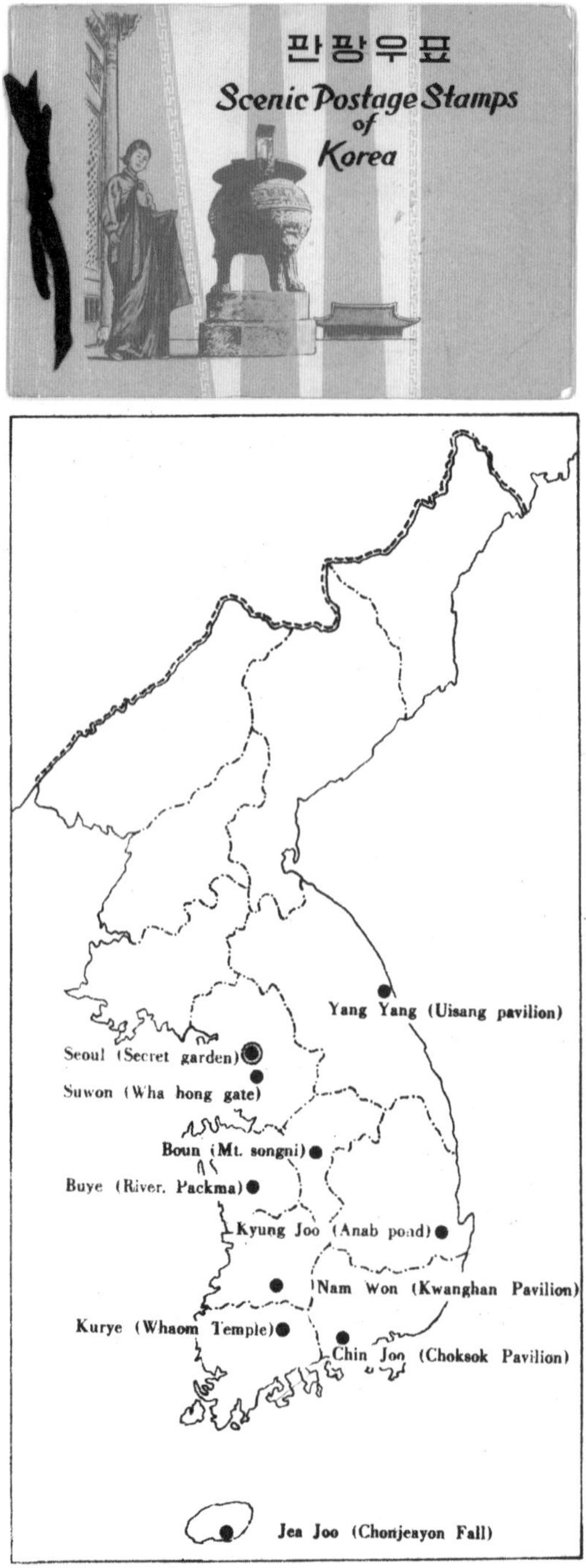

図21　1964年の観光シリーズの切手の贈呈帳の表紙と内部に印刷された地図。シリーズに取り上げられた観光名所が、韓国領内の全十道を網羅していることが示されている。

図22　秘苑

図23　華虹門

図24　義湘台

図25　俗離山

図26　白馬江

図27　雁鴨池

図28　矗石楼

図29　広寒楼

図30　華厳寺

図31　天帝淵瀑布

際、修行のため、八角形の東屋を建てた。これが義湘台で、ここから見る日の出は美しいことで知られている。現在の東屋は一九二五年に建てられたもの。

④俗離山（忠清北道　図25）

忠清北道の報恩郡及び槐山郡、慶尚北道の尚州市にまたがり、最高峰の天王峰（一〇五八メートル）以下、毘盧峰、観音峰、文蔵台、立石台などの九峰から構成されており、九峰山とも呼ばれる。また、東へ流れる洛東江、南へ流れる錦江、西へ流れる漢江の源流がある山としても知られ、華陽、仙遊、双谷などの渓谷がある。一帯は松林や松の大木が多く、特に正二品松と呼ばれる松は高さや傘のような枝ぶりの美しさで名高い。また、山麓の俗離山面には、曹渓宗の古刹、法住寺（六五三年創建）があり、文禄・慶長の役で焼失したが、再建された大仏や数々の建築物が残っている。

⑤白馬江（忠清南道　図26）

全羅北道の神舞山の東斜面に端を発する錦江のうち、忠清南道扶余から下流域の異称。沿岸には百済の古都、扶蘇山城（当時の名称は泗比城）があり、百済滅亡の際には三千人の宮女が身を投げたという伝説が伝わる落花岩は景勝地として有名。古代の日本・百済と新羅・唐との間で戦われた白村江の戦いの地とも推定されている。

⑥雁鴨池（慶尚北道　図27）

慶州月城の北東にある統一新羅時代の別宮、臨海殿の苑池。新羅文武王時代の六七四年の着工で、周囲は一・二六キロにも及び、大小三つの築島を持つ。新羅滅亡後は土砂に埋れて荒廃したが、一九七五年の発掘調査で遺構の全貌が明らかにされた。池の南と西の護岸には臨海殿などの建築址があり、池底から船遊びに用いた木船、菩薩像、金銅製鋏などが、宮廷の生活を偲ばせる資料が多数出土している。

⑦矗石楼（慶尚南道　図28）

南江沿いの岩の絶壁にそびえ立つ楼閣。高麗時代の一二四一年に創建され、八回に渡る重建と補修により、入母屋屋根の多楽楼として、嶺南（慶尚道）で最も美しい楼閣と称されるようになった。楼閣を支える石柱は昌原の矗石山から採石され、木材は江原道の五台山のものを使用している。近代以前は、戦時には晋州城の将帥が詰める本陣として利用されたほか、平時には、科挙の初試・郷試の考試場としても使用された。

オリジナルの楼閣は朝鮮戦争で焼失したが、晋州市民により、一九六〇年に復元された。

⑧広寒楼（全羅北道　図29）

一四一九年、朝鮮王朝の重臣でありながら、南原に流された黄喜が立てた楼閣〝広通楼〟がその起源で、一四四四年、文官の鄭麟趾がその美しい景観に魅せられ、月の国の美女が住むという宮殿、〝広寒清虚府〟になぞらえて〝広寒楼〟と命名した。正面五間、側面四間の巨大な建造物で、入母屋造の八作屋根となっている。一五九七年、慶長の役で焼失したが、一六三九年、南原府使の申鑑が復元した。韓国古典文学の『春香伝』では李道令と春香が出会う場所として、七夕の牽牛と織女の物語にちなんだ烏鵲橋があることでも有名。

⑨華厳寺（全羅南道　図30）

智異山麓の名刹。伝承によれば、百済時代の五四四年、縁起祖師が創建し、『華厳経』にちなんで命名した。六四三年に慈蔵律師が増築し、六七〇年には、新羅における華厳宗の開祖とされる義湘祖師が丈六殿（現覚皇殿）を建て、『華厳経』を石に刻んで壁にめぐらした。

文禄・慶長の役の際に焼失したが、一六三〇―三六年、碧岩禅師によって再建された。また、日本統治時代の一九二四年には、一九一一年に朝鮮総督府が指定した〝朝鮮三十本山〟に追加され、これにより、朝鮮三十本山が朝鮮三十一本山になったことでも知られる。

⑩天帝淵瀑布（済州島　図31）

済州島最大規模の滝で、天帝に仕える七人の天女らが夜、紫色の雲に乗って舞い降り、澄んだ水でこっそり沐浴をして天に昇ったという伝説が残る。滝は三段になっており、第一の滝が二二メートルの高さから深さ二一メートルの池に流れ落ち、この池が第二、第三の滝となっている。渓谷の上には七人の天女像を彫刻した〝仙臨橋〟と、楼閣〝天帝楼〟があり、展望スポットになっている。また、滝から海岸まで続く二キロの道には百を超える暖帯植物が自生しており、天然記念物に指定されている。

北朝鮮と日韓交渉

ところで、日韓条約反対を大義名分とした反政府運動の背景には、一部、北朝鮮の煽動があったことは公然の秘密であった。

すなわち、日韓交渉の進展に合わせて、北朝鮮はさかんに〝日本軍国主義〟非難を展開し、韓国政府を「日本軍国主義に対して屈辱的な姿勢で国交を乞うもの」として罵倒した。日韓の国交正常化が南北分断を固定化させ、日米韓の政治的・軍事的トライアングルが強化されることは、北朝鮮にとっては脅威そのものであった。また、〝日本軍国主義〟と朴正熙を非難すれば、韓国内の反政府勢力を扇動し、親北派として育成できるという思惑もあったはずだ。

ここで、日韓の国交正常化交渉に対応する北朝鮮側の動きを見てみよう。

李承晩政権の下、日韓関係が冷え込んでいた一九五〇年代末には、北朝鮮は韓国の反対を押し切って在日朝鮮人の帰還事業を成功させ、彼らの資金・技術・労働力などをある程度移入することに成功した。

ところが、実際に帰還事業が始まってみると、日本国内の〝進歩的知識人〟らの無責任な言説とは裏腹に、現実の北朝鮮が〝地上の楽園〟でもなんでもなく、韓国以上に貧しく、抑圧的な体制であることが在日社会でも広く知られるようになったため、一九六二年には北朝鮮へと渡る在日朝鮮人の数は激減した。

この間、一九六一年の五・一六革命で発足した朴正熙政権は、日本との国交正常化交渉を進め、一九六二年十一月には金＝大平会談で請求権問題についての大筋合意が成立する。

一方、この時期の北朝鮮にとっては、中ソ対立が激化し、ソ連が西側に対する宥和政策をさらに進めていく中で、いわゆるキューバ・ミサイル危機が発生したことで、対外戦略を根本的に見直す必要に迫られていた。

一九五九年、キューバ革命が発生し、フルヘンシオ・バティスタの親米独裁政権が倒れ、フィデル・カストロ率いる革命政権が発足した（図32）。当初、カストロの革命政権は必ずしも社会主義化を志向していたわけではなかったが、あまりにも極端な富の偏在を正すため、農地改革を実施し、外国人（その中心は米国企業）の土地を収容したことから、米国と対立する。そして、一九六一年四月、プラヤヒロン侵攻事件でCIAの支援を受けた反革命亡命キューバ人部隊を撃退したカストロは、社会主義宣言を行い、米国とキューバの亀裂は深刻なものとなった（図33）。

こうした状況の下で、ソ連はキューバへの核ミサイル配備を計画するが、一九六二年十月、計画が発覚し、いわゆるキューバ・ミサイル危機が発生。米国がキューバ近海を封鎖して、キューバへの核ミサイル配備を阻止するためには戦争も辞せずとの強い姿勢を示したことで、米ソの話し合いによって政治的決着が図られることになり、米国がキューバに侵攻しないことを保証し、トルコからミサイル基地を撤去することを密約する代償として、十月二十八日、ソ連はキューバのミサイル基地を撤去することを米国に通告する。

こうして、世界は核戦争の脅威から解放されたが、ミサイル危機がソ連の〝一方的な譲歩〟（実際には、上述のように、米国も一定の譲歩をしていたが、このことが明らかになるのは後日のことである）で解決されたかのような印象を世界に与えたことで、社会主義陣営は深刻な分裂状態に陥った。

すなわち、一九五三年に亡くなった独裁者スターリンの後を継いでソ連共産党の書記長となったフルシチョフは、すでに、一九五六年二月の共産党大会でスターリン批判を行い、米ソの平和共存を明確に打ち出していた。ソ連の軍事的実力を正確に理解していたフルシチョフの目には、米国との全面戦争など、勝ち目のない無謀なものとしか映らなかったからである。

しかし、一九五三年まで米国を相手に朝鮮戦争を戦っていた中国、北朝鮮、一九五四年まで独立闘争を戦っていた北ヴェトナムなど、戦争の記憶が生々しく、冷戦の最前線として米国の脅威に直接さらされている国々からすれば、フルシチョフの路線は〝変節〟以外の何物でもなかった。

ミサイル危機は、まさにこういう状況下で起こったため、その結果を目の当たりにしたアジアの社会主義国家は、い

図33　キューバが発行した“プラヤヒロンの勝利3周年”の記念切手

図32　キューバ革命達成の記念切手

ざという時には、ソ連は自分たちを見捨てて米国と妥協するのではないかという不信と不安に駆られることになる。こうした状況下で、朴正熙の韓国が日本との関係改善を進め、日米韓のトライアングルによって北朝鮮を封じ込めようとする構図は、北朝鮮にとっては悪夢でしかない。

実際、在日朝鮮人の帰還運動の〝成果〟も踏まえて、一九六一年に開始された（第一次）七ヵ年計画では、当初、「人民生活を画期的に向上させること」に重点を置いた経済建設計画が立てられていたが、上述のような国際環境の激変を受けて、北朝鮮は国防においても中ソ両国に頼らない自力更生路線を志向せざるを得なくなっていた。

そこで、金＝大平会談から間もない一九六二年十二月に開催された朝鮮労働党第四期中央委員会第五次全員会議では、「国防建設と経済建設の併進路線」が採択され、すでに開始されていた七ヵ年計画を後退させても、国防力を増強することが決定された。その具体的な国防方針として採択されたのが

①全人民の武装化
②全国土の要塞化
③全軍装備の現代化
④全軍の幹部化

の四項目からなる〝四大軍事路線〟である。

当時、北朝鮮当局は〝併進〟の建前の下、国防建設によって国民経済を犠牲にするわけではないと強調していたが、実際には、四大軍事路線は、経済建設を犠牲にして国防建設を優先させる方向へ政策を転換したことの宣言に他ならない。なお、当時、北朝鮮はソ連との関係に配慮して、四大軍事路線とキューバのミサイル危機についての関連については沈黙していたが、事件から十年近くが経過し、ほとぼりが冷めた一九七一年には、〝キューバ革命の獲得物を守ろう！〟と題する切手（図34）を発行しており、キューバとの連帯（と修正主義への異議）が表現されている。

さらに、一九六四年二月、日韓基本条約の仮署名が行われると、北朝鮮はこれに対抗して〝三大革命力量論〟を主張するようになる。これは、「南朝鮮（韓国）での革命を達成するためには、北朝鮮の革命勢力、南朝鮮の革命勢力、国際的革命勢力の三者を強化し、結合させよう」というもので、この理論に基づき、北朝鮮はソウルの運輸業者・金鐘泰（図35）に工作資金を提供し、〝統一革命党創党準備委員会〟を結成させたといわれている。

そうした対外宣伝の一環として、一九六四年三月一日、北朝鮮は〝一九一九年三・一人民蜂起四十五周年〟の記念切手（図36）を発行する。

北朝鮮の歴史認識では、金日成らの抗日闘争とソ連によ

る朝鮮解放を経て、一九四八年四月、南朝鮮（当時）の代表も出席した南北連会議の結果として建国されたのが、朝鮮半島唯一の正統政権としての朝鮮民主主義人民共和国であるということになっていたため、三・一独立運動は、あくまでも〝失敗したブルジョア革命〟でしかない。それゆえ、三・一独立運動を経て誕生した大韓民国臨時政府は全く無価値な存在であり、李承晩政権が臨時政府の後継者であることをもって大韓民国の正統性を主張することには根拠がないと切り捨てていた。

　朴正熙の第三共和国は、李承晩時代からの脱却を図るためにも、李が〝大統領〟を務めていた大韓民国臨時政府についてはあえて無視していたが、それでも、三・一独立運動は大韓民国の原点であるという認識までは放棄していなかった。ただし、李承晩時代に三・一独立運動の〝歴史的意義〟が盛んに強調されてきたことに加え、日本との国交正常化という大目標を達成するためには、日本を不用意に刺激しないほうが得策との判断もあって、一九六一年の軍事政権発足以降、三・一独立運動やその関連の題材が国家のメディアである切手に取り上げることはなくなっていた。

　したがって、北朝鮮としては、朴政権があえて触れないようにしていた三・一独立運動を切手に取り上げることで、朴正熙は国交正常化のために日本に媚びへつらい、変節し

図 34　北朝鮮が発行した“キューバ革命の獲得物を守ろう！”の切手。キューバの地図と革命を防衛するキューバ兵が描かれている。

図 35　金鐘泰と統一革命党の活動は、1968 年 8 月 24 日、KCIA（韓国中央情報部）によって摘発され、金以下 45 名が逮捕され、金は 1969 年 7 月 10 日に処刑された。1971 年、北朝鮮は処刑された金を讃える記念切手を発行している。

図 36　北朝鮮が発行した“3・1 人民蜂起 45 周年”の記念切手

図37　北朝鮮が発行した“光州学生運動”の切手

たのではないかと非難する意図を込めて〝三・一人民蜂起〟の記念切手を発行したものとみてよい。

また、東京五輪期間中の十月十五日には、北朝鮮は〝光州学生運動〟を題材とした記念切手（図37）を発行している。

日本統治時代の一九二九年十月三十日、全羅南道の光州＝羅州間の鉄道車両内で日本人中学生（旧制）の福田修三らがよろめいて朝鮮人女子生徒にぶつかったところ、乗り合わせた朴準埰は、福田が従妹の朴己玉（実は福田がぶつかったのとは別人で、現場にいなかったとされる）をからかったと誤解し、いきなり福田を殴りつけた。これをきっかけに、日本人学生と朝鮮人学生の間で乱闘騒ぎが発生。その際、日本の警察当局が朝鮮人学生のみを検挙すると、これに憤激した朝鮮人学生たちは、同年十一月三日を期して「植民地差別教育撤廃！　朝鮮独立万歳！」を叫んで暴動を起こした。

これが〝光州学生運動〟で、切手はその三十五周年というタイミングで発行されている。

光州学生運動は朝鮮総督府の報道管制にもかかわらず朝鮮全土に波及し、翌一九三〇年三月末まで、累計五万四千名の学生が同盟休校と示威活動に参加したとされている。

事件が起きた昭和初期は、日本本土のみならず、朝鮮においても学生の間では社会主義の影響が強く、光州学生運動の関係者にも社会主義に共鳴していた若者が少なくなかったとも指摘されていることから、北朝鮮ではその歴史的意義が高く評価している。

一方、三・一独立運動後に起きた最大の反日運動であったことから、李承晩政権も事件の歴史的意義を認め、一九五三年、事件の記念日にあたる十一月三日を〝学生の日〟とした。ただし、日韓国交正常化交渉を進めていた時期の朴正熙政権は、日本に対する配慮もあって、この事件に関する記念イベントなどは実施していない。

そこで北朝鮮としては、韓国国内の反日ナショナリズムを煽り、朴正熙の〝軟弱姿勢〟を攻撃するための手段として、このような切手を発行したとみるべきだろう。

なお、光州学生運動は、列車の中で女性がからかわれた（と朝鮮人学生が勘違いした）ことが発端となったわけだが、それにしては、いわゆる慰安婦問題で一部活動家が主張しているように、多くの朝鮮人女性が無理やりトラックに詰め込まれ、拉致されて行った先で売春を強要されたにもかかわらず、光州学生運動に匹敵する大規模な抵抗運動が起きた形跡がほとんどないのは、筆者には、なんとも不可思議なことに思えてならない。

東京五輪

一九六四年十月十日に開幕した第十八回オリンピック東京大会（以下、東京五輪）は、こうした時期に行われたために、韓国・北朝鮮の参加問題も大きな焦点にならざるを得なかった。

大韓民国成立以前の一九四八年七月に開幕したロンドン五輪に代表を派遣して以来、南朝鮮＝韓国は、朝鮮戦争中の一九五二年冬季のオスロ大会を除き、一九六〇年まで夏・冬のすべての大会（一九五二年夏季のヘルシンキ大会を含む）に選手団を派遣してきた。

これに対して、北朝鮮は自分たちこそが朝鮮半島の正統政府であり、韓国が出場する大会には参加すべきではないという大義名分や、朝鮮戦争とその後の戦後復興を優先するという国内事情などもあって、一九五六年夏季のメルボルン大会（図38）までは、ほとんど五輪に対して関心を示さなかった。

図38　メルボルン五輪に際して韓国が発行した記念切手。なお、同大会での韓国人選手は、ボクシング男子バンタム級で宋順天が銀、ウェイトリフティング男子ライト級で金昌熙が銅のメダルを獲得している。

ところが、メルボルン五輪終了後の一九五七年、北朝鮮は韓国に対して、次回（一九六〇年）のローマ五輪に合同選手団による参加を呼びかけた。この提案は、韓国側の拒絶により実現しなかったが、当時から、北朝鮮は統一のための第一段階としてスポーツ交流を考えていたことがうかがえ、興味深い。

ローマ五輪（図39）終了後の一九六二年七月、北朝鮮のオリンピック委員会は、一九六四年の東京五輪への南北単一チームによる参加を再び提案。一九六三年五月、南北間で合同選手団の構成問題についての第一回実務者協議が行われた。このときの協議では、合同選手団の名称や、韓国関係者の北朝鮮関係者に対する不信感、選手団選考などで南北間の溝が埋まらず、交渉は難航。七月には二度目の会談が行われたが、この席うえで韓国側から会談打ち切り通告があり、結局、合同選手団は破談となった。

これを受けて、同年十月、北朝鮮が〝ＤＰＲＫ〟として国際オリンピック委員会（ＩＯＣ）に正式加盟し、一九六四年冬季のインスブルック五輪以降、南北は別個に選手団を派遣することになった。実際一九六四年のインスブルック五輪には、北朝鮮は五輪初参加を果たした。

ところが、東京五輪への北朝鮮への参加に関しては、あらたに〝新興国競技大会（ＧＡＮＥＦＯ）〟問題が発生する。

ことの発端は、一九六二年八月、インドネシア・ジャカルタでの第四回アジア競技大会（図40）開催に先立ち、スカルノ政権が、アラブ諸国及び中国との連携を重視して、参加資格を有するはずのイスラエル及び台湾選手団に対してビザを発給しなかった（＝入国を認めなかった）ことに

図 39　韓国が発行したローマ五輪の記念切手。同大会でもメダル獲得が期待される競技として、1948 年のロンドン大会から 1956 年のメルボルン大会まで3大会連続でメダルを獲得したウエイトリフティングが取り上げられたが、同大会では韓国は全競技を通じて１つもメダルを獲得できなかった。

図 41　GANEFO に際して開催国のインドネシアが発行した記念切手

図 40　第４回アジア競技大会に際して開催国のインドネシアが発行した記念切手

ある。

これに対して、ＩＯＣ、国際陸上競技連盟（ＩＡＡＦ）、国際ウェイトリフティング連盟（ＩＷＦ）は、参加資格がある国の参加を認めないことを理由に、第四回アジア大会を正規の競技大会とは認めないとの方針を表明。さらに、翌一九六三年四月にＩＯＣがインドネシアのＩＯＣ加盟国としての資格停止（＝オリンピック出場停止）を決議すると、これに対抗しアラブ諸国十二ヵ国が一九六四年の東京五輪のボイコットを示唆して、対立が深まった。

このため、一九六三年四月二十八日、インドネシアはＩＯＣからの脱退を表明し（ただし、実際には脱退しなかったが）、五輪に対抗しうる総合競技大会として、ソ連、中国（ＩＯＣ非加盟）などの社会主義諸国や反イスラエルのアラブ諸国、さらにはアフリカの新興独立諸国に呼びかけて、ＧＡＮＥＦＯを開催すると発表。これに対して、ＩＯＣやＩＡＡＦ、国際水泳連盟（ＦＩＮＡ）などは、ＧＡＮＥＦＯに出場した選手は五輪参加資格を失うと宣言して対抗した。

結局、ＧＡＮＥＦＯは一九六三年十一月にジャカルタで開催され（図41）、五十一ヵ国二千七百人が参加した。ただし、中国から有力選手が多数参加して多くのメダルを獲得したのに対して、ＩＯＣとの全面対立を望まなかったソ連は決して有力ではない選手を派遣してお茶を濁すなど、当初から迫力を欠いたものとなった。一方、北朝鮮はＩＯＣへの加盟がＧＡＮＥＦＯの開催直前だったこともあって、結果的に、ＧＡＮＥＦＯに有力選手を参加させることになり、多くの選手が出場禁止の対象となった。

北朝鮮側は、最終的にＩＯＣはＧＡＮＥＦＯに出場した北朝鮮選手の東京五輪出場を認めるものとみていたようで、予定通り、東京五輪に参加することを前提に、会期約一ヵ月前の一九六四年九月五日、東京五輪の記念切手（図42）を発行している。

さて、ともかくも北朝鮮が東京五輪への初参加を表明したことで、一九六四年三月、大韓体育大会会長の閔寛植が来日し、駐日代表部、在日本大韓民国居留民団（民団）、在日本大韓体育会（在日体育会）に支援を要請。これを受けて、民団中央顧問の李裕天を会長とする東京オリンピック在日韓国人後援会（以下、後援会）が結成された。

後援会は
①韓国選手の強化練習の支援
②韓国からの五輪参観団三千人の招請
③在日同胞応援団の結成
を目標とし、そのための予算として一億四千六百万円を目標に募金活動を行った。

サッカーW杯スイス大会予選の日韓戦でも巨額の支援を

図42　北朝鮮が発行した東京五輪（1964年）の記念切手

図43　韓国が発行した東京五輪（1964年）の記念切手

行った鄭建永は、その後、曺寧柱の影響で〝大アジア主義〟に感化され、一九五七年、銀座で町井一家を母体に「東洋の声に耳を傾ける」との理念を掲げて〝東声会〟を結成。右翼・尊皇・反共を旨として、朝鮮総連に対する防波堤をもって任じた。

東声会は、東京、横浜、藤沢、平塚、千葉、川口、高崎などに支部を置き、一千六百人の構成員を抱える広域暴力団へと急成長したが、そのため、これに脅威を抱いた他の暴力団等が反東声会で結束。さらに、警察による取り締まりの強化で東声会の幹部の逮捕が相次いだため、一九六三年、鄭は児玉誉士夫の仲介により、三代目山口組・田岡一雄組長の舎弟となった。

ちなみに、大韓体育大会会長の閔寛植が来日する直前の一九六四年二月、警視庁は東京五輪に向けて「組織暴力犯罪取締本部」を設置し、（第一次）頂上作戦として、暴力団の全国一斉取締りを開始したが、その対象となった広域十大暴力団（神戸・山口組、神戸・本多会、大阪・柳川組、熱海・錦政会、東京・松葉会、東京・住吉会、東京・日本国粋会、東京・東声会、川崎・日本義人党、東京・北星会）の中には、鄭の東声会もしっかり入っている。

閔はこうした事情を十分に理解したうえで、東声会にも後援会への支援を求め、鄭もこれに応えて後援会を物心両面から支えていた。

北朝鮮が初参加する五輪ということで、韓国としては、なんとしても北朝鮮を上回る選手団を派遣し、一つでも多くのメダルを獲得する必要があった。このため、後援会の支援を受けて、メダル獲得の可能性があるとみられたレスリング、ボクシング、マラソンの有力選手三十五人が事前に東京に派遣され、練習を積んでいる。また、開会式当日の十月十日、従来は二種セットだった五輪参加の記念切手が一挙に五種（と小型シート五種）発行されたのも、そうした韓国側の気合の現れとみることも可能だろう（図43）。

また、後援会は三千人の参観団派遣という目標を設定したが、これは、北朝鮮が参観団を派遣しない（できない）という事情をとらえて、総連系が優位とされていた在日社会（当時は、総連系六、民団系四の比率といわれていた）に韓国の存在をアピールするとともに、多くの韓国人に〝日本〟を実際に見せることで、国交正常化を前に対日感情を和らげる効果をねらってのことであった。

こうして、九月十八日と二十三日の二回に分けて、二百三十四人もの大選手団が来日し、代々木の選手村に入った。ちなみに、前回のローマ大会での韓国選手団は六十七人、東京の次のメキシコシティ大会では七十六人だったから、東京大会での選手団が異例の規模であったことがわかる。

ところが、代々木の選手村では、民団や後援会の機先を制して、朝鮮総連の関係者が「朝鮮選手団を熱烈に歓迎する」という文言と金日成の写真が印刷されたビラを配りながら、到着した選手たちを出迎えるという事件が発生。このため、東声会が朝鮮総連を実力で排除し、その際に負傷者も出たが、警視庁は〝国際問題〟への関与を恐れて、見て見ぬふりで通している。

一方、北朝鮮の選手団は、十月四日、ソ連船ヤクーチャ号で新潟に入港し、鉄道で東京入りした。当初の予定では、北朝鮮選手団も代々木の選手村に入る予定だったが、有力選手の辛金丹らがGANEFOに参加（特に、辛は陸上女子中距離の四〇〇及び八〇〇メートルで、未公認ながら世界記録を更新して金メダルを獲得）していたという理由で、五輪への〝参加資格なし〟とみなされたため、選手団全員が選手村へは入村せず、小平市の朝鮮大学校へ入った。このため、東京五輪の組織委員会は必至の調停を行い、最終的に、IOCは彼女の出場を容認したものの、国際陸連は彼女の出場を頑として認めなかった。

ちなみに、九月二十八日に日本に到着したインドネシア選手団に関しても、参加資格のない選手が含まれていたことを理由に、該当する選手は選手村への入村は認められなかった。

そこで組織委員会は、選手村への入村を拒否された選手に対して別途宿泊施設を用意するなどの妥協案を提示したが、両国はともに、一部選手を分離して宿泊させることを拒否。十月八日、両国の選手団は五輪への不参加届を出して、開会式の行われた十日に帰国してしまった。

ところで、辛には、朝鮮戦争で離散家族となった父親の文濬が韓国におり、一九六四年当時はソウルのセブランス病院に勤務していた。文濬は娘に会えることを期待して、韓国からの参観団に加わっており、後援会長の李裕天は、組織委員会の協力を得て、父娘の対面を実現できるように奔走していた。

当初、北朝鮮側は「辛金丹には父親はいない」との冷淡な対応だったが、最終的に、北朝鮮選手団が帰国する十月九日、東京・飯田橋の朝鮮総連中央会館で十五分間のみの対面が実現した。ただし、北朝鮮側は辛を〝保護〟するとして彼女の周りでスクラムを組んでいたため、父娘は会話らしい会話ができなかった。また、父親の文濬が服などの土産を渡そうとしたところ、北朝鮮側は「こんなものは必要ない。我々は豊かに暮らしている」として、それらを捨ててしまったという。

こうして、東京五輪開会式の前日、北朝鮮の選手団は東京を去った。ちなみに、北朝鮮が夏季五輪に参加するのは、一九七二年のミュンヘン大会以降のこととなる。

一方韓国は、翌十日からの大会で、ボクシング男子バンタム級の鄭申朝とレスリング男子フリースタイルフライ級の張昌宣が銀、柔道の男子八〇キロ以下級の金義泰が銅のメダルを獲得している。

ヴェトナム派兵

東京五輪もあって、一時休止となっていた日韓国交正常化交渉は、五輪終了後の十二月に再開され、翌一九六五年二月には、日本の外相、椎名悦三郎が訪韓して日韓基本条約の仮署名が行われた。

この間、請求権問題とともに、両国間の最大の懸案事項となっていた竹島問題については、一九六五年一月、自民党の宇野宗佑議員が訪韓して韓国の丁一権国務総理と会談。その結果

①島については、今後双方が自国の領土と主張することにし、これに反論することに異議は提起しない

②韓国が占拠している現状は維持するが、警

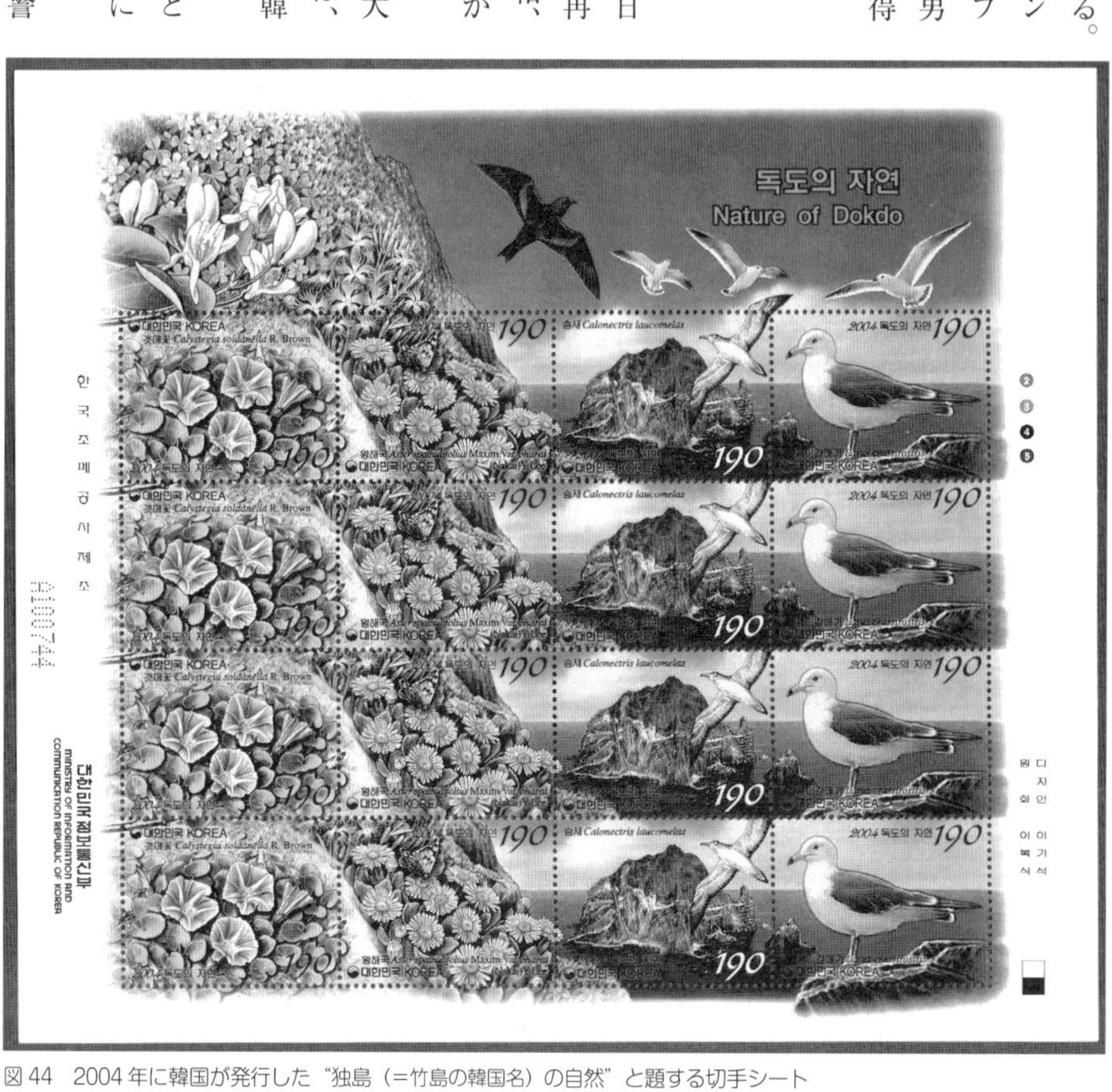

図 44　2004 年に韓国が発行した“独島（=竹島の韓国名）の自然”と題する切手シート

備隊員の増強や新しい施設の増築などはしない
③両国はこの合意を守る
として、竹島問題を事実上棚上げにする密約が成立。大統領の朴正熙がこれを自ら裁可し、日本側の佐藤栄作首相などに伝えられたという。

ただし、こうした密約はあくまでも密約でしかないから、交渉に関わった当事者がいなくなれば、対立が再燃することは避けられない。実際、二〇〇四年、盧武鉉（一九四五年の解放後に生まれた初の大統領）政権下で韓国が竹島切手を発行し（図44）、竹島問題があらためてクローズアップされることになったのは、その証左といってよい。

一方、日韓国交正常化が着実に前進していく中で、一九六五年一月、韓国政府は対外政策上の重要な決断を下す。

南ヴェトナムへの韓国軍の派兵である。

第二次大戦中の一九四〇年六月、ドイツ軍がパリに入城し、同二十二日、フランスは降伏した。これにより、フランス北部と大西洋沿岸はドイツによって占領され、フランス南部は親独ヴィシー政府が管轄することになる。

この結果、現在のヴェトナム・ラオス・カンボジアに相当するフランス領インドシナ（仏印）は、いわば主なき状態に放り出された。この機に乗じて、日本はヴィシー政府に圧力をかけ、八月三十日、フランスのアンリ大使との交渉で北部仏印に関する協定をまとめた。

同協定に基づき、日本側は、極東におけるフランスの権益とインドシナの領土保全を認めたうえで、ハノイ経由の援蔣物資の輸送を停止するため、九月二十三日、北部仏印に進駐し、ここを事実上の軍事占領下に置いた。その後、一九四一年七月には日本軍は南部仏印にも占領し、仏印全域が事実上の日本占領下に置かれることになった。

ただし、その後も、仏印の主権はフランス側が維持し、仏印当局も日本に対して好意的な中立を保つという状況が戦争末期まで続いていた。ところが、戦争末期になって、東南アジア各地からの撤退を余儀なくされた日本軍は、日本本土と中国戦線の交通が途絶することを恐れ、一九四五年三月、〝明号作戦〟を発動し、フランス植民地政府を武力によって解体。ヴェトナム、ラオス、カンボジアに旧王族を担いだ親日政府を樹立した。

しかし、ほどなくして、一九四五年八月十五日に日本の敗戦が発表されると、共産主義者のホー・チ・ミンの下、フランスに対して植民地解放闘争を戦ってきた越南独立同盟（ヴェトミン。一九四一年結成）はヴェトナム独立を宣言してハノイで蜂起。九月二日、ホー・チ・ミンを国家主席とするヴェトナム民主共和国臨時政府の樹立が宣言された（図45）。

図45　ヴェトミンの支配地域で発行されたホー・チ・ミンの切手

一方、九月二日の降伏文書調印に続き、連合国軍最高司令官（ダグラス・マッカーサー）の名前で「一般命令第一号」が発せられると、ヴェトナムでは、旧宗主国のフランス軍が本格的に進駐するまでの暫定措置として、北緯一六度線以北に中国国民党軍が、以南に英軍が進駐。その後、十一月にかけて、ようやく、フランス軍が進駐する。なお、この間日本の第三十八軍は連合国軍の進駐に備えて待機していたが、一部はヴェトミンなどに武器を引き渡したり、個人としてヴェトミンに合流したりする者もあった。

中英による分割占領時代、ヴェトナム北部では、反共を国是とする国民党軍の下でヴェトミン系労働者の多くが逮捕・追放されたため、臨時政府は非共産主義者を入閣させるとともに、一九四六年一月六日に総選挙を実施し、三月三日には憲法制定のための第一期国会が発足した。

さて、一九四六年二月二十八日と三月六日、臨時政府はフランスと予備協定（ハノイ暫定協定）を締結。これにより、フランス連合インドシナ連邦の一国としてのヴェトナム民主共和国独立と、独立後もトンキン地方にフランス軍が駐留することが決められたが、その一方で、ヴェトミンの勢力が及ばなかったヴェトナム南部に関しては、フランスは、プランテーション入植者の既得権益を優先するため、三月二十六日、親仏傀儡政権として〝コーチシナ共和国〟を成立させた。

こうしたこともあって、予備協定の締結後も、ヴェトミンとフランス軍との小競り合いは止まなかったため、六月一日、ヴェトミンは独立戦争の長期化に備え、クァンガイ陸軍中学を設立。同校の校長はグエン・ソン将軍、政治委員は第五戦区上級軍事幹部ドアン・クエ（いずれもヴェトナム人）だったが、教官・助教官と医務官は全員、旧日本陸軍将校・下士官で構成されていた。こうした日本軍出身教官の指導の下、ヴェトナム初の本格的な陸軍士官学校となった同校はヴェトナム陸軍をインドシナ随一の精強兵力に育て上げ、フランス、米国、中国との戦争でのヴェトナム軍の勝利に大いに貢献することになる。

陸軍中学の設立後、ホー・チ・ミン以下、臨時政府の

図46　バオ・ダイ

代表団は、フランス本国のフォンテーヌブローでヴェトナムの独立問題についてフランス側と協議したものの、コーチシナの分離問題などで九月には交渉は決裂。同年十二月十九日、フランス軍がトンキン・デルタ地帯の各要衝やハノイのホー・チ・ミン官邸、その他重要施設を襲撃したのをきっかけに、第一次インドシナ戦争が勃発した。

第一次インドシナ戦争が勃発すると、フランスは、ヴェトナム民主共和国に反感を持つ反共知識人や反共民族主義者、阮朝時代の官人や南部ヴェトナムの諸宗教団体などの支持も得て、香港に亡命していた阮朝最後の皇帝バオ・ダイ（図46）を擁立してヴェトナム国の建国を計画。一九四八年五月二十七日、暫定政府としてヴェトナム臨時中央政府を成立させ、一九四九年三月のフランス・ヴェトナム協定を経て、同年六月十四日、ヴェトナム国を正式に発足させた。

その後、フランス軍はヴェトミン側の攻勢により徐々に追い詰められていったが、一九五三年十一月、ラオスとの国境に近いヴェトナム西北部の盆地ディエン・ビエン・フーに要塞の建設を開始。一九五四年三月には四十門以上の大砲、二ヵ所の飛行場、兵力一万六千二百名の大要塞を完成させた。

これに対して、ヴェトミン軍のヴォー・グエン・ザップ将軍は兵力をディエン・ビエン・フーに集中し、昼夜兼行の人海戦術を用いて大砲・ロケット砲・対空火器を山頂に引き上げ（山中では重火器類は分解され、人力で担ぎ上げられた）、要塞を見下ろす位置に秘密陣地を構築。フランス軍の要塞を包囲したうえで、一九五四年三月十二日、ディエン・ビエン・フー攻略戦を開始する。山上からの砲撃はフランス軍の想定をはるかに超えたもので、ヴェトミンは塹壕で接近して複合陣地を順次攻め落とし、五月七日の総攻撃により、フランス軍の全要塞を陥落させた。ディエン・ビエン・フーでのヴェトミンの勝利

図47　北ヴェトナムが発行した“ディエン・ビエン・フーでの勝利”の記念切手

（図47）は和平交渉にも大きな影響を与え、七月二十一日にはジュネーヴ協定が締結され、フランスがインドシナからの全面撤退したうえで、ヴェトナムは北緯一七度線を軍事境界線として、ヴェトナム民主共和国（北ヴェトナム）とヴェトナム共和国（南ヴェトナム）に分断された。

このうちの南ヴェトナムに誕生したゴ・ディエン・ジェム政権に対して、米国は〝反共の防波堤〟としての役割を期待し、多額の援助を投入したが、ジェム政権は国内での独裁傾向を強めて反対派を弾圧。こうしたジェム政権に対する不満から、南ヴェトナムの農村では半ば自然発生的に抵抗運動が発生し、その統一組織として一九六〇年に結成された南ヴェトナム解放戦線（ヴェトコン）を北ヴェトナムが支援するという形で南ヴェトナム情勢は不安定化していった。

このため、米国のケネディ政権は、一九六一年五月、南ヴェトナム支援のために特殊部隊四百人と軍事顧問百人の派遣を決定。小規模ながら、ヴェトナムへの軍事介入を開始した。以後、解放戦線の予想を上回る活動に接した米国は、なし崩し的にヴェトナムへの軍事介入を強化していくことになる。

こうした状況の中で、一九六三年五月、中部ヴェトナムの古都フエで仏教徒による大規模な反政府デモが発生。デモはたちまちヴェトナム全土に波及し、六月八日、一人の僧侶がサイゴンで抗議の焼身自殺を行うと、これに対して、ジエムの弟で大統領顧問であったゴ・ディン・ヌーの妻が〝坊主のバーベキュー〟と発言。ジエム政権は世界的規模で激しい非難を浴び、国民の信を完全に失った。

このため米国も、ジエム政権を完全に見放し、ジエム政権に代わる新たな親米政権を樹立して、あらためて共産主義者と対決する方向を模索。一九六三年十一月一日、CIAの立案した計画により、南ヴェトナム軍の将軍たちがクーデターを起こし、ジエム兄弟は逮捕・射殺された。しかし、ジエム政権の後に登場したズオン・バン・ミン政権も安定せず、以後、サイゴン政権では将軍たちによるクーデターが繰り返され、南ヴェトナムの状況はますます動揺し、解放戦線は攻勢を強めていく。

ジエム政権の崩壊当初、ケネディ政権の国防長官だったロバート・マクナマラは顧問団一千人の一九六三年中の引き上げを再確認するとともに、一九六五年までの軍事顧問団の完全撤退を発表したが、十一月のケネディ暗殺のため撤退計画は頓挫してしまう。

さらに、翌一九六四年八月、トンキン湾での米軍艦艇に対して北ヴェトナム軍が攻撃したとされる事件（トンキン湾事件。後に、事件の一部は米国の謀略だったことが判明）を機に、米議会は戦争拡大を支持。翌一九六五年、米国は北ヴェトナムによる南ヴェトナム解放民族戦線への援助阻止を主張して北ヴェトナム爆撃（北爆）と南ヴェトナムへの増兵を開始し、ヴェトナム戦争の泥沼に突入していった。

　トンキン湾事件後のヴェトナム情勢の緊迫化に伴い、一九六四年十月、韓国は南ヴェトナムへ韓国軍を派遣する協定を南ヴェトナムと締結。これを受けて、翌一九六五年一月八日、韓国政府は非戦闘員から構成された韓国軍事援助団（鳩部隊）二千人の派遣を発表し、同二十六日の国会承認により同部隊の派遣が正式に決定された。なお、これに先立ち、百三十人の医療団と十人の（格闘技）教官も派遣されている。

　鳩部隊は、二月二十五日、サイゴン（現ホーチミン）に上陸し、ここに、韓国国軍史上初の海外派兵が実現された（図48）。ちなみに、鳩部隊は南ヴェトナムの戦災復旧を任務とする工兵部隊で、鳩という部隊名が示すように、当初、韓国軍が本格的な戦闘を行うことは想定されていなかった。

　しかし、戦争が長期化・泥沼化すると、韓国は米国と南ヴェトナムの要請に従い、一九六五年八月には戦闘師団として青龍部隊と猛虎部隊の派遣が決定され、同時にヴェト

図48　鳩部隊派遣の記念切手。ヴェトナム地図を背景に、部隊旗と部隊名にちなむ鳩が描かれている。

図49　青龍部隊及び猛虎部隊の派遣1周年の記念切手

図50　青龍を描く500ウォン切手

ナム駐在韓国軍司令部が設置された（図49）。

一九六五年九月一日、当時の普通切手の最高額として発行された五百ウォン切手の題材として青龍が取り上げられた（図50）のも、青龍部隊を意識してのことだったのかもしれない。

青龍は、中国の伝説上の神獣、四神（四象）の一つで、東方を守護するとされ、長い舌を出した龍の姿で表現される。実際の図像としては、高句麗時代の壁画で、現在は北朝鮮領内にある江西大墓四神図の青龍図が有名で、切手の図案もこれを元にしている。

江西大墓は、平壌から車で一時間半の平安南道江西郡にあり、これに寄り添うように並ぶ中墓と小墓を合わせて江西三墓と総称されることもある。大墓は直径五一メートルの大型円墳で、玄室は一辺三・一メートルの花崗岩を積み上げた正方形で、五九〇年に没した平原王が埋葬されていたと考えられている。

壁画は石の表面に直接描かれ、漆喰は用いられていない。このうち、四神図は東西南北の壁一面に、写実性の高い描写で大きくダイナミックに描かれており、高句麗墓壁画最高峰の傑作として有名だが、わが国でキトラ古墳が発見された際、両者の壁画の類似性から、一時期は日本のマスメディアでもさかんに紹介された。

ちなみに、江西大墓の壁画が文化遺産として広く人々に知られるようになったのは、旧大韓帝国時代の一九〇〇年頃のことで、本格的な内部調査と壁画の模写制作は日本統治時代の一九一二年から始まった。

朝鮮総督府博物館からの依頼を受けて模写を担当した東京美術学校の小場恒吉と太田福蔵は、当時の壁画の状態を忠実に（＝損傷しているところは損傷した状態のまま）に、実物大の模写図を制作。現在、模写図はソウルの国立中央博物館の所蔵品となっている。

北朝鮮国内にあるオリジナルの古墳壁画の劣化が相当に深刻化している現状では、国立中央博物館の模写図は芸術性もさることながら、史料的価値も極めて高い。その意味では、壁画の正確かつ緻密な模写をソウルにも残した二人の日本人画家の功績は、韓国でも高く評価されてしかるべきだろう。

さて、その後、ヴェトナムでの戦争が拡大すると、一九六六年二月には、猛虎部隊を補充する一個連隊、白馬部隊（一個戦闘師団）及び支援部隊が増派され、韓国は総計三個師団を上回る兵力をヴェトナムに派遣した。

韓国軍のヴェトナム派兵については、韓国内でも反対意見が少なくなかったが、政府は、自由主義陣営としての責任と朝鮮戦争当時の友邦の派兵への報恩という名分のもとに、これを退け、一九七三年までに四十万もの兵力が派遣されている。

　ここでご紹介しているのは、そうした、ヴェトナム戦争参加の韓国軍兵士が差し出した封書（図51）で、料金無料の軍事郵便であるため、切手は貼られていない。

　封筒の余白には、北緯一七度の軍事境界線のないヴェトナム全土の地図が描かれており、同じ祖国分断の悲劇を体験している国民として、（南ヴェトナムによる）国家統一を支援するとの意思が明確に表現されている。

　もっとも、韓国が南ヴェトナムへ派兵したのは、そうしたイデオロギー的な側面だけでなく、実利として、米国からの見返りを期待してのことであったのは言うまでもない。

　すなわち、ヴェトナムへの派兵開始直後の一九六五年二月、早くも韓国は米国に対して〝見返り〟を要求。その具体的な内容は、同年五月の朴正熙＝ジョンソン（米大統領）会談で検討され、駐韓米軍の維持、対韓軍事援助の増額、韓米越の三角経済協力などが了承された。

　こうした米国からの見返りに加えて、戦争関連物資の韓国での調達や、ヴェトナムに派遣された兵士による本国へのドル送金などは、韓国の外貨蓄積に大きく貢献した。

　具体的な数字で見てみよう。

　一九六五年の韓国の鉱工業生産の伸びは、一七・五％と

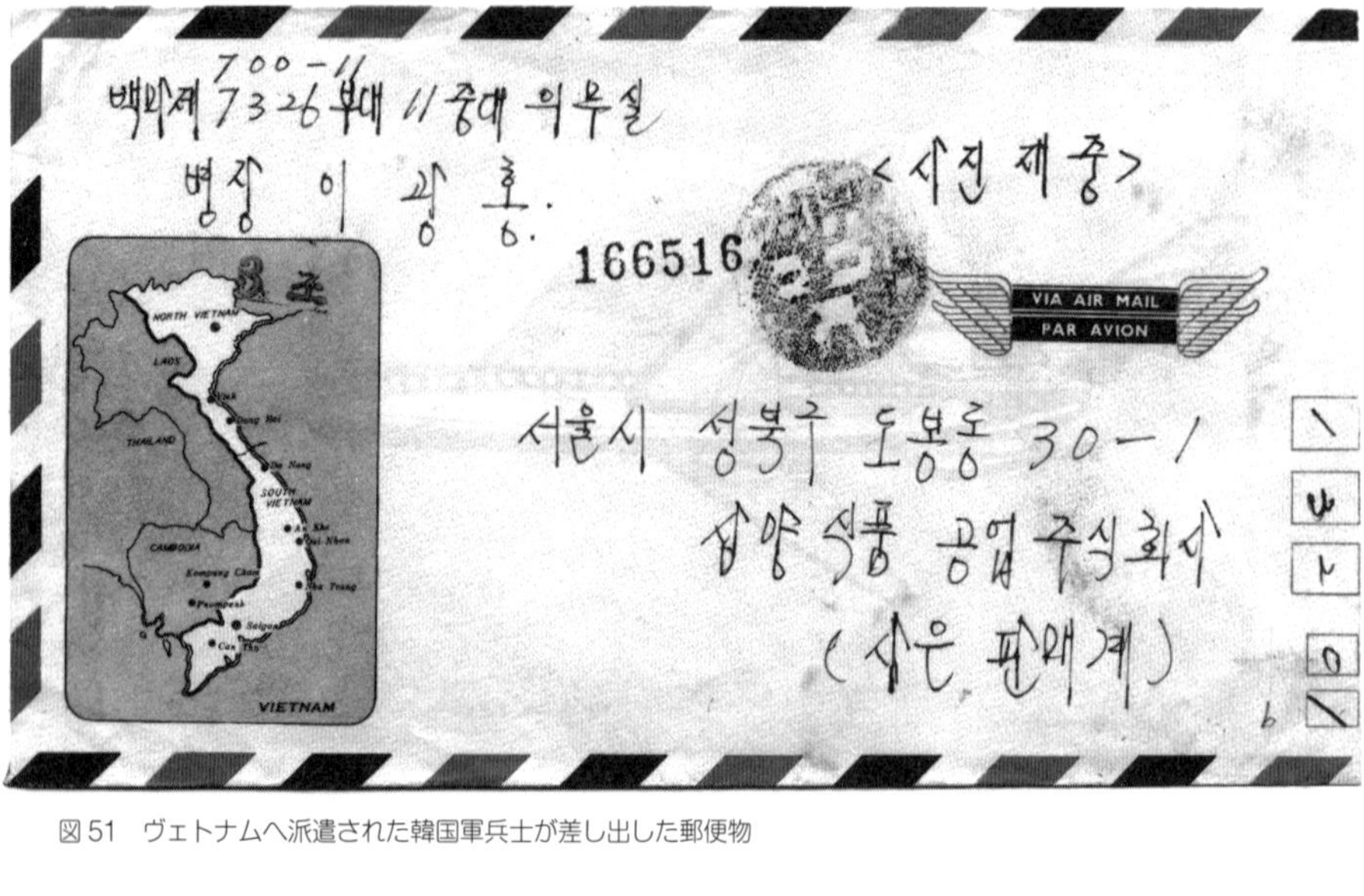

図51　ヴェトナムへ派遣された韓国軍兵士が差し出した郵便物

前年（八・〇％）をはるかに上回り、一九六〇年代以降で最高を記録した。中でも、製造業の伸びは二〇・三％を記録し、それまで最高だった一九六二年の伸び（一六・四％）をも更新。これらが、同年の国民総生産の伸び（八・〇％）を支える起動力となったのはいうまでもない。

こうした韓国経済の著しい成長は

①繊維、印刷、出版、合板などが内外の需要増（特に米国向けの木材製品と衣料の輸出の伸びが顕著だった）と、原料の確保によっていちじるしい伸びを示したこと

②陶磁器、セメント、運輸機器が旺盛な投資需要に支えられて活況を呈したこと

③精油所の新増設によって石油製品の増大がみられたこと

などが、その要因となっていた。また、工兵隊が派遣されていた南ヴェトナムへの、鉄鋼、セメントの輸出が前年までと比べて激増したことも見逃してはなるまい。

こうして、一九六二年に朴正熙が発動した第一次五ヵ年計画は、計画四年目の一九六五年でようやく一定の成果をもたらすことになった。

一方、北朝鮮は、北ヴェトナム同様、国土の南半部を〝米帝国主義とその傀儡政府〟に占拠されているとの自己認識を有していたため、韓国が南ヴェトナムへの派兵協定を結んだことを、南半部の傀儡政府同士の反革命同盟と解釈した。したがって、地域は違えども、南半部を解放して祖国統一を達成するという同一の国家目標を掲げる北朝鮮にとって、北ヴェトナムへの支援は対韓政策上からも極めて重要な課題として位置付けられた。

このため、北朝鮮は早くも一九六四年十二月、「南ヴェトナム人民の闘争支持」と題する切手（図52）を発行し、米国の支援を受けたサイゴン政権の打倒（＝北ヴェトナムによるヴェトナム統一）を国際的に訴えた。

また、北ヴェトナムへの具体的な支援の内容に関しては、一九六五年五月に開催された第三期最高人民会議第四次会議で「米帝国主義の侵略に反対するヴェトナム人民を支援する問題」が討議され、翌一九六六年一月、北ヴェトナムに対する無償援助提供協定が締結された。さらに、同年七月、金日成はホー・チ・ミンに対して「終局的勝利を達成

図52　北朝鮮が発行した"南ヴェトナム人民の闘争支持"の切手

するまでヴェトナム人民に支援兵を含めたあらゆる形態の支援をさらに積極的に行う万端の準備」を整えているとの電文も送っている。

ただし、中ソ対立の激化や文化大革命（一九六六年～）など、国際的な緊張状態が続く中で国防費を増額させざるを得なかった北朝鮮にとって、ヴェトナム支援というさらなる負担は重く、国民生活はさらに圧迫された。当初、一九六七年に達成予定であった（第一次）七ヵ年計画が、三年間延長され一九七〇年まで達成が遅れた背景には、当然、ヴェトナム戦争の影響も考慮されるべきであろう。

こうして、韓国・北朝鮮は、それぞれの立場から、同じく分断国家の悲哀をなめていたヴェトナムへの関与を深めていく。

日韓基本条約の調印

日本との国交正常化とヴェトナム戦争への派兵開始は、その後の〝漢江の奇跡〟を導いた国際環境を作り出したものであり、その意味で、この二つの出来事が行われた一九六五年という年は、韓国現代史の転換点であった。もっとも、この両者への肯定的な評価が定着するのは、韓国の高度成長が一定の成果を収めた後のことであり、当時は、特に日本との国交正常化に対しては、学生を中心に〝対日屈辱外交反対〟の声も少なくなかった。

一九六〇年の四月革命で当時の李承晩政権を退陣に追い込んだ先例があるように、朴正煕政権下の韓国でも、反権力闘争としての学生運動が社会的にも大きな影響力を持っていた。学生運動は、一九六一年五月の軍事政権発足に伴い一時的にやや下火となったが、一九六二年、米国の圧力で政治活動が自由化されたこともあって、次第に勢いを回復。さらに、一九六三年末に第三共和国が発足すると、学生運動は、朴正煕政権の金看板の一つであった日本との国交正常化をターゲットに、激しい政権非難を展開した。

特に、日韓基本条約の仮署名後の一九六四年六月三日には日韓条約反対デモが警察を占領する〝六・三事態〟が発生。このため、政府は戒厳令を宣布し、交渉も凍結される。また、運動リーダーの検束や投獄、軍隊への徴兵、監視体制の強化、反政府派の教授（〝政治教授〟と呼ばれた）の追放など、さまざまな手段を用いて、政府は反対運動を抑えこもうとする。

こうした状況を踏まえて、北朝鮮側は、一九六五年四月、一九六〇年の四月革命から五周年という機会をとらえ、〝四・一九人民蜂起（四月革命の北朝鮮での呼称）五周年〟の記念切手（図53）を発行。切手上に〝米軍は直ちに出て行け！ 南朝鮮・日本会談反対！〟というスローガンを入れ、大詰めを迎えた日韓の国交正常化交渉を激しく非難している。

これと合わせて、この時期、北朝鮮は日本統治時代の一九三〇年に発生した大規模ストライキを題材にした切手を相次いで発行し、日本への抵抗としてのストライキを顕彰する形式をとって、韓国の労働者（特に組合員）の間に、国交正常化を達成しつつある両国政府への批判的な世論を醸成しようとしている。

図54の切手に取り上げられた〝新興炭鉱ストライキ〟は、一九三〇年五月、朝鮮炭業株式会社・新興炭鉱の労働者約二百名が、賃上げと待遇改善などを求めて起こしたもので、経営側は強硬姿勢で臨み、ストライキ参加者を全員解雇。事態は険悪化した。このため、咸南労働連盟が調停に乗り出し、労働側が賃上げ要求を撤回する代わりに、経営側は待遇改善などの要求を受け入れることでいったんは話し合いに決着が着いた。

しかし、会社側が調停の内容を守らず、労組幹部を解雇したため、憤激した労働者が会社施設の破壊などを行い、朝鮮労働史上、ストライキが暴動化した最初の事例となった。

一方、図55の切手の題材となっている〝平壌ゴム工場争議〟は、日本統治時代の大規模ストライキとしては最後の

右：図53　日韓会談を非難するスローガンの入った北朝鮮の切手

左上：図54　北朝鮮が発行した“新興炭鉱ストライキ35周年”の記念切手

左下：図55　同じく“平壌ゴム工場争議35周年”の記念切手

ものとして知られる。

　一九三〇年五月、世界恐慌の打撃を受けた朝鮮のゴム工業界は、ソウルで全朝鮮ゴム工業者大会を開き、労働者の賃金を一律一割カットすることを決定。これを受け、同年七月、朝鮮のゴム工業で大きな比重を占めていた平壌のゴム工業者は平均一七%の賃金引き下げを発表した。このため、平壌ゴム職工組合は緊急大会を開き、賃金引き下げに抗議したが、経営側は逆に八月十四日までに服従しない場合は労働者を新規募集するとの強硬姿勢をとったため、八月十一日、平壌の全ゴム工場の労働者一千八百名余がいっせいにストライキに突入。ストライキに参加した労働側の士気は高かったが、警察の介入などにより、同月二十九日、ストライキは終結を余儀なくされた。

　プロパガンダ切手の発行を含む北朝鮮の扇動により、日韓条約反対の学生や労組のデモがさらに激化すると、政府は、本来は七月中旬から始まる大学の夏休みを六月二十日に繰り上げて実施。翌二十一日には全国の警察に対して非常警戒令を発令した。さらに、教育法施行令を改正し、それまで各学校が有していた休校の決定権を文教部長官（日本の文部大臣に相当）に与える規定を新設。これにより、延世大学、高麗大学ほか、五十六校を休校処分に追い込んでいる。

図56　二〇一五年の〝日韓国交正常化五十周年〟の記念切手は、日韓基本条約が調印された六月二十二日に発行された。なお、〝国交正常化五十周年〟の記念切手は、日本側だけが発行し、韓国は記念切手を発行しなかった。

　こうして、国交正常化反対の急先鋒となっていた学生運動を封じ込めたうえで、六月二十二日、「日本国と大韓民国との間の基本関係に関する条約」（通称・日韓基本条約）付属の諸協定が正式に調印された（図56）。

　条約のおもな内容は以下の通りである。

①両国間に外交・領事関係が開設され、大使級の外交使節が交換される（第一条）。

②一九一〇年八月二十二日（＝日本による朝鮮統治の根拠となった「韓国併合ニ関スル条約」の調印日）以前に日本と大韓帝国の間で結ばれた条約等はすべて「もはや無効である」ことが確認される（第二条）。

③韓国は国連総会決議一九五号IIIに明らかに示されて

いる通りの朝鮮にある唯一の合法的な政府である（＝北朝鮮は正規の国家ではなく、朝鮮の北半部は彼らによって不法占拠されている）ことが確認される（第三条）。

④両国は相互の関係で国連憲章の原則を指針とする（第四条）。

⑤貿易、海運、その他の通商関係に関する条約等の締結のため、速やかに交渉を開始する（第五―六条）。

日韓基本条約とともに、両国間では「漁業協定」、「財産及び請求権に関する問題の解決並びに経済協力に関する協定」、「日本国に居住する大韓民国国民の法的地位及び待遇に関する日本国と大韓民国との間の協定（日韓法的地位協定）」、「文化財及び文化協力に関する協定」、「紛争解決に関する交換公文」など多くの合意が署名され、両国の関係は〝正常化〟された。

このうち、「漁業協定」は、沿岸線から一二海里までの水域を沿岸国が漁業に関して排他的管轄権を行使する水域と定め、これより以遠の水域は原則自由に操業することとされた。また、漁船の旗国（所属国）が当該漁船を取締まることができるという、いわゆる旗国主義が採用されていた。同協定により、一九五二年一月十八日に韓国が一方的に宣言していた〝平和線（李承晩ライン）〟は消滅することになったが、竹島に関しては、一九六五年一月の〝密約〟に基づき、事実上の棚上げとなっている。

次いで、「財産及び請求権に関する問題の解決並びに経済協力に関する協定」では、日本は韓国に対し、朝鮮統治時代に投資した資本及び日本人の個別財産のすべてを放棄するとともに、約十一億ドルの無償資金と借款を援助すること、韓国は対日請求権を放棄することで合意が成立しており、日本統治時代の建造物もすべて韓国側に無償で譲渡された。また、〝請求権〟の中には、いわゆる慰安婦や徴用工を含め民間人への補償もすべて含まれている。実際、解放後に死亡した者の遺族、傷痍軍人、被爆者、在日コリアンや在サハリン等の在外コリアン、元慰安婦らを補償対象から除外したのは、ほかならぬ韓国政府だった。

また、「日韓法的地位協定」は、朝鮮半島出身者のうち、一九四五年八月十五日以前から引き続き日本に居住している韓国籍保持者（及び協定発効後五年以内に日本で出生した直系卑属）に対し出入国管理令（後の入管法）に基づく一般の永住許可とは別の永住許可（協定永住）を与えるというもので、対象者は、協定発効後五年以内に申請すれば、この協定永住の許可が与えられた。また五年経過後も、既に協定永住を得た者の子（孫以降は含まない）に限り出生後六十日以内に申請すれば、同じく協定永住の許可が与えられた。また、この協定を実施するため、一九六五年に「日本国に居住する大韓民国国民の法的地位及び待遇に関する日本国と大韓民国との間の協定の実施に伴う出入国管理特別法（入管特別法）」が制定され、協定の発効に合わせ翌一九六六年から施行された。

当初、法的地位協定の効力は二十五年と想定されていたが、実際、一九八〇年代になると、協定では〝対象外〟とされた孫以降の世代（協定三世等）は入管法に基づく通常の永住許可しか受けられないことが問題視されたため、一九九一年一月、海部俊樹首相の訪韓時に「日韓法的地位協定に基づく協議の結果に関する覚書」（日韓外相覚書）が交わされ、これに基づき、朝鮮籍、台湾籍の永住者等の処遇の改善を含めた抜本的な永住制度を構築するとして「日本国との平和条約に基づき日本の国籍を離脱した者等の出入国管理に関する特例法（入管特例法）」が制定され、同年十一月一日、韓国籍者に限定しない〝特別永住者〟制度が施行され、現在に至っている。

基本条約の調印から発効まで

ところで、日韓基本条約についての反対論は、歴史認識や領土問題など条約の内容が日本に譲歩しすぎている、〝はした金〟で民族の誇りを売り渡すのか、同条約の第三条が韓国のみを〝朝鮮にある唯一の合法的な政府〟としたことは南北の分断を固定化し〝平和的統一〟の阻害要因となるのではないか、などというものが中心であった。

そこで、韓国政府としては、条約の調印後、国会での批准を経て、条約が正式に発効するまでの間、そうした反対論を鎮静化させ、国内世論を説得する必要があった。そういう観点から、この時期の切手を観察してみると、なかなか興味深い。

すなわち、条約調印から三日後の六月二十五日は、一九五〇年に朝鮮戦争が勃発した〝六二五（ユギオ）〟の記念日だったが、まず、この日に合わせて〝国連軍　六二五動乱参戦十五周年〟の記念切手（図57）である。

図57　国連軍625動乱参戦15周年の記念切手の1枚

切手は、国連のマークを背景に国連軍として参加した国の国旗を並べた四ウォン切手が四種、太極旗、国連旗、星条旗と国連軍司令官だったマッカーサーを並べた十ウォン切手一種の計五種セットで、それぞれの切手を一枚ずつ収めた無目打の小型シート五種も併せて発行された。

いわゆる朝鮮戦争の呼称については、時代や立場によってさまざまだが、開戦日にちなむ〝六二五〟を使うにしても、今回の切手の題目は〝六二五戦争〟ではなく〝六二五動乱〟となっている。これは、日韓基本条約の第三条にもあるように、北朝鮮を正規の国家としては認めないという韓国政府の立場上、いわゆる朝鮮戦争は〝国〟と〝国〟との戦争ではなく、韓国内の内戦ないしは動乱にすぎないとの立場を反映したもので、日韓基本条約第三条の文言とも一致している。ただし、小型シートの英文では、外国人には、そうした事情が分かりづらいと判断されたためか〝KOREAN WAR〟とされた。

切手の発行趣旨が、北朝鮮の南侵によって始まった六二五戦争は、国連軍（とその背後にある国際社会の支持）によって侵略者を打倒したことで、平和が回復されたという韓国の歴史認識をあらためて強調することにあるのは言うまでもない。もちろん、そうした歴史認識によれば、北朝鮮に宥和的な〝平和的統一〟論はとうてい容認しがたいものであり、そのため、その観点からの日韓基本条約反対論も否定されることになる。

ちなみに、歴史的事実としては、六月二十五日というのは、あくまでも北朝鮮の朝鮮人民軍が三八度線を越えて南進してきた日であって、それを受けて米国が朝鮮戦争への軍事介入を決断し、国連安保理が韓国への軍事援助を認めたのは六月二十七日、米国が安保理に多国籍軍の編成を要請したのは七月七日、安保理が国連軍を正式に承認したのは七月三十日である。したがって、〝国連軍参戦十五周年〟をうたうのであれば、本来は、それらの日付のほうがふさわしいと言えないこともない。

さて、学生らの基本条約反対デモを封じたうえで、光復節前日の八月十四日、韓国の国会は与党の民主共和党が単独で基本条約を批准する。

その翌日、光復節当日の十五日には、〝光復二十周年〟の記念切手が発行されているが、そのデザインは、従来の光復節の記念切手とはかなり趣を異にしている。

すなわち、それまでの光復記念切手といえば、独立門や断ち切られた鎖、松明など、植民地支配からの解放のイメー

図58　第二共和国時代の1960年に発行された光復15年の記念切手は、太極旗を背景に松明を持つ青年男女を描いている。

図59　経済成長の成果を強調した「光復二十年」の記念切手

ジをストレートに表現したものを太極旗と組み合わせてデザインする（図58）というのが、定番であった。

これに対して、一九六五年の切手は二種セットで発行されたが、そのうちの一種は、太極旗は描かれているものの、その下に描かれているのは、松明などではなく、煙突から煙をたなびかせた工場地帯（図59）である。

また、残りの一種にしても、南大門と花火を組み合わせたデザインとなっており、こちらも、従来の光復記念切手とは、大いに趣が異なっている。

いずれも、光復節を祝いながら、日本（の朝鮮統治）を否定するのではなく、むしろ、国交正常化によって日本から得られる経済支援が、韓国の経済成長に寄与することを想起させるような内容といってよい。

ところが、国会での与党の単独採決は反対運動を激化させることになり、ソウルでは大規模な学生デモが発生。このため、ソウル市長・尹致暎の要請により、八月二十三日にはデモ鎮圧のために軍が出動。二十五日には衛戍令が発令された。

衛戍令は、朝鮮戦争直前の一九五〇年三月二十七日、陸軍の秩序や軍紀の維持、軍事施設物保護の目的で制定された制度で、治安維持に軍兵力を動員する戒厳令と類似しているが、国会同意が必要ないという点で戒厳令とは異なる。韓国では、二〇一八年九月に制度が廃止されるまで、三回、衛戍令が発令されたが、一九六五年の衛戍令はその最初の事例となった。

さて、衛戍令の発動を受けて、首都警備司令官の崔宇根少将が衛戍軍司令官に任じられ、デモ隊は制圧され、各地で流血の事態が発生。こうした政府の強硬措置により、ようやく学生運動も沈静化し、九月二十五日、衛戍令は解除される。

このタイミングで、九月二十八日発行されたのが、〝九・二八　首都奪還十五周年記念〟（図60）の切手である。

一九五〇年六月二十五日に北朝鮮の南侵で始まった朝鮮戦争は、当初、奇襲攻撃の利を活かした朝鮮人民軍が圧倒的に優勢で、六月二十八日にはソウルが陥落。さらに、七月四日には水原（京畿道）、同二十日には大田（当時は忠清南道）が陥落した。この間、韓国政府は大邱を経て、七月十七日には釜山への移転を余儀なくされた。

八月以降、釜山橋頭堡（朝鮮半島南東部の馬山＝洛井里＝盈徳を結ぶ南北一五三キロ、東西九〇キロの防御線）をめぐる激戦が展開される中で、朝鮮人民軍の主力が洛東江戦線に集中しており、仁川の防御は手薄になっていたことに目を付けた国連軍総司令官のマッカーサーは、九月十五日、仁川上陸の奇襲作戦を敢行。仁川市対岸の月尾島に上陸を開始した国連軍は翌十六日までに仁川を奪還してソウルに向けて進撃し、二十日には漢江の渡河に成功する。そして、激しい攻防戦の後、二十五日、米軍はソウル西側の高地帯と南山を占領し、九月二十八日にはソウルを奪還した。

図59の切手は、ここから起算して十五周年になるのを記念して発行されたもので、中央政庁への国旗掲揚の場面を撮影したとされる写真（図61）をもとに原画が作成された。この写真は韓国の教科書にも掲載されている有名なもので、ソウル奪還の歴史的光景といえばこの写真を思い浮かべる人も多い。ただし、写真をよく見ると、中央政庁の外壁がきれいに補修されていることから、後日、イメージ写真として撮影されたものであることがわかる。

ソウルが韓国の首都であることは周知の通りだが、北朝鮮も、一九七二年の憲法改正までは、自らが朝鮮の正統政

図61　図60の切手の図案のもとになった写真

図60　9.28首都奪還15周年記念の切手

権であるとの建前から、憲法上はソウルを首都とし、事実上の首都機能を担っていた平壌については〝祖国統一を成し遂げるまでの暫定首都〟と位置付けていた。したがって、韓国からすれば、首都のソウルを実効支配しているということもまた、自分たちこそが〝朝鮮にある唯一の合法的な政府〟であると主張するための強力な根拠の一つであり、日韓基本条約の正当性を担保するものとなる。

首都奪還十五周年の記念切手もまた、そうした文脈から、ソウルが韓国の首都であることをあらためて強調する意図をもって発行されたものとみてよい。なお、朴正熙政権は、〝六二五動乱〟に関して、十年後の一九七五年にも国連軍の参戦を題材に二十五周年の記念切手を発行しているが、この時には〝首都奪還〟の記念切手は発行されていない。そのこともまた、日韓基本条約が政治的な争点となっていた一九六五年だからこそ、首都奪還の記念切手を発行しなければならなかった政治状況の傍証となっていると言えよう。

さて、基本条約に関しては、日本国内でも、野党を中心に反対論が少なからずあった。

国会内で争点となったのは、まず、条約の第二条及び第三条の解釈が日韓両国で異なるのではないかとの指摘である。

すなわち、第二条の「もはや無効である」との文言に関して、日本側は、韓国併合条約は（それが締結された一九一〇年の時点では合法であったが）日韓基本条約を結ぶことによって無効となったと解釈していたのに対して、韓国側は、併合条約そのものが（当初から）無効であったと解釈していた。

また、第三条の〝朝鮮にある唯一の合法的な政府〟との文言に関しても、韓国側が軍事境界線以北を含む全朝鮮における正統政府であることを日本が承認したと解釈したが、日本の外務省は「休戦ライン以北に事実上の政権があるということを念頭に置きながら今回の諸般の取り決めを行っ」たと説明しており、「北鮮《ママ》に関する限りは全然触れていない」との立場をとっていた。

当然のことながら、こうした基本的な部分での解釈の相違には、将来的に深刻な問題を種々生じる恐れがあるのではないかとの懸念が強かったが、椎名悦三郎外相は野党の質問に対して「我々は韓国当局がどういう場合にどういう説明をしようと、あくまで条約の成文に従って解釈するものである」、「そういうことにあまり心を弄する必要はないものであるという基本的な立場」を取っていると応じ、基本条約への慎重論ないしは反対論を押し切っている。

もちろん、韓国併合条約は、常識的に考えれば、それが締結された一九一〇年の時点では国際法上の瑕疵がない合法なものであり、同条約そのものが当初から無効だったという韓国側の認識には無理がある。

たとえば、併合条約に先立ち、一九〇五年に結ばれた第二次日韓協約で日本は大韓帝国の外交権を接収したが、国際社会はこれを有効と認めていたがゆえに、一九〇七年にハーグで開かれた万国平和会議に韓国皇帝が派遣した密使は会議への参加を許されなかった。また、第二次世界大戦中の一九四三年十一月、日本敗戦後の東アジアの国際秩序が話し合われた米英中三国のカイロ会談では、中国の強い意向もあり、日本の降伏後に朝鮮を独立させる方針が決定されたが、このことは、第二次世界大戦の連合諸国は朝鮮半島が日本の領土であると認識していたことの裏返しに他ならない。さらに、また、大日本帝国による朝鮮統治は国際社会から認められていたがゆえに、国際社会の圧倒的多数は大韓民国臨時政府の正統性を認めず、そのため、韓国は〝戦勝国〟としては扱われず、サンフランシスコ講和会議への参加も認められなかった。

このように、一九四五年以前の日本の朝鮮統治が国際社会から合法な行為として認められていたことを示す事例は枚挙にいとまがない。

しかし、韓国併合条約そのものが当初から無効だったという韓国側の認識を、日韓基本条約の時点で完全に否定しておかなかったため、その後、韓国が植民地支配に対する謝罪と賠償を要求し続ける一因となったという面は否定できない。そうした認識に立つ限り、そもそも日本による朝鮮統治そのものが無効である以上、朝鮮総督府によるすべての政策には根拠がなく、そのため、日本統治下で朝鮮人が強いられた負担は不法なものであったというロジックが導き出されることになるからである。近年、韓国側が突如として、いわゆる〝徴用工（応募工）〟問題を持ち出してきた根拠も奈辺にある。

一方、条約の法的な問題とは別に、日本社会党の松本七郎議員は「日韓条約案件というものは極めて危険な内容を含んでいる」として、基本条約を「南朝鮮人民を銃剣で弾圧したあの買弁的な軍事ファッショ朴正熙政権と日本の一部支配層の政治的闇取引の所産」を切り捨て、日本政府には〝半世紀にわたるこの大陸侵略と植民統治の歴史的罪悪〟に対する〝真の反省〟がないと主張。いわゆる進歩的知識人や革新政党は、親北朝鮮の立場から、松本の主張に沿ったうえで、日韓条約は南北統一を阻止するものであり、日米安保条約を補完する〝東北アジア軍事同盟〟であるとの反対論を展開していた。

結局、一九六五年十一月十二日には衆議院で、十二月十一日には参議院で、自民党及び民社党の賛成により、条約は承認批准され、十二月十八日、ソウルでの批准書交換を経て、日韓基本条約が正式に発効。こうして、一九五一年十月の交渉開始以来、十四年にわたる年月を経て、さらに、野党や学生の激しい反対を受けるなどの紆余曲折を経て、ようやく、両国間の正規の国交が樹立された（図62）。

ちなみに、日韓国交〝正常化〟に関しては、世論の反対が根強かったこともあり、日韓双方ともに、一九六五年の時点では記念切手を発行していない。

図62　1995年に両国が発行した国交正常化30周年の記念切手は、条約発効日の12月18日に同時発行された。

補　章　李承晩政権とキリスト教

キリスト教国としての韓国

朝鮮戦争の休戦協定に調印しなかった韓国は、当然のことながら、休戦に関連する記念切手も発行しなかった。代わりに、一九五三年十月二十八日に発行された〝大韓中央基督教青年会五十周年〟の切手（図1。基督教青年会はYMCAのこと）が、休戦後の韓国の最初の記念切手となる。

周知のように、現在、韓国では人口の四人にひとりがキリスト教徒といわれており、社会的に儒教道徳が深く浸透している一方で、アジア最大のキリスト教国のひとつとなっている。

もともと、朝鮮半島においてキリスト教が盛んだったのは、平安道など、現在は北朝鮮の領土となっている地域だった。実際、金日成の母方の祖父、康敦煜は朝鮮平安南道大同郡でプロテスタント長老派教会の牧師をしており、後に金日成の母親となる二女には、使徒〝ペテロ（＝岩）〟にちなみ、盤石という名をつけている。また、康盤石自身も熱心な信徒で、幼き日の金成柱（金日成の本名）は、母に連れられて平壌の教会を訪れたことが少なからずあったという。

図1　韓国YMCA 50周年の記念切手

ところが、一九四五年の解放後、朝鮮が米ソによって南北で分割占領されると、状況は一変する。

金日成による社会主義国家の建設が進められた北朝鮮では、キリスト教会が徹底的に弾圧され、多くのクリスチャンが南下を余儀なくされた。

現在、北朝鮮当局は、国内にも若干のキリスト教徒がおり、信仰の自由は保障されていると主張しているが、現実には、キリスト教徒は〝敵対階層（反党・反革命分子と同様に、日常的に当局の監視下に置かれ、進学、就職、結婚、住宅割当など、全ての面で差別を受けている身分）〟に属するとされているから、そうした〝キリスト教徒〟は、自らの信仰によるものというより、対外的な宣伝のための〝官製の〟信者と考えるのが妥当であろう。

一方、米国（当時の米国は、白人・アングロサクソン・プロテスタントのＷＡＳＰが社会の中枢をほぼ独占していた）の軍政下に置かれた南朝鮮では、占領当局の積極的な支援もあってキリスト教の普及がさかんに行われた。また、一九四八年の大韓民国成立とともに初代大統領に就任した李承晩は熱心なキリスト教徒であり、その周辺には平安道から南下してきたクリスチャンが集結した。

さらに一九五〇年、朝鮮戦争が勃発し、社会的な混乱の中、共産主義を掲げる北朝鮮に対するイデオロギーとしての意味を持つようになったことで、韓国のキリスト教は急速に拡大する。

こうした事情を反映して、李承晩政権下の一九五七年末に三種セットで発行された一九五八年用の年賀切手（図2）は、いずれも新年を寿ぐというよりも、クリスマスを強調したデザインとなっている。

ただし、いくらキリスト教が拡大したとはいえ、韓国古来の伝統的な年中行事や祭祀は根強く残っており、〝年賀切手〟の題材がキリスト教偏重となっていることに対しては、一般国民の間では異論が少なくなかったようだ。

このため、翌年の年賀切手（一九五八年末に発行された一九五九年用のもの。図3）では、クリスマス関連の題材は、三種のうちの一種だけに限定され、この配分は、一九六〇年用の年賀切手（図4）と、李承晩退陣後の第二共和制下で発行された一九六一年用の年賀切手（図5）にも踏襲されている。

なお、一九六一年の五・一六革命で朴正熙の軍事政権が発足すると、こうしたスタイルの年賀切手の発行はしばらく中断されることになる。経済再建を最優先課題としていた朴正熙政権としては、あるいは、年賀状という〝虚礼〟を廃止して、国民に勤倹節約を呼びかけようということだったのかもしれない。

ところで、キリスト教を重要視していた李承晩政権だが、発足当初からキリスト教関連の切手を積極的に発行していたわけではなく、キリスト教を主題とした最初の切手は、じつは、一九五三年発行の〝大韓中央基督教青年会五十周年〟だった。その背景には、朝鮮戦争の休戦という、時代の大きな節目に当たって、国家のメディアである切手にも〝キリスト教〟を取り上げるべき理由があったものと考え

図2　1958年用の年賀切手。15ファン切手は十字架と松ぼっくり、25ファン切手はクリスマス・ツリーとノリゲ（女性の韓服の胸元などにつける伝統的な装身具）、30ファン切手はクリスマス・ツリーと犬（1958年の干支）を描いている。

図3　1959年用の年賀切手。15ファン切手は凧揚げ、25ファン切手はクリスマス・ツリーとポッチョリ（元旦の夜明けに行商人から買って、同日の朝、門あるいは壁に飾る招福の笊）、30ファン切手は韓服姿の少年少女を描く。

図4　1960年用の年賀切手。15ファン切手は双喜の文字を背にした韓服姿のネズミ（1960年の干支）、25ファン切手は賛美歌を歌う韓服姿の少年少女、30ファン切手は鶴を描く。

図5　1961年用の年賀切手。15ファン切手は牛（1961年の干支）と子供、25ファン切手はクリスマス・ツリーに下げる靴下、30ファン切手は韓服の少女を描く。

られる。

そこで、本章では、〝大韓中央基督教青年会五十周年〟の切手が発行されるに至った背景を考えるためにも、その前提として、一九五〇年代にいたる朝鮮半島のキリスト教史についても簡単に概観しておこうと思う。

なお、韓国では〝キリスト教（基督教）〟というと、一般にはプロテスタントのことを指し、カトリックは〝天主教〟と呼んで区別する。また、〝教会〟はプロテスタントの礼拝施設のことで、カトリックの場合は〝聖堂〟と呼ばれる。しかし本書では、日本での一般な用法に従い、固有名詞などの場合を除き、〝キリスト教〟の語は、カトリック及びプロテスタントを含むクリスチャン諸派の総称としても使うこととしたい。

朝鮮半島への天主教伝来

朝鮮にキリスト教が伝来したのは、一五九三年の文禄・慶長の役に際して、日本のキリシタン大名小西行長の求めに応じて、イエズス会司祭のグレゴリオ・デ・セスペデスが朝鮮に渡ったのが最初とされている。デ・セスペデスは日本の従軍司祭として活動したのであって、朝鮮人に布教をしたわけではなかったが、戦役を通じて、小西はある朝鮮人少女を養女にしており、彼女が後に受洗して〝ジュリアスおたあ〟と名乗るようになったことから、彼女は史上初の朝鮮人キリスト教徒（受洗者）と考えられている。

図6　李承薫が平壌から礼拝所を建設してから200年の1984年に発行された“韓国カトリック200年”の記念切手。切手上部には山上の垂訓を連想させる「この地に光を」の文言が入っている。

一六三一年には中国経由でキリスト教に関する書籍（『天主実義』など）が輸入され、十八世紀後半には〝西学〟としてそれらを学ぶ者が現れる。また、一七八四年には外交使節の一員として北京に派遣された李承薫が、かの地で教理を学び、洗礼を受けて帰国して、漢城（ソウル）ではなく、平壌に礼拝所を建設した。これが、一般に朝鮮における〝天主教（＝カトリック）〟信仰の起源とされている（図6）。

朝鮮王朝時代、天主教はながらく邪教として弾圧されていたが、一八七六年の開国に伴い、欧米諸国との外交上の必要から、キリスト教の禁止は解除された。

こうした時勢を反映して、フランス人司教のプルランは、一八八二年、漢城の明洞に聖堂の建設を計画。現在の明洞聖堂の土地の一部を購入したうえで、この地に私塾を設けて予備神学生を養成しながら機会をうかがった。そして、一八八六年に韓仏修好条約が調印されると、翌一八八七年五月、私塾の敷地に隣接する土地も購入して、現在の聖堂の敷地全域を確保。同年秋以降、信徒を動員して整地作業に乗り出した。ところが、朝鮮王朝は首都の風水に並々ならぬこだわりを持っており、丘を削っての整地作業は地脈を乱すとして反対したため、工事は難航。その心労もあってか、一八九〇年にはプルランも亡くなってしまう。

　プルランの後を継いで赴任したトゥセは、苦心の末に聖堂建設に対する宮廷の理解を得ることに成功し、一八九二年五月、国王（高宗）臨席の下、ようやく聖堂の起工式が行われた。聖堂の設計と工事の実務的な指揮監督はフランス人司祭のコステが担当したが、今度は、一八九四－五年に日清戦争が勃発し、日清両軍が朝鮮を舞台に戦闘を展開。戦後の一八九六年には建設責任者のコステが亡くなるというアクシデントが重なり、聖堂建設は遅々として進まず、一八九八年五月、コステの後任となったプワネル神父の指導の下、ようやく工事は完了した（図7）。

図7　明洞聖堂

アレンとアンダーウッドの活動

　一方、一八七六年の開国に伴い、米国系のプロテスタント諸派も朝鮮での布教を開始。一八八四年には、長老派の宣教師としてホレイス・ニュートン・アレン、翌一八八五年には、長老派のホレイス・グラント・アンダーウッドならびにメソジスト派のヘンリー・ジェラード・アペンゼラーが、それぞれ朝鮮に赴任する（図8）。

図8　アレンの朝鮮赴任から起算して100周年の1984年に発行された“韓国基督教会100周年”の記念切手。

図9　延世大学校の本館を描く同校創立100周年の記念切手。済衆院に併設の医学校が設立された1885年から起算して100周年の1985年に発行された。

アレンは、一八五八年、オハイオ州の出身。地元のウェスリアン大学、マイアミ医科大学を卒業後、一八八三年、志願して長老派教会の宣教師として中国に派遣された。

翌一八八四年、アレンは朝鮮の米国領事館付の医師として朝鮮に派遣されたが、同年十二月の甲申事変のクーデターで重傷を負った閔泳翊（当時の朝鮮王妃・閔妃の甥で、閔氏閥の政治的実力者）の治療を行ったことで国王の信任を獲得。国王の支援を受けて、一八八五年四月十日、朝鮮初の王立近代病院として漢城に広恵院を開設した。広恵院は、二週間後の四月二十三日、国王によって済衆院と改称されたが、この済衆院に併設された医学校が、現在の延世大学校（図9）のルーツとなる。

アレンに続いて朝鮮に赴任したアンダーウッドは、この医学校で物理と化学の教鞭をとっていた。

アンダーウッドは、一八五九年、ロンドン生まれ。十三歳で父親とともに米国に渡り、ニューヨーク大学とニュージャージーのニューブランズウィック神学校を卒業し、当初はインドでの布教を志し、現地での実践的な宣教活動のために配管工としての技術も身につけたといわれている。

しかし、インドへは宣教師派遣の口がなく、朝鮮なら派遣の空きがあるということで朝鮮行きを決意。一八八四年七月に北米長老教会海外宣教師に任命され、同年末、サンフランシスコを出港した。ところが、経由地の横浜に到着したときは、朝鮮国内は甲申事変直後で情勢が不安定だったことに加え、路銀も尽きてしまい、しばらく横浜に逗留せざるを得なくなる。そこで、横浜では朝鮮人クリスチャンの李樹廷から朝鮮語を学び、一八八五年四月、メソジスト派宣教師のヘンリー・ジェラード・アペンゼラー夫妻と合流して、ようやく仁川への上陸を果たした。

アペンゼラーは、一八五八年、ペンシルベニア州サウダートン生まれ。フランクリン・アンド・マーシャル大学を卒業後、ドリュー神学学校で神学を修めた後、一八八五年、メソジスト監督教会の牧師となり、朝鮮への宣教師に任命された。朝鮮への赴任前には、やはり、日本で李樹廷から朝鮮語を学んでおり、そこでアンダーウッドとの接点が生まれた。

アンダーウッドとアペンゼラーに朝鮮語を教えた李樹廷は、一八四二年、朝鮮王朝の名家の生まれ。弘文館の校理出身の官僚として宮廷に仕えていたが、一八八二年の壬午軍乱の際、閔妃（明成皇后）の危機を救ったことから、特に高宗の許可を得て、同年九月、修信使（日本に派遣された外交使節。このときは、壬午軍乱の謝罪が主な派遣目的だった）の朴泳孝に随行して来日し、そのまま東京に滞在して遊学した。

遊学中の李は、元幕臣でクリスチャンの津田仙と知り合い、その影響で漢訳聖書に接し、さらには、東京新栄橋教会（現 日本基督教団新栄教会）のクリスマス礼拝に参加するなどしてキリスト教に感化され、一八八三年、プロテスタントの先例を受けた。これをきっかけに、朝鮮安息日学校が開設され、留学生により朝鮮人学校が設立された。

さて、漢城でのアンダーウッドは、済衆院で教鞭をとるかたわら、一八八六年には朝鮮初の近代的孤児院を設立。この孤児院は、後に学校となり、一九〇五年には儆新学校となった。同校の大学部として一九一五年に設けられたのが朝鮮基督教大学で、これが、一九一七年、現在の延世大学校の直接の前身である延禧専門学校となった。

このほかにも、アンダーウッドは、一八八七年に貞洞教会（現・セムナン教会）を設立したほか、一八九〇年には『韓英辞典』、『韓英文法』を発行した。また、聖書の朝鮮語訳は、一八八七年、スコットランドの長老派から満州へ派遣されたジョン・ロスによって奉天の東関教会で翻訳・出版されていたが、これとは別に、アンダーウッドは一八九四年に讃美歌を朝鮮語訳し、アペンゼラーとともに聖書の朝鮮語訳にも取り組む（完成は一九一一年。ただし、アペンゼラーは、一九〇二年、木浦の海で溺れていた朝鮮人少女を救助しようとして溺死）かたわら、一八九七年には『キリスト教新聞』を発行するなど、朝鮮キリスト教史に大きな足跡を残した。

培材学堂

一方、アペンゼラーは、一八八五年の朝鮮赴任早々、朝鮮駐在の医師、スクレントンの家を借り、地元の学生二名を教えていたが、翌一八八六年、高宗はこれを高く評価してアペンゼラーの教室を〝培材学堂〟と命名し、看板を下賜した。これが朝鮮における最初の近代教育機関となる。

また、同じく一八八六年には米国のメソジスト派宣教師メアリー・F・スクラントンがソウルで女子教育の塾を設立し、朝鮮語、英語、聖書を教授した。この私塾は、翌一八八七年、高宗によって〝梨花學堂〟と命名され、現在の梨花女子大学校のもとになった（図10）。

さて、培材学堂は順調に発展し、一八九四年に伝統的な科挙制度が廃止されると、名家の子弟たちが、従来の漢文教育に代わる西洋式の教育を受けるため、集まるようになる。後に大韓民国の初代大統領となる李承晩も外交官を志し、その門をたたいた一人だった。

　四月革命後の一九六〇年八月三日に発行された〝新教育七十五年〟の記念切手（図11）は培材学堂の創立から起算して発行された周年切手で、左側に朝鮮王朝時代の女子教育のイメージを描き、右側に西洋式の学校の教室で学ぶ児童のイメージを対比させたデザインとなっている。

　ちなみに、朝鮮王朝時代には、女性を対象とした正規の教育課程は存在しなかったが、上流家庭では四書五経をはじめとする漢籍に親しむ女性も少なくなかった。

図 10 梨花學堂の前身となるスタントンの私塾の創立 100 年に合わせて発行された“女性新教育 80 年”の記念切手

図 11　“新教育 75 年”の記念切手

図 12　申師任堂の肖像を取り上げた 5 万ウォン紙幣

　たとえば、第九代国王、成宗の生母であった仁粋大妃（韓氏、一四三七―一五〇四）は、幼少の頃から漢詩文の才に優れ、梵語、漢語、国語（ハングル）の三字体で婦女子の礼儀作法を教えるため、儒書の『小学』、『烈女伝』、『女誡』などからの抜粋で構成される『内訓』を編纂している。

　また、現行の韓国五万ウォン紙幣にも肖像が描かれている女流画家の申師任堂（一五〇四―一五五一。図12）は、幼少時から四書三経に親しみ、漢詩をよくしたことが知られており、夫の李元秀との間の三男、李栗谷（李珥）は、母親の薫陶を受けて十三歳で科挙の進士に合格し、後に、朝鮮時代最高の儒学者として知られるようになった。さらに、儒者の宋時烈（一六〇七―一六八九）が自分の娘にハングルで書いて渡した『尤庵先生戒女書』は簡潔で分かりやすくまとまっていたため、その後の女子への教訓書のスタンダードとして広く活用された。

ただし、あくまでも女子教育は家庭内で、主として母や祖母が娘や孫に対して行うというものだったため、図11の切手もそのイメージで描かれている。

ところで、図11の切手は、その発行時期から見て、李承晩政権の末期に計画されたものだと思われる。李承晩は自己宣伝の手段として切手を積極的に活用していたから、彼の政権が一九六〇年四月に崩壊せず、同年八月の切手発行時まで持ちこたえていたら、切手の図案も培材学堂の卒業生としての李承晩をイメージさせる内容になっていたか、あるいは、培材学堂の名前が切手にも表示されていたかもしれない。

さて、アペンゼラーは、培材学堂と並行して、一八九七年五月、メソジストの青年組織としてエプワース青年会の中央組織を結成した。エプワース青年会は、キリスト教の宣教・啓蒙活動を行って、勤労思想の鼓吹・ハングル奨励・健全な生活の勧め・自立精神の鼓吹・女性の意識啓発などを会員に説いたため、参加した青年の中には民族意識に目覚める者も少なくなかった。特に、漢城の尚洞教会エプワース青年会には、李承晩を筆頭に、李儁、全徳基、鄭淳萬、朴容萬、南宮檍、李東寧、曺成煥など、後に独立運動に身を投じる人物が少なからず参加していた。

一方、初期のプロテスタント宣教師のうち、アンダーウッドやアペンゼラーよりも先に朝鮮に赴任していたアレンは、朝鮮王室との関係が深まるにつれ、次第に、宣教師というより、外交官としての活動が目立つようになり、一八八七年には朝鮮最初の遣米使節に随行して渡米。一八九〇年には朝鮮駐在の米国公使館に書記官として勤務するようになり、朝鮮が国号を大韓帝国と改めた一八九七年（図13）には駐韓米国公使・総領事に就任する。

図13　1894−95年の日清戦争で日本が勝利し、その講和条約である下関条約で清朝は朝鮮が自主独立の国であること（＝冊封体制からの離脱）を認めた。このため、朝鮮の宮廷ではもはや清の藩属国でなくなった以上、冊封体制下の地方君主の称号である“国王”号を使用することは望ましくないという儒者の建言に従い、1897年10月12日、国号が“朝鮮”から“大韓”に変更され、翌13日、国王・高宗は皇帝として改めて即位した。ちなみに、大韓の国号は、かつての高句麗・百済・新羅の三国（三韓）を統一したものという意味で命名された。国号変更直後の1897年10月14日、韓国郵政は、1895年発行の朝鮮切手に漢字の“大韓”とハングルの“대한”（ただしいずれも右書き）を加刷して、朝鮮及び조선の文字を抹消した切手を発行している。

基督教青年会の成立からハーグ密使事件へ

ところで、エプワース青年会の解散に先立つ一九〇三年、韓国でのＹＭＣＡ（基督教青年団）設立という明確な目標の下、ジレット、メソジスト宣教師ハルバート、カナダ人宣教師ゲイルらが米国から朝鮮に派遣され、彼らの主導で、一九〇三年十月二十八日、現在のソウルYMCAの前身となる〝皇城基督教青年会（漢城基督教青年会とも。以下YMCA）〟を創設された。図1（一六七頁）の切手はここから起算して五十周年になるのを記念して発行されたものだが、切手では、組織の名称が〝大韓中央基督教青年会〟となっており微妙に異なっている。

YMCA（Young Men's Christian Association）は、一八四四年六月六日、ロンドンでジョージ・ウィリアムズらによって、キリスト者に限らず青年層に対する啓蒙及び生活改善事業のための奉仕組織として創立された。新約聖書「ヨハネによる福音書」第十七章二十一節の「すべての人をひとつにしてください」の理念の下、国家、民族、人種、宗教の隔たりを超えた組織として、活動理念の根幹に超教派のキリスト教精神を据えているが、ボランティア及びプログラムの参加者の信仰を規定してはいない。

一八五五年にはパリで最初の世界大会が開かれ、世界YMCA同盟（本部はジュネーブ）が結成され、一八八〇年には神田乃武らの提唱により東京でも結成されている。

朝鮮でのYMCAの創立当初の理事の構成は、韓国人二名（呂炳鉉と金弼秀）、米国人五名、英国人三名、カナダ人二名、日本人一名。YMCAは宗教活動とともに、青年層を対象とする運動として教育にも力を入れていたため、学館を設けて、普通科・語学科・工業科・商業科・夜学科の学生を募って夜学教育を行った。

さらに一九〇六年には、漢城に続いて、韓国としては二番目のYMCAとして在日本東京朝鮮基督教青年会（以下、在日YMCA）が設立される。特に、在日YMCAの場合は、一九〇五年の第二次日韓協約により、日本が大韓帝国の外交権を接収し、それに伴い、大韓帝国の在外公使館が閉鎖されたため、韓国からの留学生の保護、日本語教育、下宿の斡旋、進路相談等、事実上の公使館業務を代行する面もあり、自然と韓国人留学生などが集まる場となっていた。そして、その中には、在外僑胞として民族主義に目覚める者も少なくなかった。

朝鮮内の全クリスチャン人口は、一八九〇年から一九一〇年までの間に、プロテスタントを中心に、一万七千八百四十二名から二十四万八百六十九名へと飛躍的に増加したが、なかでも伸びが大きかったのは、YMCAが創立された一九〇三年から一九〇七年頃にかけての時期であった。

こうした中で、一九〇五年乙巳保護条約（第二次日韓協約）が締結され、韓国の外交権が日本に接収された。その際、アレンは、日本が米領フィリピンの支配を承認するのと引き換えに、これを容認した米国の姿勢を批判したため、本国に召還されてしまった。

ところで、独立協会の会員として、高宗の退位を求める檄文の散布に関与したとして、一八九九年に逮捕された李承晩は、獄中で正式にプロテスタントのメソジスト派（監理教）に改宗する。日露戦争の勃発後、李の英語力を評価した高宗は、李を釈放し、日本の韓国進出を牽制すべく、米国で工作活動を行うための密使として抜擢する。

米国での李は、一九〇五年八月に大統領のセオドア・ルーズベルト（図14）にも面会するなどしたものの、結果的に、彼の工作活動はほとんど効果を上げることがなかった。しかし、工作活動が失敗した後も李は朝鮮に帰国せず、一九〇七年にジョージ・ワシントン大学で学士号を、翌一九〇八年にハーバード大学卒で修士号を取得し、一九一〇年には、プリンストン大学に博士論文『米国の影響を受けた永世中立論』を提出し、朝鮮人として初めて博士号を取得した。

図 14　セオドア・ルーズヴェルト

図 15　ウッドロウ・ウィルソン

当時のプリンストン大学総長は、後に米国大統領（一九一三―二一年）になるウッドロウ・ウィルソン（図15）だった。

ウィルソンの父は、南北戦争の勃発に伴い、米国長老教会から分裂した南部長老教会の創設者の一人で、ウィルソンを自らの後継者にしようと考えていたが、ウィルソン自身は英国の政治家、ウィリアム・グラッドストンへの憧れから、政治学者、ついで政治家を志した。ただし、長老派教会の保守派で、カルヴァン主義を強調する父親の信仰はウィルソンの人格形成に大きな影響を与え、ウィルソンは自らを〝神の子〟として、政治への道を召命と見なしていたという。

ウィルソンは李を個人的に気に入り、折りにふれて「将来の朝鮮独立の救世主」として彼を紹介していたが、こうしたウィルソンとの個人的な関係は、米国における活動家としての李の立場を固めていくうえで最大の財産となる。

一方、李承晩による対米工作が失敗したことを受けて、李容泰、沈相薫、金嘉鎮ら大韓帝国内の抗日派は、英国人で日本非難の論調で知られた『大韓毎日新報』発行者のアーネスト・トーマス・ベッセルや米国人宣教師のホーマー・ベザレル・ハルバートらと共謀。さらに在外僑胞の李学均、李範晋らとも連絡を取り合い、韓国の外交権回復（＝乙巳保護条約の無効）を訴える皇帝・高宗の密書を得て、一九〇七年、オランダのハーグで開催されていた万国平和会議に密使を派遣した。密使として派遣されたのは、李相卨、李儁、李瑋鍾の三人である。

ところが、会議に現れた密使たちに対して、出席していた列強諸国は大韓帝国の外交権が日本にあること、大韓帝国の利益は条約によって日本政府が代表していることなどを理由に、三人の会議出席を拒絶。そこで、密使たちは会議場の外でビラ撒きなどの抗議行動を行ったとされている。

当然のことながら、韓国皇帝による密使の派遣は、大韓帝国の外交権が日本にあると定めた保護条約に違反しているから、日本は韓国を強く非難。高宗は譲位を余儀なくされ、七月二十日、息子の純宗が皇帝として即位した（図16）。そして同月二十四日、第三次日韓協約が調印されて、韓国は内政面でも日本の韓国統監の管轄下に置かれることになった。

一方、三人の密使のうち李儁は七月十四日にハーグのホテルで客死した。その死因については、一般には、病死の可能性が高い（十三日には李儁の顔面に悪性の腫瘍ができて重篤に陥ったという記録がある）とみられているが、韓国内では、列強の姿勢に抗議して現地で自殺したとする者も多く、現在の韓国・北朝鮮では彼は殉国の義士として尊敬を

図16　純宗の皇帝即位を記念して、統監府が発行した記念絵葉書。

集めている。

殉国の義士としての李儁の肖像は、解放後の米軍政下ならびに一九四八年の大韓民国発足後間もない時期の普通切手にも取り上げられた（図17）が、独立運動の過程で客死した義士たちは少なくない中で、大韓民国草創期の切手に、あえて李儁のみが選ばれた背景には、やはり、エプワース青年会の会員として、李承晩の同志であったという点が配慮されたとみるのが自然だろう。

　このように、プロテスタントが大韓帝国末期の政治情勢、特に、日本の影響力拡大に抗う動きに深くコミットしていたのに対して、カトリック教会は政治とは距離を保っていた。ちなみに一九〇九年、熱心なカトリックの信徒だった安重根（図18）が伊藤博文を暗殺して逮捕されると、韓国のカトリック教会は、安を礼賛するどころか、直ちに事件を非難し、安の信者としての資格を剥奪している。

図17　李儁の肖像を取り上げた1947年及び1948年の切手

図18　安重根

李承晩とＹＭＣＡ

一九一〇年の日韓併合後、朝鮮総督府は、朝鮮のクリスチャンを統括する役割を期待して、日本基督教会（プロテスタント長老派）の指導者、植村正久に朝鮮宣教を依頼した。植村は「朝鮮は神が日本国民に、『祖先たちに与えん』と誓われしもの。ゆえに、これを併有する権利あるなり。……。国民的親権者たるの本分を果たし、人類の進歩に貢献せざるべからず」として、日本の朝鮮統治を肯定する一方で、「伊藤博文を殺した安重根の信仰が立派であった」と語っており。総督府としても、植村なら朝鮮人にも抵抗感が少ないのではないかと考えていたようだ。

　しかし、植村が総督府の依頼を断ったため、総督府は、あらためて、植村のライバルとして知られた日本組合基督教会（プロテスタント会衆派）の指導者、海老名弾正に朝鮮宣教を命じた。これを受けて日本組合基督教会は、一九一〇年十月の第二十六回定期総会で全会一致をもって「朝鮮人伝道」を決議し、渡瀬常吉の派遣を決定した。渡瀬は「朝鮮併合は、日本が世界の大勢に順応した結果である。東洋の平和を永遠に保証するため、日本帝国存在の必要と同時に、朝鮮一千五百万民衆の幸福を顧念した結果である」と主張し、日本組合基督教会は朝鮮総督府より莫大な資金援助を受けて朝鮮植民地伝道を展開する。

ところで、一九一〇年に米国で政治学の博士号を取得した李は、一九一一年、併合直後の朝鮮に帰国し、ソウルのYMCAの韓国人総務に就任する。この時点での李の帰国の主たる目的は、あくまでも朝鮮におけるキリスト教の宣教であって、必ずしも民族主義的な独立運動を意図していたものではなかった。

ところが、一九一一年、前年末に朝鮮総督の寺内正毅が朝鮮北西部の平壌、宣川、新義州などを視察した機会をとらえて、独立運動家が寺内の暗殺を企てたとする〝百五人事件〟(宣川事件、新民会事件などとも呼ばれる)が摘発され、九月までに約七百人の独立運動家が逮捕された。

朝鮮総督府による活動家の逮捕には、証拠不十分なまま強引に行われたケースも多かったが、朝鮮総督府はこれまでの経緯も踏まえて米国人宣教師(特に長老派)による煽動を疑い、多くのキリスト教徒を逮捕した。これに対して、米国政府や長老派教会は事件への関与を否定し、逆に朝鮮総督府が自白を得るために逮捕者を拷問したと批判している。

結局、一九一二年には、証拠不十分で釈放された者以外の百二十二人が起訴されたが、米国人宣教師と寺内総督との会見や、米国での長老派教会及び上院議員などによる日本大使館との折衝などを経て、同年九月二十八日、京城地方法院は百二十二人の被告のうち、十七人を無罪とし、残りの百五人を有罪として懲役刑の判決を下した。ただし、一九一三年十月の控訴審では百五人中九十九人が無罪となり、懲役刑が確定した尹致昊ら六人についても、一九一五年二月、大正天皇の即位大礼の恩赦によって釈放されている。

後年、李承晩は、百五人事件が摘発されると自らも逮捕されることを恐れて、一九一二年、わずか一年半で米国に戻ることにしたと回想しているが、この時点では、朝鮮総督府は李承晩を特に危険人物とは認識しておらず、李が観光目的で下関、京都、東京を経由し、鎌倉市で開催された朝鮮人学生大会にも参加した際も、彼は何らの制約を受けることなく、無事に日本を出国している。ちなみに、李承晩は一九四五年九月まで、朝鮮に戻ることはなく、一九一三年には〝日本人〟としてハワイのホノルルに居を構えている。

したがって、李承晩にとっては、ソウルのYMCAで総務を務めたことが日本統治下の朝鮮におけるほとんど唯一の実績であり、一九五三年の記念切手の発行に際しても、当然、そうした点が考慮されたとみるべきであろう。

三・一独立運動

ところで、李がハワイに居を構えた一九一三年、李の恩師に当たるウッドロウ・ウィルソンが米国大統領に就任する。さらに一九一七年、ウィルソンはドイツに宣戦布告して第一次世界大戦（一九一四年勃発）に参戦し、一九一八年一月八日、対独講和方針として「十四カ条の平和原則」を発表する。

同原則の第五条は〝植民地問題の公正な措置〟として、いわゆる民族自決をうたっていた。その条文は「関係住民（＝属領・植民地住民）の利害が、法的権利を受けようとしている政府（＝支配国・本国政府）の正当な請求と同等の重要性を有する」となっており、その具体的な適用範囲として第十－十三条で挙げられているのは、ドイツ、オーストリア＝ハンガリー、オスマン帝国に限定されており、列強諸国の植民地だったアジア・アフリカの大半はその適用外だった。しかし、米国大統領が民族自決を掲げたことのインパクトはすさまじく、朝鮮の独立運動家もウィルソンの〝原則〟は現状を打破するうえで有用なものと考えていた。

はたして、一九一八年十一月、第一次世界大戦が協商諸国の勝利に終わり、ウィルソンの原則がパリ講和会議の基本方針として採用されることになると、一九一九年一月六日、東京で朝鮮人クリスチャンを中心に〝朝鮮青年独立団〟が結成された。

その直後の一月二十一日、旧大韓帝国の皇帝だった高宗が崩御し、日本による毒殺説がうわさされるなかで、独立団は、韓国語・日本語・英語で「独立宣言」、「決議文」、「民族大会召集請願書」を作成し、各六百部を印刷。二月八日早朝から、東京・神田の在日本東京朝鮮ＹＭＣＡに集まり、それらを国会議員（貴族院及び衆議院）、政府要人、各国駐日大使、内外言論機関宛に郵送した。

さらに、同日午後二時からは、ＹＭＣＡの講堂で朝鮮人留学生六百人を集めて〝在東京朝鮮留学生学友会総会〟が開催され、総会の開会宣言、開会祈祷の終了後、朝鮮青年独立団結成の緊急動議が提案され、独立団代表十一名の署名入り独立宣言文が採択された。

このとき採択された独立宣言は「全朝鮮青年独立団は、わが二千万の民族を代表し、正義と自由の勝利を得た世界万国の前に独立を期成せんことを宣言する」としたうえで、「要求が失敗した時には、我が民族は日本に対し、永遠なる血戦を布告する。これによって発生する惨禍は、我が民族がその責を負うものではない」として、武装闘争も辞せずとの姿勢を明らかにしていた。

当然のことながら、大日本帝国から見れば〝血戦の布告〟はテロリスト宣言に他ならなかったから、独立宣言が採択されると、警察官が会場に乱入し、宣言署名者のうち、すでに日本から脱出していた二人を除く九人が逮捕された。

こうして、東京での「二・八独立宣言」が失敗に終わったが、これに感化された朝鮮のキリスト教、仏教、天道教（西学＝天主教に対抗するものとして、民間信仰に儒・仏・道の三教を折衷して創始された〝東学〟の系譜を汲む民俗宗教）の各宗教指導者は、二・八独立宣言の文言をもとに、新たな独立宣言を起草。高宗の葬儀が三月三日に予定されていたことから、これに合わせて三月一日、京城（ソウル）市内で新たな独立宣言を読み上げることを計画した。

新たな独立宣言は、文芸雑誌『青年』を運営していた作家の崔南善が起草した。崔はクリスチャンではなかったが、宣言の基本理念である自由・平和・正義・平等は聖書から採ったという。また、二・八独立宣言が〝血戦の布告〟を謳ったことで逮捕者を出したことから、非暴力を強調するため、以下のような文言も盛り込まれた。

丙子修好條規（＝朝鮮開国の端緒となった日朝修好条規のこと）以来時々種々の金石盟約を食んだとして、日本の信の無さを罪しようとするものではない。（中略）日本の義の少なさを責めようとするものではない。（中略）今日、我々の所任はただ自己の建設にあるだけで、決して他を破壊することにあるのではない。厳粛な良心の命令によって自家の新運命を開拓しようとするものであり、決して旧怨や一時的感情によって他を嫉逐排斥するものではない。

崔の起草した独立宣言は、二月二十七日までに天道教直営の印刷所で二万一千枚が印刷され、天道教とキリスト教の組織網を通じて朝鮮半島の十三都市に配布された。

さて、三月一日当日、三十三人の宗教指導者（うち、クリスチャンは最多の十六名）は京城中心部のパゴダ公園で独立宣言を読み上げることを計画していたが、実際には仁寺洞の飲食店、泰和館で宣言の朗読と万歳三唱が行われた。その後、三十三人は警察に逮捕されたが、すでに、パゴダ公園には数千人規模の学生が集まっており、彼らが「独立万歳」と叫びながらデモ行進を行うと、途中から参加者が雪だるま式に増加し、行進は数万人規模に拡大。さらに、急進独立派のキリスト教徒などの扇動により、朝鮮半島全体に暴動が拡大。暴徒による日本人惨殺や放火などが相次いだ。

いわゆる三・一独立運動である。

ちなみに、当時の朝鮮の人口は約一千六百万人、そのうち〝基督教徒（プロテスタント）〟は一・四五％にあたる二十三万二千人だったが、一九一九年五月の朝鮮総督府の統計によると、三・一独立運動で収監された者は九千五十九人のうち、二二・五％にあたる二千三十六人がクリスチャンだった。さらに、女性に限定すると、被検挙者に占めるクリスチャンの割合は六五・六％になる。

そうした女性クリスチャンの代表的な存在が、〝朝鮮のジャンヌ・ダルク〟と称される柳寛順（図19）である。

図19　柳寛順

柳は、一九〇二年、忠清南道天安郡（現・天安市）龍頭里で生まれたといわれている。ただし、女子の戸籍制度が未整備な大韓帝国末期のため、生年月日については異説もあり、正確なところはわからない。

父の重権は開明的な人物ではあったものの、私塾「興護」の経営に失敗して多額の借金を抱え、生活は貧しかった。

一九一六年頃、彼女は、米国のメソジスト派女性宣教師、アリス・シャープの援助によって京城の梨花學堂に給費生として入学する。

一九一九年に三・一独立運動が起こり、梨花學堂が休校になると、柳は故郷の天安に帰ってデモに参加し、逮捕された。

逮捕後の彼女はソウルの西大門刑務所に移送され、一九一九年六月三十日、懲役二年六ヵ月の判決を受けた。なお、現在の韓国の歴史教科書では、彼女は天安でのデモの先導者であり、並川市場では日本憲兵隊の集会中止命令を無視して群集に独立運動の演説を行ったということになっているが、判決文にはそうした記述はない。ただし、京城での三・一独立運動の中心的指導者らに下された判決は、天道教の教主、孫秉熙ら八名が懲役三年、独立運動を起草した崔南善ら六名が懲役二年六ヵ月だったから、量刑のバランスからして、柳は天安でのデモの中心人物の一人と認定されていたことは間違いない。

また、韓国の教科書によると、柳は控訴審裁判で裁判長と言い争いになり、裁判所の椅子を裁判長に投げつけ、法廷冒涜罪が追加され、懲役七年の刑になったことになっているが、物理的にそうしたことが可能だったかどうかを措くとしても、裁判記録によれば、彼女は控訴せずに西大門刑務所に服役しているから、この〝武勇伝〟は明らかに事実とは異なる。

さらに、韓国の教科書では、彼女は服役後も大規模な獄中デモを主導したことになっているが、そもそも当時の日本の刑務所内で、そうしたことが可能であったとも考えにくい。

柳は、一九二〇年十月十二日に獄死するが、その死因に関して、韓国の教科書では〝デモ現場で負った傷と凄まじい拷問が原因〟と説明しているが、これも（その可能性はあるだろうが）確認はできない。また、彼女がいまわの際に「大韓独立万歳」と叫んだという伝説もまことしやかに語られているが、その言葉を実際に耳にしたという人物が誰なのか、これも現在に至るまで不明である。

柳は若くして獄死した女性独立運動家というイメージから〝朝鮮のジャンヌ・ダルク〟として韓国では神聖視されることも多いのだが、彼女に関するエピソードの多くは客観的な歴史的事実とみなすには疑問符がつくものも少なくない。実際、柳の出身地にある天安大学柳寛順研究所・客員研究員だった任明淳は、柳に関する精緻な調査を行い、韓国内で広く流布している彼女の〝神話〟には、日本の蛮行を糾弾せんがために誇張・捏造された部分が少なからずあり、彼女についての事実が正確に伝えられていないとする報告を発表している。

大韓民国臨時政府

三・一独立運動の後、朝鮮内の独立運動家たちは、あらためて、独立回復のためには日本に対抗しうる列強諸国を自分たちの味方につける必要を実感するようになった。こうした状況の下、プリンストン大学で博士号を取得し、米国大統領のウィルソンとも個人的に親密だった李承晩の存在が、彼らの間でにわかに注目を集めることになる。

さらに、旧大韓帝国の象徴的な存在であった高宗がすでに崩御しており、李王家の当主であった李垠も、一九二〇年には〝内鮮一体〟のため、日本の皇族・梨本宮家の方子女王と結婚してしたことで、李王家やその重臣たちは独立運動から脱落せざるを得なくなり、独立運動家の世代交代が促進されたことも、当時四十代だった李承晩の地位を相対的に押し上げることになった。

こうして、一九一九年四月、上海に逃れていた朝鮮の独立運動家たちが大韓民国臨時政府の樹立を宣言すると、彼らは当時米国在住だった李承晩を〝初代大統領〟として推

図20　安昌浩

戴する。

　ちなみに、臨時政府発足時の内務総長として、李に次ぐ立場にあった安昌浩（図20）もクリスチャンだった。

　安は、朝鮮王朝時代の一八七八年、平安南道生まれ。漢城（ソウル）に出て、ホレイス・グラント・アンダーウッドの救世學堂で学び、日清戦争後は朝鮮の立憲君主制導入を目指す独立協会運動に参加した後、一九〇二年、渡米してサンフランシスコで共立協会（後の大韓人国民会）を結成し、在米朝鮮人運動を指導した。

　しかし、一九〇五年十一月、第二次日韓協約（乙巳保護条約）で大韓帝国が日本の保護国となり、実質的に独立国としての地位を失ったことを知ると、一九〇七年に帰国し、国権回復を第一の目的とする民族団体〝新民会〟を組織。同志を募り、各地での講演会や『大韓毎日申報』を通した啓蒙活動や、大成学校・五山学校設立等の教育事業、磁器製造株式会社設立等の実業活動、中国での独立軍基地建設事業などの運動を展開した。

　新民会は秘密結社だったが、当時の愛国啓蒙団体の主要メンバーが多く参加し、啓蒙運動の中枢的機関として、一九一〇年頃には会員数が約八百人に達していた。このため、一九一〇年の韓国併合後、朝鮮総督府から危険視され、いわゆる百五人事件では多くの活動家が逮捕され、組織は壊滅状態に追い込まれた。

　このため、安も中国経由で米国に亡命し、一九一三年、修養啓蒙団体として〝興士団〟を組織する。

　こうした経緯を経て、三・一独立運動後、上海で大韓民国臨時政府が設立されると、安はこれに参加して内務総長に就任したが、臨時政府内部は、地域派閥や党派の争いが絶えず、畿湖（京畿道・忠清道）出身でも両班でもなかった安は政府で軽んじられたため、嫌気がさして内務総長を辞し、満洲に渡って、独立運動の根拠地として〝理想村〟の建設を目指した。

　しかし、一九三一年九月に満洲事変が勃発したことで理想村の計画は頓挫。さらに、翌一九三二年四月二十九日、上海虹口公園で尹奉吉が爆弾を投げる〝上海天長節爆弾事件〟を起こすと、安も臨政の元幹部として事件への関与が疑われて逮捕され、朝鮮に送還の後、懲役四年の実刑判決を受けて下獄した。

　一九三五年、安は仮釈放となり、民族運動の第一線からは退いて隠退したが、一九三七年六月、興士団の国内組織である修養同友会の独立運動が摘発されると、興士団の創立者として関与を疑われて再逮捕された。しかし、収監中に持病の肝臓病が悪化したため、京城帝国大学病院に移送され、一九三八年、同病院で肝硬変のため亡くなった。

一方、李承晩も一九二〇年十二月には上海入りしたが、当時の朝鮮人には行政実務の経験も能力もないとして、国際連盟による朝鮮の委任統治を提案したことで、急進独立派の多かった臨時政府内から浮き上がり、一九二一年五月には上海を去り、以後、再び米国を活動の拠点とするようになった。

李承晩や安昌浩が去った後の臨時政府は、最終的に、金九（図21）が実権を掌握するが、彼も〝ペトロ〟の洗礼名を持つカトリックだった。

金九（本名は金昌洙、号は白凡）は、一八七六年、黄海道海州で生まれた。

図21　金九

彼の名が歴史に初めて登場するのは、韓国では〝鴟河浦義挙〟と呼ばれている一八九六年の日本人・土田讓亮に対する強盗殺人事件である。

事件について、金九は、前年（一八九五年）の閔妃殺害事件に憤慨して、倭奴（日本人に対する蔑称）に対する懲罰として〝日本陸軍中尉〟の土田を殺害したと主張しているが、実際には、土田は長崎県出身の商人であり、〝鴟河浦義挙〟と閔妃事件の関係を立証することは困難である。さらに土田の殺害後、金は金品を奪って逃走しており、事件は強盗殺人事件として処理されている。ちなみに、逮捕後の取調調書によれば、「食事を注文した時に女性の給仕が自分より先に土田に食膳を与えるのを見て憤慨した」のが事件のきっかけだったという。

逮捕後の金九は、強盗殺人犯として死刑判決を受けたものの、後に特赦により減刑。さらに脱獄して、一八九九年以降、黄海道各地で学校設立運動などを行っていた。

一九一九年に上海で大韓民国臨時政府が設立されると、これに参加。臨時政府の内紛を制して、一九二五年に実権を握った。一九三一年に金が中心となって組織された韓人愛国党は、翌一九三二年、李奉昌の昭和天皇暗殺未遂事件、尹奉吉の上海派遣軍司令官白川義則陸軍大将暗殺事件などを引き起こしている。

こうして、すっかり〝テロリストの頭目〟（韓国側からすれば独立運動を代表する闘士）となった金九に対して、日本政府は巨額の懸賞金をかけて行方を追っていたが、彼は中国各地を転々とし、一九四〇年には臨時政府とともに重慶に脱出。蒋介石の中国国民政府の庇護の下、爆弾テロを中心とする武装闘争によって独立を目指していた。

もっとも、朝鮮人のカトリック信徒のうち、金九のように過激な独立運動を志向したのは例外的存在で、大半の信徒は朝鮮総督府による朝鮮統治に対して宥和的で、独立運動に関与していたクリスチャンの多数派はプロテスタントであった。

このことが、解放後、米国の占領下に置かれたこととあいまって、韓国において、李承晩を含むプロテスタントが優位を占めることになった一要因と考えられている。

いずれにせよ、李承晩が、大韓民国の正統性の根拠としていた上海の臨時政府の淵源をたどっていくと、（李自身は参加しなかった）三・一独立運動から二・八独立宣言を経て、李が総務を務めていた朝鮮ＹＭＣＡにたどり着くという歴史の流れは留意しておくべきだろう。そうであればこそ、政権の原点ともいうべき〝大韓中央基督教青年会五十周年〟という題材は、まさに、朝鮮戦争の休戦後最初の記念切手として、新時代の幕開けを飾るにふさわしいものとして選ばれたものと推定できる。

あとがき

　二〇一四年夏に上梓した拙著『朝鮮戦争――ポスタルメディアから読み解く現代コリア史の原点』は、多くの読者諸賢から予想外のご好評をいただき、二〇一八年秋までに三刷出来となった。

　もともと『朝鮮戦争』は、二〇〇八年の拙著『韓国現代史――切手でたどる60年』（福村出版）の該当部分を大幅に加筆修正したものだったので、引き続き、同書の続篇を作りたい旨、えにし書房の塚田敬幸社長に申し上げたところ、ご快諾をいただくことができた。

　日韓基本条約が結ばれ、ヴェトナム戦争への韓国軍の派兵が始まった一九六五年は、〝先進国〟となった現在の大韓民国の基礎を築いた〝漢江の奇跡〟の起点になった点において、韓国現代史の画期となったことは間違いない。本書では、その一九六五年に至る経緯を、切手や郵便物というフィルターを通して、さまざまな角度から眺めたものだが、結果的に、国交樹立に至る日韓関係についての記述が占める割合が大きくなったため、書名は『日韓基本条約』とした。『日韓国交正常化』との書名も考えないでもなかったが、通常の二国間関係のように、国交〝樹立〟ではなく〝正常化〟と呼ぶこと自体、両国関係のありようが〝正常〟ではないことの証左に他ならないので、こちらは早々に断念した。

　筆者としては、今後も引き続き、数冊にわたって韓国現代史をたどる書籍のシリーズを作りたいと思っており、『朝鮮戦争』をその第一巻、本書を第二巻と考えたいのだが、いかんせん、『朝鮮戦争』の刊行時には同書の続篇を手掛ける日が来るとは全く想像していなかった。このため、同書はあくまでも単独の書籍として、シリーズ〝第一巻〟との表示もしていない。

　そこで、〝シリーズ韓国現代史〟を立ち上げるにあたって、その最初の一冊としての本書をシリーズの第一巻とすべきか、それとも、『朝鮮戦争』を第一巻として本書は第二巻とすべきか頭を悩ませたのだが、結局、巻号の番号は付さず、代わりに年号（本書の場合は一九五三―一九六五）を入れることにした。将来的に、『朝鮮戦争』の改訂増補版をつくることがあれば、そこには〝シリーズ韓国現代史一九四五―一九五三〟と加えたい。

『朝鮮戦争』の「あとがき」でも書いたが、二〇一二年夏、韓国の出版社、ハヌル・アカデミーより『우표로 그려낸 한국현대사（切手で描き出した韓国現代史）』として『韓国現代史』の翻訳を出版した際、同社のイム・ジョンス部長は、〝日本人の書いた韓国現代史〟に抵抗感を隠さなかった若手スタッフを、「この本については、明らかに事実と異なる記述や、わが国を誹謗中傷するような内容でないのなら、忠実に翻訳しないとだめだ。韓国人と同じ考えで書かれた韓国現代史なら、わざわざ日本人の書いた本を翻訳して出版する意味は全くない。そうではなくて、日本人の目に韓国現代史がどのように見えてきたのか（見えているのか）、そのことを多くの（韓国人）読者に知ってもらうことが大事なのだ」といって説得したと聞いた。

こうした誠意ある友人の厚情に真摯に応えるためにも、筆者は、切手や郵便物から読み取れる韓国現代史の諸相を虚心坦懐に読み解いていくことを常に心がけている。本書でも、そのことを忘れずに筆を進めたつもりだが、その成否については、読者のご判断にゆだねたい。

なお、本書の制作に際しては、上記の塚田氏のほか、図版面では飯塚悟朗氏、川上弘氏の御助力をいただいたほか、編集実務とカバーデザインに関しては、板垣由佳氏にお世話になった。末筆ながら、謝意を表して擱筆す。

二〇一九年十二月十八日
日韓基本条約が発効し、両国の正式な国交が樹立された記念日に

著者しるす

主要参考文献（紙幅の関係から、単行本を中心に、特に重要な引用・参照を行った日本語文献に限定した）

浅野豊美・吉澤文寿・李東俊、長澤裕子編集『日韓国交正常化問題資料』現代史料出版、二〇一〇年―（現在刊行中）

厚母浩「韓国の開発政策と経済発展」『広島経済大学経済研究論集』第15巻2―3号、一九九二年

李鐘昇「韓国カトリック教会史と現状」『東京正平委ニュース』一九九九年十一月十五日号

李庭植（小此木政夫・古田博司訳）『戦後日韓関係史』中央公論社、一九八九年

李桂洙（徐勝訳）「韓国の軍事法と治安法――軍事と治安の錯綜と民軍関係の顛倒」『立命館法学』二〇〇二年第五号

李景珉『朝鮮現代史の岐路　八・一五から何処へ』平凡社、一九九六年

李志明「韓国における国籍船確保の歴史」『日本海事新聞』二〇一二（二〇一一年）

李勝男「韓国農業の成長分析――1910―1980」『北海道大学農經論叢』第四二号、一九八六年

李昊宰（長澤裕子訳）『韓国外交政策の理想と現実――李承晩外交と米国の対韓政策に対する反省』法政大学出版局、二〇〇八年

李泳采・韓興鉄『なるほど！これが韓国か――名言・流行語・造語で知る現代史』朝日選書、二〇〇六年

伊藤亜人『韓国（暮らしがわかるアジア読本）』河出書房新社、一九九六年

――『もっと知りたい韓国〈1〉』弘文堂、一九九七年

――『もっと知りたい韓国〈2〉』弘文堂、一九九七年

伊藤亜人・大村益夫・梶村秀樹・武田幸男（監修）『朝鮮を知る事典』（増補版）平凡社、二〇〇一年

伊藤亜人（監訳）・川上新二（編訳）『韓国文化シンボル事典』平凡社、二〇〇六年

林采成「一九五〇年代韓国経済の復興と安定化――合同経済委員会を中心に――」『歴史と経済』第二三一号（二〇一六年）

大島裕史『魂の相克――在日スポーツ英雄列伝』講談社、二〇一二年

大橋敏博「韓国における文化財保護システムの成立と展開：関野貞調査（一九〇二年）から韓国文化財保護法制定（一九六二年）まで」『総合政策論叢』第八号（二〇〇四年）島根県立大学 総合政策学会

小倉紀蔵『韓国は一個の哲学である――「理」と「気」の社会システム』講談社現代新書、一九九八年

――『韓国人のしくみ――〝理〟と〝気〟で読み解く文化と社会』講談社現代新書、二〇〇一年

――『韓国、愛と思想の旅』大修館書店、二〇〇四年

小此木政夫（編著）『北朝鮮ハンドブック』講談社、一九九七年

小此木政夫・小島朋之（編著）『東アジア危機の構図』東洋経済新報社、一九九七年

小此木政夫・徐大粛（監修）『資料　北朝鮮研究1　政治・思想』慶應義塾大学出版会、一九九八年

神谷不二（編）『朝鮮問題戦後資料』日本国際問題研究所、一九七六―八〇年

菊地正人『板門店――統一への対話と対決』中公新書、一九八七年
木宮正史「日韓関係の力学と展望――冷戦期のダイナミズムと脱冷戦期における構造変化」『国際基督教大学社会科学研究所　社会科学ジャーナル』第六一号
（二〇〇七年）
金一勉『韓国の運命と原点――米軍政・李承晩・朝鮮戦争』三一書房、一九八二年
金元龍『韓国美術史』名著出版、一九七六年
金思燁『朝鮮の風土と文化』六興出版、一九七四年
金正濂『韓国経済の発展――「漢江の奇跡」と朴大統領』サイマル出版会、一九九一年
金星煥・植村隆『マンガ韓国現代史――コバウおじさんの50年』角川ソフィア文庫、二〇〇三年
金聖培『韓国の民俗』成甲書房、一九八二年
金学俊『北朝鮮五十年史　金日成王朝の夢と現実』朝日新聞社、一九九七年
金鉉洙「日韓両国における日韓条約反対論――日韓両国の「批准国会」における反対論を中心に」『文学部・文学研究科学術研究発表会論集』明治大学文学部・
文学研究科、二〇一一年
金浩鎮（小針進・羅京洙訳）『韓国歴代大統領とリーダーシップ』柘植書房新社、二〇〇八年
木村幹『韓国における「権威主義的」体制の成立――李承晩政権の崩壊まで』ミネルヴァ書房、二〇〇三年
――『民主化の韓国政治――朴正熙と野党政治家たち一九六一～一九七九』名古屋大学出版会、二〇〇八年
高正子「〈民俗〉の発見から「伝統文化」の誕生へ」『現代韓国朝鮮研究』第一〇号（二〇一〇年）
五石敬路「都市、貧困、住民組織：韓国経済発展の裏側」『大原社会問題研究所雑誌』第五〇六号（二〇〇一年一月）
D・W・コンデ『現代朝鮮史』太平出版社、一九七一年
今野昌信「朴政権の経済開発計画にみる市場戦略」『高崎経済大学論集』第五四巻第一号（二〇一一年）
重村智計『北朝鮮データブック』講談社現代新書、一九九七年
（財）自治体国際化協会『韓国の女性政策について』（財）自治体国際化協会　CLAIR REPORT NUMBER 188（October 29, 一九九九年）
中大興（編）『最新　朝鮮民主主義人民共和国地名事典』雄山閣、一九九四年
杉本正年『韓国の服飾』文化出版局、一九八三年
鐸木昌之『（東アジアの国家と社会3）北朝鮮――社会主義と伝統の共鳴』東京大学出版会、一九九二年
徐仲錫（文京洙訳）『韓国現代史60年』明石書店、二〇〇八年
須貝宏「日本のカツオ・マグロ漁業と南太平洋での操業」『南太平洋海域調査研究報告』第二八巻（一九九六年）
高崎宗司『検証 日韓会談』岩波新書、一九九六年
竹国友康『ある日韓歴史の旅　鎮海の桜』朝日選書、一九九九年
R・ダニエル『竹島密約』草思社文庫、二〇一三年
玉城素『朝鮮民主主義人民共和国の神話と現実』コリア評論社、一九七八年

――『北朝鮮　破局への道――チュチェ型社会主義の病理』読売新聞社、一九九六年
池東旭『韓国の族閥・軍閥・財閥――支配集団の政治力学を解く』中公新書、一九九七年
――『韓国大統領列伝――権力者の栄華と転落』中公新書、二〇〇二年
張師勛『韓国の伝統音楽』成甲書房、一九八四年
全民濟（堀千穂子訳）『韓国石油化学工業の曙――全民濟の挑戦』柘植書房新社、二〇一二年
鄭銀淑『韓国の「昭和」を歩く』祥伝社新書、二〇〇五年
鄭雲鉉（武井一訳）『ソウルに刻まれた日本――69年の事蹟を歩く』桐書房、一九九九年
鄭箕海『帰国船――北朝鮮　凍土への旅立ち』文春文庫、一九九七年
鄭章淵『韓国財閥史の研究』日本経済評論社、二〇〇七年
鄭大均・古田博司（編）『韓国・北朝鮮の嘘を見破る――近現代史の争点30』文春新書、二〇〇六年
冨田幸祐「一九六四年東京オリンピックにおける参加国・地域に関する史的研究」『二〇一七年度　笹川スポーツ研究助成研究成果報告書』笹川スポーツ財団、二〇一七年
内藤陽介『北朝鮮事典――切手で読み解く朝鮮民主主義人民共和国』竹内書店新社、二〇〇一年
――『反米の世界史――郵便学が切り込む』講談社現代新書、二〇〇五年
――『韓国現代史――切手でたどる60年』福村出版、二〇〇八年
――『朝鮮戦争――ポスタルメディアから読み解く現代コリア史の原点』えにし書房、二〇一四年
南基正「戦後日韓関係の展開――冷戦、ナショナリズム、リーダーシップの相互作用」『GEMC Journal』東北大学大学院法学研究科・法学部、二〇一二年
日本郵趣協会『JPS外国切手カタログ　韓国切手　二〇〇五―〇六』日本郵趣協会、二〇〇五年
河信基『韓国を強国に変えた男 朴正煕――その知られざる思想と生涯』光人社、一九九六年
萩原遼『北朝鮮に消えた友と私の物語』文春文庫、二〇〇一年
萩原遼・井沢元彦『朝鮮学校「歴史教科書」を読む』祥伝社新書、二〇一一年
朴賛勝「植民地期から解放直後における地域社会リーダーシップの形成――全南地域を中心に（特集 朝鮮現代史と在日朝鮮人）」『朝鮮史研究会論文集』第五〇号（二〇一二年）
朴貞蘭「建国期韓国における教科書研究」『大分県立芸術文化短期大学研究紀要』第五二巻（二〇一五年）
朴正煕（申範植編）『朴正煕選集①　韓民族の進むべき道（一九六二年）』鹿島研究所出版会、一九七〇年
――『朴正煕選集②　国家・民族・私（1963年）』鹿島研究所出版会、一九七〇年
――『朴正煕選集③　主要演説集』鹿島研究所出版会、一九七〇年
服部民夫『（東アジアの国家と社会4）韓国　ネットワークと政治文化』東京大学出版会、一九九二年
林建彦『北朝鮮と南朝鮮　38度線の一〇〇年』（増補版）サイマル出版会、一九八六年
韓洪九（高崎宗司訳）『韓洪九の韓国現代史――韓国とはどういう国か』平凡社、二〇〇三年

――『韓洪九の韓国現代史〈2〉負の歴史から何を学ぶのか』平凡社、二〇〇五年
方俊栄『米韓相互防衛条約と米韓同盟の形成――両国の構想とその相互作用 一九五一～一九五四』法政大学学位授与番号32675甲第363号、二〇一五年
藤井賢二「公開された日韓国交正常化交渉の記録を読む――李承晩ライン宣言を中心に」『東洋史訪』第一二号（二〇〇六年）
――「第1次日韓会談における「旧条約無効問題」について」『東洋史訪』第一五号（二〇〇九年）
古田博司『韓国学のすべて』新書館、二〇〇二年
――『鮮民族を読み解く――北と南に共通するもの』ちくま学芸文庫、二〇〇五年
白善燁『若き将軍の朝鮮戦争――白善燁回顧録』草思社、二〇〇〇年
松田春香「一九五年代韓国の対南ベトナム外交」『大妻女子大学紀要―文系―』第四三号（二〇一一年）
宮本悟「北朝鮮における最高指導者の交代と核問題をめぐる対米外交政策の変化」『聖学院大学論叢』第二七巻第一号二〇一四年）
閔寛植『韓国政治史――李承晩政権の実態』世界思想社、一九六七年
文京洙『済州島現代史――公共圏の死滅と再生』新幹社、二〇〇三年
――『韓国現代史』岩波新書、二〇〇五年
文石柱（編著）『朝鮮社会運動史事典』社会評論社、一九八一年
文明子（阪堂博之訳）『朴正熙と金大中――私の見た激動の舞台裏』共同通信社、二〇〇一年
安田吉実「韓国経済開発（第一・二次）五カ年計画の概要」『天理大学学報』第二〇巻第四号（二〇〇九年）
郵文館（編）『韓国郵票圖鑑』（第二九版：二〇〇八年版）郵文館、二〇〇七年
尹景徹『分断後の韓国政治 1945―1986』木鐸社、一九八六年

このほか、雑誌『郵趣』の新切手報道記事、日韓主要各紙（朝日新聞・読売新聞・毎日新聞・産経新聞・日本経済新聞・朝鮮日報・中央日報・東亜日報・聯合通信）のウェブサイト、各種参考図書類も適宜利用した。

【著者紹介】 内藤陽介（ないとう ようすけ）

1967年東京都生まれ。東京大学文学部卒業。郵便学者。日本文芸家協会会員。切手等の郵便資料から国家や地域のあり方を読み解く「郵便学」を提唱し、研究・著作活動を続けている。

主な著書
『なぜイスラムはアメリカを憎むのか』（ダイヤモンド社）、『中東の誕生』（竹内書店新社）、『外国切手に描かれた日本』（光文社新書）、『切手と戦争』（新潮新書）、『反米の世界史』（講談社現代新書）、『事情のある国の切手ほど面白い』（メディアファクトリー新書）、『マリ近現代史』（彩流社）、『朝鮮戦争』、『リオデジャネイロ歴史紀行』、『パレスチナ現代史』、『チェ・ゲバラとキューバ革命』、『改訂増補版 アウシュヴィッツの手紙』（えにし書房）。

えにし書房
Enishi Shobo

シリーズ韓国現代史 1953－1965
日韓基本条約

2020年 1月15日 初版第1刷発行

■著者 内藤陽介
■発行者 塚田敬幸

■発行所 えにし書房株式会社
〒102-0074 東京都千代田区九段南1-5-6 りそな九段ビル5F
TEL 03-4520-6930 FAX 03-4520-6931
ウェブサイト http://www.enishishobo.co.jp
E-mail info@enishishobo.co.jp

■印刷／製本 三鈴印刷株式会社
■DTP／装丁 板垣由佳

 ISBN978-4-908073-72-4 C0022

定価はカバーに表示してあります
乱丁・落丁本はお取り替えいたします。